本专著获得以下课题和项目资助：

1. 2010 年度浙江省哲学社会科学规划课题《高校突发事件应对策略研究》，课题编号：10CGGL24YBM；

2. 2010 年度教育部人文社会科学研究专项任务项目《影响高校稳定问题排查化解工作研究》，项目批准号：10JDSZ2054。

高校社科文库
University Social Science Series

教育部高等学校
社会科学发展研究中心

汇集高校哲学社会科学优秀原创学术成果
搭建高校哲学社会科学学术著作出版平台
探索高校哲学社会科学专著出版的新模式
扩大高校哲学社会科学科研成果的影响力

高校突发事件应对策略论

陈 光/著

On Strategies for Dealing with Emergencies at Universities

光明日报出版社

图书在版编目（CIP）数据

高校突发事件应对策略论 ／ 陈光著．--北京：光明日报出版社，2011.4（2024.6 重印）

（高校社科文库）

ISBN 978 - 7 - 5112 - 1153 - 8

Ⅰ．①高…　Ⅱ.①陈…　Ⅲ.①高等学校—紧急事件—处理—研究—中国

Ⅳ.①G647.4

中国版本图书馆 CIP 数据核字（2011）第 065720 号

高校突发事件应对策略论

GAOXIAO TUFA SHIJIAN YINGDUI CELÜELUN

著　　者：陈　光

责任编辑：田　苗　祝　菲　　　　责任校对：李　勇　　王灵芝

封面设计：小宝工作室　　　　　　责任印制：曹　净

出版发行：光明日报出版社

地　　址：北京市西城区永安路 106 号，100050

电　　话：010-63169890（咨询），010-63131930（邮购）

传　　真：010-63131930

网　　址：http：//book. gmw. cn

E - mail：gmrbcbs@ gmw. cn

法律顾问：北京市兰台律师事务所龚柳方律师

印　　刷：三河市华东印刷有限公司

装　　订：三河市华东印刷有限公司

本书如有破损、缺页、装订错误，请与本社联系调换，电话：010-63131930

开　　本：165mm×230mm

字　　数：300 千字　　　　　　　印　　张：16.5

版　　次：2011 年 4 月第 1 版　　　印　　次：2024 年 6 月第 2 次印刷

书　　号：ISBN 978 - 7 - 5112 - 1153 - 8 - 01

定　　价：75.00 元

序

　　我认识陈光同志是在上个世纪 80 年代，当时我在省委宣传部，陈光同志在宁波市委宣传部。由于工作关系，我们接触较多。后来他到宁波教育局高校办从事高校的安全稳定管理工作，近几年又转任到了高校，担任主抓安全稳定的分管书记。多年来，在承担大量管理工作的同时，陈光同志仍矢志不渝地进行着理论研究，发表了一些较有分量的学术论著。现在看到的这本《高校突发事件应对策略论》，就是陈光同志这几年在高校安全管理领域的研究成果。作为多年的忘年交，我欣喜地拜读了他的书稿，觉得本书主题严肃，思路缜密，结构严谨，语言朴实，不失为一部优秀的学术专著。

　　该书最大的特点是原创性强。书中提到的应对高校突发事件的 10 种预警机制、10 类事件处置方式、10 个方面能力建设、100 项日常任务等，从思路的提炼，到内容的归纳，再到论点的斟酌，显示出作者的原创功力，具有创新的独特价值。就认识而言，每章前面"作者的话"，如"高校安全稳定工作：不是小事，而是大事；不是上级的事，而是自己的事；不是一时的事，而是长远的事"、"少讲工作成绩，多讲问题隐患；少等上级精神，多思问题研究；少讲一般道理，多讲落实措施；少讲客观原因，多讲自身责任"等，这种高度凝练的表达方式，思想深刻，可读性强，不呆板、不重复、不人云亦云，是作者实践认识的提升和心得体会的结晶，在全国同类研究中还极为少见。

　　本书另一个特点是应用性强。在新的形势下，传统的安全教育体系与模式已滞后于高等教育的发展。重新审视高校安全教育的现状及所处的环境，转变教育理念、更新教育内容、探求新的教育路径成为当务之急。本书重构了新的高校安全教育模式，从方法论的角度对突发事件的应对进行了阐述，列举了大量的对策、途径和方法。从而，极具针对性地为全国高校安全教育工作提供了一种可资借鉴的全新范本，不仅对高校领导、干部、教师、辅导员等具有指导意义，而且对各级政府官员、中小学校领导甚至企业界人士，也都具有借鉴作用。

本书再一个特点是时代性强。陈光同志始终关注高校安全稳定的前沿问题，不断进行思考和剖析，提出了种种建设性的对策和各项具体措施。陈光同志致力于确保学生的生命财产安全，服务于学生的成长成才成功；致力于为高校改革发展服务，推动和谐校园的建设；致力于为社会稳定服务，促进和谐社会的建设。作者注重于理论与实践紧密结合。在实例选择上，作者对于各种安全案例，无论国内外、省内外、市内外、校内外，都能了如指掌，运用贴切，足见其视野广阔。本书结构清晰、形式新颖、图文并茂、用词考究，读来令人兴趣盎然。

当下正处在社会转型时期，高校的校园安全已经升至国家安全高度，维系着全社会大局的稳定。本书的原创性、应用性、时代性特点，体现了陈光同志强烈的时代使命感和高度的工作责任心，根源于他追求卓越的智慧品格及攻坚克难的顽强韧性。

由于本书涉及的命题既有广度，又有深度，还有难度，不可避免地存在着一些缺点和不足。例如理论有待进一步提升，对策有待进一步研究，文字有待进一步精炼等。但是，鉴于这是陈光同志在繁重工作之余独立撰写的专著，笔者寄希望于他在以后能加以深化和完善。

雷云

（原浙江省委宣传部副部长、省社联主席）

二〇一〇年十二月二十八日

CONTENTS 目 录

第一章　高校突发事件应对研究的缘起　/ 1

一、时代背景　/ 1

二、现实意义　/ 7

三、研究思路　/ 9

本章小结　/ 11

第二章　高校突发事件应对的现状分析　/ 12

一、类型分析　/ 12

二、性质特征　/ 26

三、成因探源　/ 30

本章小结　/ 41

第三章　高校突发事件应对的预警机制　/ 42

一、指导原则　/ 42

二、内容分类　/ 45

三、机制运行　/ 53

本章小结　/ 63

第四章　高校突发事件应对的工作策略　/ 65

一、应对方式　/ 65

二、处置流程　/ 70

三、经验启示　／75

本章小结　／82

第五章　高校突发事件应对的日常任务　／83

一、主要内容　／83

二、处置要求　／86

三、季度重点　／99

本章小结　／102

第六章　高校突发事件应对的能力建设　／103

一、认识能力　／103

二、化解能力　／109

三、执行能力　／119

本章小结　／122

第七章　高校突发事件应对的思想教育　／123

一、教育背景　／123

二、教育内容　／129

三、教育要求　／143

本章小结　／151

第八章　高校突发事件应对的保障体系　／152

一、组织保障　／152

二、队伍保障　／155

三、投入保障　／158

本章小结　／160

附录一　文　件　／161

附录 1　中华人民共和国突发事件应对法　／161

附录 2　国家突发公共事件总体应急预案　／174

附录 3　国家特别重大、重大突发公共事件分级标准　／182

附录 4　突发事件应急演练指南　　/ 195

附录二　相关论文　/ 207

附录 1　提升高校应对突发事件能力的十大路径　　/ 207

附录 2　发挥现代科技在建设和谐校园中的促进作用　　/ 214

附录 3　构建和谐校园的十个着力点　　/ 220

附录 4　建立高教园区管理体系研究　　/ 223

附录 5　育人为本：最大限度满足学生成长成才需求　　/ 234

附录 6　从"六强六弱"看提高"八力"　　/ 242

参考文献　/ 249

后　记　/ 253

第一章

高校突发事件应对研究的缘起

高校突发事件应对工作：只有起点，没有终点；只有逗号，没有句号；只有更好，没有最好。

——作者的话

一、时代背景

突发事件是指由于自然的、人为的或社会的因素而引发的，突然发生的，在一定范围内对现有社会秩序造成影响甚至冲击或危害的公共事件。高校突发事件一般是指在校内发生，给师生生命财产安全带来威胁或造成人员伤亡的、给学校正常教学秩序带来冲击或严重干扰的事件。研究高校突发事件应对策略，是为了主动做好预防和应对工作，把突发事件带来的损失和人员伤亡降低到最低程度，更好地维护高校稳定和社会稳定。

（一）国外高校突发事件应对研究现状

1952 年美国著名学者卡特里普（Cutlip）、森特（Center）等对美国高校存在的一些问题提出了一些对策；20 世纪 60 年代初期，突发事件管理理论在国际学术领域作为一门独立的学科正式出现；20 世纪 80 年代，库姆斯（Coombs）从宏观角度对世界高等教育的危机进行研究，勒纳（Lerner）等编著了《校园危机反应实战指南》。"9·11"事件以来，美国教育部认为，应对学校危机的核心是学校的全面安全，即全体师生的健康、安全和幸福。此外，还有英、法等国的许多管理协会和业余团体也对突发事件应对问题进行了研究，其目的都是在于通过组织举办学术论坛，帮助在职的学校管理人员提高专业水平，特别是应对学校突发事件的能力。

（二）国内高校突发事件应对研究现状

20 世纪 70 年代到 80 年代，国内学者已经意识到了突发事件的存在，但没有提出突发事件的概念，也没有开展相关方面的专题研究。

20 世纪 80 年代末到 2003 年"非典"时期，学者周贝隆提出"中国教育的危机"①，这是高校突发事件及对策研究的突破。学者危兆盖、解小娟②、宋子文等对突发事件进行了初步的研究，但还未明确提出高校突发事件、高校突发事件管理等概念。

2003 年"非典"至今这个阶段，国内学者加强了对突发事件的研究，特别是在 2005 年国务院审议并通过了《国家突发公共事件总体应急预案》后，国内学者对高校突发事件研究越来越热，不仅明确提出了突发事件的概念，而且对突发事件应急机制进行了研究。如学者李余华等的《高校突发事件应急处置机制研究》③、刘向信的《高校突发事件应急机制研究》④、陈于东的《论高校群体性突发事件的控制》等专著和论文对高校突发事件应对问题作了较为深入的研究。

背景链接：我国每年因突发事件非正常死亡人数超过 20 万

21 世纪以来，我国因各类突发事件每年造成非正常死亡人数超过 20 万，伤残人数超过 200 万，经济损失超过 6000 亿元。其中，自然灾害平均每年造成受灾人数 1.5~3.5 亿人，死亡人数 1 万多人，经济损失 2000 亿元。重特大事故平均每年造成死亡人数 13 万人，伤残人数 70 多万人，经济损失 2500 多亿元。

——《中国新闻周刊》2006 年 7 月 17 日

（三）当前高校突发事件应对工作存在的问题

1. 认识不到位。部分高校对突发事件应对工作，往往麻痹大意，没有引起足够的重视，没有居安思危的意识。预警及应对处置机构不健全，职责不明确，运作不流畅，运行效率低。一些领导心存侥幸，疏于对突发事件应对策略的研究。

2. 预案不健全。部分高校虽然建立了突发事件预警处置体系，但在总体预案、专门预案以及部门预案等各方面还存在很多问题，如预案体系不健全、可操作性差等。

3. 机制不完善。预测、预警和协调联动机制不够完善，有的高校与上级领导部门、各高校之间在突发事件预警及应对处置工作中缺少沟通和互动，更

---

① 周贝隆：《从危机"禁忌"谈到中国教育的"危机"》，《中国高教研究》，1994 年第 4 期。

② 解小娟：《大学生人际交往危机管理》，《光明日报》，2001 年 5 月 25 日。

③ 李余华、李黎青、丁阳喜：《高校突发事件应急处置机制研究》，西南交通大学出版社，2007 年版。

④ 刘向信等：《高校突发事件应急机制研究》，社会科学文献出版社，2009 年版。

谈不上协调联动，往往出现"单兵作战"、多头指挥的情况。

4. 基础工作较弱。应对突发事件的基础工作相对薄弱，经费、政策等保障不到位。有一些高校因认识不到位，加之财政紧张，经费投入不足，物资保障不到位，基础设施和装备较差，治安防控措施难以按要求落实。

5. 管理水平不高。不少学校没有制定具体的实施方案和阶段性工作措施，对突发事件应对工作缺乏指导和督促；有的工作达不到标准要求。在预案的演练、应急培训、宣传教育方面不够规范，师生对自身的安全防范意识较差，自救互救知识缺乏。

6. 协调效能较低。由于认识高度、理解深度、执行力度的不同，一些统筹意识和全局意识强的部门，他们之间联动就做得好；而统筹意识和全局意识差的部门，在协调中主动配合不够，联动工作不能达到高效能要求。

7. 应急演练较少。现在很多高校突发事件应急演练工作不够到位，没有认识到应急演练在应对突发事件中的作用，平常组织次数少，缺少必要的应对技能，一旦有事将会造成重大的生命财产安全。

8. 应对能力较差。学校应急队伍不健全，分工不明确，职责不明晰，事先未经训练和演练，导致学校职能部门在应对突发事件时，不知道如何组织应对，不能发挥各部门的职能作用。

9. 专业知识不足。学校对突发事件应对的专业知识学习不够，缺少必要的专业技能和制度规范的训练与学习，因此在处理突发事件时，往往处置失当。

10. 保障力度不够。由于学校对突发事件应对工作不够重视，缺少对突发事件应急在管理上、组织上的制度建设；另外由于学校经费的限制，学校在突发事件管理中缺少必要的物质投入。这些都使高校在应对突发事件上缺少有力的保障。

高校突发事件应对工作存在的不足和问题

● 认识不到位 　　　　● 预案不健全

● 机制不完善 　　　　● 基础工作弱

● 管理水平差 　　　　● 协调效能低

● 应急演练少 　　　　● 应对能力差

● 专业知识浅 　　　　● 保障无力度

当今，影响高校突发事件产生的因素仍然存在。突发事件是导致高校不稳定乃至社会不稳定的重要因素，建立健全高校突发事件预警机制是保障师生生命和财产安全的重要举措，是维护高校稳定和社会稳定的重要手段，也是学校党委职能的一项重要内容，我们必须从生命高于一切、稳定压倒一切、责任大于一切的认识出发，更加自觉地做好突发事件应对工作。

（四）高校安全稳定面临的形势

在新的历史条件下，高校的安全稳定面临着许多新情况、新挑战。

1. 指导思想一元化与社会思想意识多元化之间的矛盾

纵观国际社会，西强东弱的态势短时期难以改变，西方一些势力通过文化进行渗透。社会思想意识的多元化，使青年学生在思想观念上也呈现出多样性，引发了一些大学生在世界观、人生观和价值观选择上的偏差，使其历史使命感和社会责任感渐趋淡化。

2. 思想政治教育与社会现实问题的矛盾

当前，我国处于社会转型、体制转轨时期，随之产生了各种错综复杂的矛盾。我们习惯于正面宣传教育，注重宣传的是社会的进步发展和人民生活的提高。但学生强烈感受到的还有农民失地、工人下岗、社会腐败、贫富差距扩大、生态恶化、物价上涨、毕业生就业难等多方面问题，这种反差给思想政治教育带来了新挑战。

3. 高教事业快速发展与教育条件相对不足的矛盾

近年来，由于高教事业快速发展，致使一段时间内教学和生活服务设施、教学质量和管理水平等方面不能满足学生的要求，如不尽快解决这些问题，势必会引起学生的不满，产生不安定问题。特别是在高校发展中一大批由中专升格为大专的学校，教师的思想观念、素质、教学和管理水平的提高都需要有较长时间的适应和磨炼。

但是，我们也不能简单地认为高校安全稳定问题是高校发展导致的，要充分看到高校发展的作用。以某市为例，该市 1999 年只有 5 所高校，1 万多学生，高校数量少、规模小、层次低。1999 年该市实施科教兴市"一号工程"，经过 6 年发展，现在达到 15 所高校，其中 5 所为本科院校，近 12 万学生，每年增加 2 万人，等于每年办了 2 所万人大学。我国大学生解放初期只有 16 万人，1998 年全国高校在校生达到 640 万，1998 年扩招后，2005 年超过 2300 万人。

高校发展的成效

● 培养了经济社会需要的人才

● 拉动了消费的增长

● 推动了城市化进程

● 促进了对外开放

● 提高了城市人口的素质

● 改善了投资环境

● 促进了经济发展

● 缓解了社会就业压力

● 培养了一大批干部教师

● 满足了人民群众对教育的需求

---

4. 学习环境日趋开放与管理手段比较单一的矛盾

如因学分制、跨校选修课程的实施，原来以班级为基础的管理方式逐渐弱化；又如因公寓投资主体与学校的分离，可能导致学校对公寓管理的不同程度缺位。学校的管理还沿用老一套，手段单一，跟不上形势发展的需要，急需制定有效的管理措施。

5. 学校布局调整、资源整合与师生利益的矛盾

因高教体制的调整，需要对部分学校进行布局调整、资源整合，在合并搬迁中由于各方面原因，特别是涉及教师搬家、学生宿舍搬迁时，难免会在不同方面不同程度影响到师生的利益，如果处置不当，易引发事端。

案例：2004 年 6 月 21 日，某高校××校区部分学生深夜起哄，反对校址搬迁。学校规定一年级学生住分校，二年级住总部。因总部从某高校对面搬到高教园区南区，他们担心总部搬到南区后享受不到该高校的教育资源，因而半夜群体性起哄，砸热水瓶、扔灭火器、桌子。2005 年 6 月 14 日，在这所学校总部又发生上千名学生群体性起哄事件，砸扔电脑桌板、烧被子，个别学生还放鞭炮和烟花，有的学生甚至往下扔消防栓。

6. 信息技术发展与学生处理判断信息能力相对较弱的矛盾

在信息爆炸时代，网络已经成为学校师生获取信息的重要渠道，大学生已经成为受信息化影响最大的群体。据笔者 2006 年 10 月对宁波市 14 所高校大学生思想政治教育情况的调查显示，目前大学生上网率已达 100%，有

53.31%的学生每天上网时间为1～3小时，21.03%的学生每天上网时间为3～5小时，18.8%的学生每天上网5～8小时，6.86%的学生每天上网时间高达8小时以上。学生上网在干什么？根据调查，聊天的有55.35%，观看在线电影、听音乐的有54.87%，浏览新闻的有36.29%，在线游戏有25.04%。信息技术带来的负面影响已经显露，由于大学生鉴别力和自身控制力的不足，有的学生沉迷网络，荒疏学业；有的学生受不良信息的影响，价值观念产生偏差，甚至出现一些极端的思想行为；也有的学生会在网上发布不负责任的信息，产生较大的负面影响，有的甚至形成网络犯罪。

7. 学生人数众多成分复杂与师资力量相对不足的矛盾

由于扩招，学生个体素质的差异越来越大，结构成分日趋复杂，学生面临的学业压力、经济压力、就业压力和情感压力也越来越大，由此引发的问题明显增多。笔者调查显示，当前大学生认为自己最大压力依次为：就业压力49.35%、学业压力33.99%、经济压力12.3%、情感压力6.76%。最令人苦恼的是没有理想的职业供选择，这部分人数占到了总数的43.18%。面对这些压力，50.64%的学生认为需要帮助，17.6%的学生表示自己能够承受。面临这些压力，如果处置不当，将会产生问题。一些学校为节约运行成本，师资力量特别是心理教师力量的配备往往不足，达不到教育部规定的师生比要求。在国外，每1000名大学生就配有一名专职心理教师；而在国内，专职心理教师与大学生的配备比竟不到1/5000。目前在全国高校从事心理咨询工作的人员尚不足3000人。全国1000多所大专院校，只有30%建立了心理咨询机构，建立心理咨询机构的大专院校专门从事心理咨询工作的人员往往只有几名，远远满足不了需要。

8. 高校后勤社会化与学校后勤管理滞后性的矛盾

由于后勤社会化改革处在探索之中，政策不完善，管理不到位，企业又急功近利，因此在后勤服务与学生需求、服务价格与学生承受能力、服务质量与诚信之间存在矛盾，由于学生是消费者，又是群体性行为，一旦矛盾激化，处置不当，容易引发群体性事端。调查显示，某学校学生对于学校食堂饭菜价格、卫生等方面的后勤服务感到一般的占42.12%，感到差的占37.03%，两项之和高达79.15%。

9. 社会环境影响学生与学校无力改善社会环境的矛盾

社会上一些不法分子用招工等形式，诱骗学生进行传销、色情等活动，导致少数学生出走失踪，被人控制利用，但学校对周边众多娱乐场所，却无法予以控制，导致事端频发。笔者调查显示，有39.91%的学生经历过被骗被盗被劫等事件。

案例1：某高校周边两家游戏机房，置国家法律于不顾，公然进行赌博，一些学生经常出入这些场所，甚至为此放弃学业，成为游戏机房的"上班族"。一些学生在输钱后，竟然招摇撞骗，干出违法乱纪的事情，学校师生对此大为不满，纷纷要求取缔游戏机房。

案例2：某高校一学生接到骗子打来的电话，要求其配合公安检查关掉手机12小时，然后骗子打电话给家长说学生出车祸了，要求家长汇款2万元到某账号。家长一打学生电话，手机关机，担心可能真出车祸。这位家长因为知道辅导员电话，就给辅导员再打了个电话，辅导员说，学生没事，正在学校上课。由于信息沟通及时，家长没有上当。

10. 热点问题多发与学校解决问题能力有限性的矛盾

过去的热点问题多表现在政治方面，而现在既有政治方面的，又有来自经济、体育等方面的，如"3·15"消费日、中日足球赛等，都曾引发学生高度关注，有的还造成了一些不良影响。

这10个方面的矛盾，也是10类新情况、新挑战，是育人环境面临的新问题，是大学生思想政治教育工作面临的新问题，是学校安全稳定面临的新问题，也是学校安全稳定工作面临的新背景。对此必须要有深刻的认识，这是我们做好高校安全稳定工作的出发点，也是加强大学生思想政治教育的出发点。

二、现实意义

（一）研究做好高校突发事件应对工作，是培养学生成长成才的需要

学校是育人的场所，学校的根本任务是培养人才。大学生是祖国的未来，民族的希望，国家的栋梁。当今综合国力的较量日趋激烈，国家兴衰系于教育，高等教育乃重中之重。高校作为人才培养的基地和科研发展的前沿阵地，聚集着大批优秀学子，高校安全稳定与否直接影响到人才的培养。人才培养必须要以学生安全为前提，如果学生的安全得不到保障，教育的发展就成了空话，生命不保，何谈教育？随着经济社会的发展，一些深层次的社会矛盾会不断显现出来，可能引起现社会失序、经济失调、心理失衡、行为失范等现象。学校是大学生集中学习、活动和居住的地方，许多意想不到的事情会发生，从

来没有发生过的事情也会出现。学校师生的生命财产安全，直接关系到每一个家庭，甚至上下几代人，影响到千家万户，影响到全社会。我们必须按照科学发展观的要求，坚持以人为本，把保障师生的生命和财产安全作为制订预警机制及应对处置突发事件的根本目的，最大限度地减少突发事件对学生造成的人员伤亡和危害，为大学生的成长成才提供良好的育人环境，这是我们应对突发事件工作的基本原则和出发点。

（二）研究做好高校突发事件的应对工作，是维护高校稳定的需要

高校作为一个公共性的教育组织，人口密度大，聚集性强，与社会联系广泛，危机也常常不期而至。近年来随着高校规模扩大、结构调整、体制转换、升级转型，利益关系更趋复杂，各种矛盾更显突出，影响高校突发事件产生的因素大量存在。

一是全球化发展带来的挑战。全球化在加快中西文化相互交流、相互吸纳的同时，使大量西方文化思潮和西方意识形态渗透了进来，一些自由化分子也把高校作为重要目标传播他们的思想。

二是高校改革发展中带来的一些问题。高校扩招后，由于教育资源的紧缺，存在着学生的需求与学校资源供给有限的矛盾，在一定条件引发下极易导致群体性事件的发生。

三是复杂的社会治安形势对学校的影响。当前处于新旧体制交替之中，加之法制不够健全，政策不配套，影响社会持续稳定的因素很多，社会矛盾的关联度、聚合性和敏感性不断增强，治安案件仍处于多发期，导致事端频发。

四是大学生就业困难的影响。整个社会的就业不充分，加之受美国次贷危机的影响，国内经济发展速度放慢，导致大学生就业困难。越来越多的大学生如不能就业就会发生群体性事件，直接影响校园的安全稳定，这些给高校带来巨大的压力。

五是网络对学校安全稳定的影响。随着互联网的普及运用，使传统的信息舆论引导调控手段相对弱化。网络的催化、扩大和扭曲效应，也容易使个人的偏激言论扩散为非理性的社会情绪，使一些局部问题扩大为全局性的问题。

面对严峻的形势，有备未必无患，但无备必有大患。我们必须增强忧患意识，更加重视建立健全突发事件预警机制，加强预警及应对处置工作，为学校的改革发展提供良好的环境保障。

（三）研究做好高校突发事件的应对工作，是建设和谐社会的需要

构建社会主义和谐社会，是党和政府确立的一个长远的战略目标，实现社

会和谐，人民安居乐业，经济持续发展，社会稳定有序，充满公平和正义等等，这些都是人们追求和向往的目标。没有稳定就没有和谐，稳定是实现和谐的前提和手段。高校是出第一生产力、开发第一资源的地方，高校和谐不仅是社会和谐的重要组成部分，而且对和谐社会建设具有引领、示范和推动作用。在开放的社会环境中，校内的问题与校外的问题会相互影响、相互转化，高校这个象牙塔不和谐，就不会有社会的稳定和谐，高校的稳定和谐是社会稳定和谐的基础。在新的发展阶段，我们要牢牢把握机遇，有效应对挑战，顺利实现从全面建设小康社会向率先基本实现现代化的历史性跨越，除了要致力于转变经济发展方式、体制机制和社会结构等方面的转型之外，一个极为重要的工作就是要提供稳定的社会发展环境，全力构建和谐社会。

三、研究思路

（一）研究思路

本研究的基本思路：以当今经济全球化发展进程作为时代背景，以科学发展观为指导，坚持以人为本，把保障师生的生命财产安全作为研究的出发点，运用哲学、政治学、社会学等学科理论和研究方法，从静态与动态、微观与宏观、横向与纵向等角度对建构高校突发事件预警及应对处置的模式进行研究。本书在阐述了建立健全突发事件预警机制重大意义的基础上，提出了突发事件预警机制要遵循的原则，分析了高校突发事件的表现形式、特征以及成因，探索和构建了突发事件预警及应对处置工作的基本框架、主要思路和实践形式，特别是对高校突发事件应急处置的方式和流程、应对突发事件预警的运行机制建设、应对突发事件的能力建设以及做好突发事件日常工作任务 100 项等方面作了系统研究。

（二）实现目标

本研究的最终目标是要建构应用型的、符合高校实际需要的、可操作性强的高校突发事件应对工作模式。

理论目标——本研究力图突破传统研究范式，以问题为中心进行研究，力图在理论建构上有所突破，提出真正有学术价值的理论，并用自己的语言进行概括。

实践目标——本研究力图贴近实际，贴近学校实际，贴近学生实际，贴近最基层实际，使研究牢牢扎根于高校安全教育的实际，避免"书斋式"、"概念式"的研究，以解决问题为目的，要切实管用，结合学校的工作实践进行探索、提炼和总结、概括。

推广目标——本研究立足于全国高校的安全理念工作，反映新形势下高校开展安全理念教育工作的需要，提出有效的工作对策和措施，在相关高校推广应用。

（三）主要内容

以实证应用研究为重点，构筑高校突发事件应对策略的模式，研究主要内容如下。

第一章，对高校突发事件应对研究的背景进行分析，阐述了高校突发事件应对研究的意义，提出了高校突发事件应对处置研究的思路。

第二章，通过对高校若干突发事件的分析，梳理出高校突发事件表现形式主要有政治类、火灾类、治安类、灾难类、卫生类、利益类、管理类、心理类、网络类等10类，并从政治、社会、经济、环境、心理、网络、就业等方面剖析了高校发生突发事件的主要原因。

第三章，提出制订高质量预案应遵循的原则，并提出高校要制订12个以上子预案，以支撑高校总体突发事件应急预案的落实。从系统论的观点，提出建立健全预防和应对突发事件的运行机制，主要内容是：目标责任机制、安全教育机制、风险评估机制、问题排查机制、思想动态研判机制、信息决策机制、队伍培训机制、常态管理机制、综合治理机制、应急演练机制。

第四章，在总结高校突发事件处置的经验上，提出政治性事件、学生集体罢课事件、群体性中毒事件、群体性上访事件、意外伤亡事件、校园发生流行病事件、宿舍火灾事件、群体性斗殴事件、突遇断水断电事件、网络炒作事件等10类事件的处置方式，并提出要把握处置突发事件工作流程的10个方面。

第五章，着眼于高校突发事件应对工作的思考，创造性地提出应对高校突发事件100项，并就抓好100项日常工作，提出了可操作性的对策和要求。

第六章，围绕建构高校突发事件应对模式，着重开展提升处置突发事件能力的研究。对突发事件能力建设进行深入研究，提出能力建设的3个方面任务，即认识能力、化解能力、执行能力，并提出能力建设的具体举措。

第七章，从思想政治教育工作的角度，研究提出要发挥思想政治教育工作在突发事件应对中的保障作用，并具体阐述所要抓好的工作。

第八章，提出高校突发事件应对的保障体系，并就抓好组织保障体系、队伍保障体系和投入保障体系，提出了具体的保障措施。

本章小结

高校突发事件应对研究概述

时代背景	● 国外高校突发事件应对研究现状 ● 国内高校突发事件应对研究现状 ● 当前高校突发事件应对存在问题 ● 高校突发事件应对所面临的形势
现实意义	● 做好高校突发事件的应对工作，是培养学生成长的需要 ● 做好高校突发事件的应对工作，是维护高校稳定的需要 ● 做好高校突发事件的应对工作，是建设和谐社会的需要
研究思路	**研究思路** ● 把保障师生的生命、财产安全作为研究的出发点 ● 把建构高校突发事件应对模式作为研究的出发点 ● 把坚持应用性实效性可操作性作为研究的出发点 **实现目标** ● 理论目标 ● 实践目标 ● 推广目标 **内容要点** ● 高校突发事件应对研究的缘起 ● 高校突发事件应对的现状分析 ● 高校突发事件应对的预警机制 ● 高校突发事件应对的工作策略 ● 高校突发事件应对的日常任务 ● 高校突发事件应对的能力建设 ● 高校突发事件应对的思想教育 ● 高校突发事件应对的保障体系

第二章

高校突发事件应对的现状分析

少讲工作成绩，多讲问题隐患；少等上级精神，多思问题研究；少讲一般道理，多讲落实措施；少讲客观原因，多讲自身责任。

——作者的话

一、类型分析

经过对高校若干突发事件进行分析梳理，概括出高校突发事件的表现形式主要有以下几种类型。

（一）政治类

政治性事件，特别是国与国之间的政治性事件，十分敏感，又十分复杂，一遇到国与国之间的政治性事件，大学生会怀着强烈的爱国热情，迅速参与到这一事件中来。如美国轰炸我驻南斯拉夫大使馆事件、中美南海撞机事件等都属于政治性突发事件，学生在此类政治性事件中都充当了急先锋的角色。不可否认学生们在这些事件中所表现出来的真挚的爱国情怀，但他们高涨的政治热情如果引导不当，或被坏人利用，就可能引发不稳定事件。

案例1：法国总统萨科奇接见达赖喇嘛，引发了学生对法国政府不满，发生了学生自发到家乐福超市去抗议，并号召市民"抵制法货"的举动。另外由于法国政府在保护奥运圣火中的失职，以及法国媒体对华的扭曲报道，促使很多在法华人和国内网民一起发起了抵制法货的事件。全国抵制风波不断，"抵制家乐福"这条口号通过网络论坛，聊天工具和手机短信流传，理由是奥运火炬在法国传递期间遭到干扰，并且其大股东路易威登公司曾多次资助达赖集团。

政治性事件。政治性事件的爆发都是有先兆的，需要有一定的条件。

政治性事件的爆发的一般条件

● 某些社会矛盾激化，热点问题趋于集中，群众中的不满情绪聚焦在一二个突出问题上。

●政治性理论发生混乱，某些偏颇观点公开流行，错误思潮开始泛起，舆论导向发生严重倾斜。

●公众对形势的判断信心不足，对政府和政策的信任趋于下降，浮躁不安情绪开始上升。

●小范围的闹事不断发生，闹事的领头人物逐渐形成；地下非法组织浮出水面，某些敌对势力介入学校，同闹事的领头人发生接触。

有学者认为如果具备以上条件，并有某一突发事件作为导火索，那就可能引发政治性事件。①

（二）火灾类

近年来高校火灾事故频发，尤以学生公寓火灾居多，主要原因是学生贪图方便违章用电所致，如使用热得快、电褥子等违规电器引发的突发性火灾事件。图2-1为2009年某市火灾原因分类图。由于大学生消防意识淡薄，缺乏必要的消防安全常识和必要的自救逃生技能，一旦火灾发生，很容易惊慌失措，以致酿成大祸，甚至丧失生命。

案例1：2008年11月14日早晨6时10分许，上海商学院徐汇校区宿舍楼起火，602寝室的4名女生因房内烟火过大，为了逃生，从阳台一跃而下，经现场120急救人员鉴别，4人均当场死亡。

经现场核查，火灾起因是使用放置在床头的直发器，用完以后忘记切除电源，最终引燃被褥发生火灾。

案例2：2002年11月7日上午8时08分，某高校一保卫干部在校园巡查时，突然发现15号501寝室窗户有烟冒出来，立即打电话给后勤公司和学院有关领导，随后拨打119火警电话；8时15分两辆消防车赶到；8时20分，火被扑灭，火警消除。从发现火警到扑灭整个过程不到20分钟。庆幸的是，没有波及其他寝室，没有造成人员伤亡。事后查明原因系违规使用热得快所致。

案例3：某年某月一女生在校外购买了电热杯，一到宿舍便试用电热杯质量。因试用过程中停电，便陪同学外出购物，出门时忘了切断电源；返回时，宿舍已经起火。

案例4：2003年11月24日，俄罗斯人民友谊大学一幢学生宿舍楼发生火灾，造成包括11名中国学生在内的41人丧生，近200人受伤。

---

① 任彦申：《从清华园到未名湖》，江苏人民出版社，2007年版。

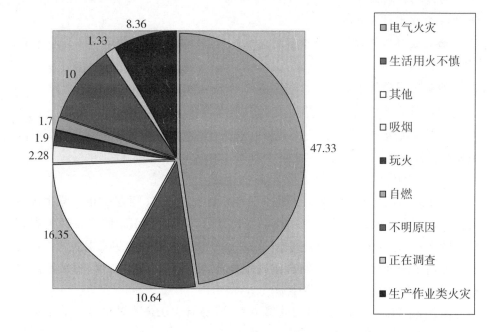

图 2 - 1　2009 年某市火灾原因分类图

（三）治安类

由于社会环境总体不尽人意，校园周边环境复杂，加之大学生自律性不强引发治安事件。主要有：学生与学生发生群体性斗殴、学生与校园周边社会闲杂人员打架、学生陷入传销陷阱人身失去自由、学生放假集体包车回家车票款被骗、学生参与社会实践遇到危及人身安全的问题等所引发的突发性事件。

社会治安形势严峻

法治蓝皮书指出，2009 年全国社会治安形势相对比较严峻。一方面全国刑事案件立案数、治安案件数大幅增长。根据截至 2009 年 10 月的统计数据，刑事案件数增长幅度在 10% 以上，治安案件数增长幅度达 20% 左右，全年刑事立案数达到 530 万件，治安案件数达到 990 万件，这种增长态势打破了2000 年以来违法犯罪数量一直保持的平稳态势。另一方面，主要犯罪类型的犯罪数量也明显增加。主要表现在：暴力犯罪、侵犯财产犯罪增幅明显，黑恶势力犯罪处于活跃期等方面。（材料来源：中国社会科学院法治蓝皮书——《中国法治发展报告 NO. 8 （2010）》）

蓝皮书预测，2010年我国社会治安形势比较严峻。蓝皮书通过对重庆2000年以来的25个黑社会性质案件领导组织者的身份、背景和特点以及犯罪组织的分析，将重庆黑社会性质组织分为5种类型。指出"白黑红"一体型犯罪是中国目前黑社会性质组织中最典型的一种形态。即以"白色"（合法的公司、正当的行业经营和组织领导者的商业身份）为幌子、以"黑色"（黑老大身份，暴力、暴力相威胁和腐蚀）为手段、以"红色"（政治身份或背景和保护伞）为护身，进行合法经营、非法经营与违法犯罪相交织的活动，形成"以黑养商、以黑护商、以商助黑、以商助黑、以商买权、以权促商、以权护黑"的一体化犯罪组织和犯罪活动。（材料来源：中国社会科学院法治蓝皮书——《中国法治发展报告NO.8（2010）》）

案例1：2002年10月16日下午18：00左右，某高校生物与制药工程系学生黄某、倪某、贾某购物返校途径乐购超市外侧延廊时，遇到两名不明身份的男青年，将三位学生拦住。其中一名青年"指认"学生黄某，称前几天在城隍庙将他打伤，要挟赔偿医药费2000元。黄某等三名同学否认此事，认为对方是认错了人了。对方一口认定是黄某打伤他，并将黄某带到旁边建筑工地内，留下另一男青年在原地盯住另两名学生。黄某被带到工地后，遭对方殴打，在工地外两名同学闻讯后进入工地，此时又从工地出来两名不明身份青年，四人围住三名学生，进行殴打，并进行言语威胁。四名作案者逼迫三名学生交出随身所带的300余元钱，抢走三名学生手机，随后拦出租车逃离现场。

案例2：某高校在一天时间内连续发生3起学生遭劫事件。晚上7：15分左右生物系男生金某从学校西区返回本部路上，被两个社会青年拉住索要钱财；晚8：30左右，外语系男生傅某某骑自行车自西区返回本部，途径一个村口时，被四五个人殴打，眼镜被打碎，头部、肩部被打伤，自行车被抢走；晚9：00左右，外语系女生朱某某在学校周边与同学聊天闲逛时，被五六个人围住，逼迫朱某某和其同学拿出50元钱才散开。

近年来国内外高校校园枪击案

●2009年7月22日，美国德克萨斯南方大学发生枪击案，致6人受伤。

●2010年2月12日，美国南部亚拉巴马大学亨茨维尔分校发生枪击案，造成3人死亡，3人受伤。行凶者为一女教授，死伤均为教职人员，事件造成了学生们极度的恐慌和不安。

●2009年6月3日，一名歹徒持仿制手枪闯入武汉大学行政楼，劫持人质一名，周旋5小时人质被救出，歹徒被击毙，一救援民警被击中头部。

背景链接1：大学生社会实践经常遇到的相关安全问题

1. 被不法中介利用。社会上存在这样一些中介机构，他们没有工商部门颁发的营业执照，没有健全的服务体系，不具备一定的规模和资质。欺骗大学生的往往是那些仅有几张桌子、几部电话，蜗居在十几平方米房间里的"皮包家教中心"。这些服务机构利用大学生缺少社会经验，收取高额中介费之后，并不按约定帮助大学生介绍合适的工作，更有甚者打一枪换一个地方，收钱之后却找不到人了，给大学生带来财产损失。

2. 被骗交押金。这主要涉及一些从事文秘、打印、翻译等较为轻松的工作。求职者只需要交一定的押金即可上班。但往往学生交钱后，招聘者又推托说暂时没有工作岗位，要学生等消息，以后便再也没有了消息，到最后押金往往不能退回。

3. 拿不到工资。在私营企业里打工或是做家教都有可能遇到这种问题。一些私营企业临时雇佣大学生，雇主在该付工资时却消失得无影无踪。有些大学生做家教之前，家长提出一个月结一次工资，到时却以小孩没教好为由不付钱。

4. 女生求职遭遇性侵害。这主要发生在招聘家教或文秘时，有的女生在对方约见时，不加考虑就去，有时就会遇到危险。如财物被抢，甚至遭到性侵害等，使女生身心健康遭到极大的伤害。

5. 受伤害理赔难。目前我国法律对于在校实习生与实习单位之间的关系还没有做出专门的规定，从严格意义上讲，实习生与实习单位之间不存在劳动关系，不能适用《中华人民共和国劳动法》。所以实习生人身伤害不能通过工伤赔偿来获得救济，司法上往往按一般民事侵权来处理。没有签订任何协议的兼职打工的大学生的权益更是得不到保障。

6. 出租房潜在安全问题。由于用人单位不提供住处，因路途遥远、住校不方便等原因，有些学生采用就近租房的办法。某地抽样调查发现约有35%的学生租房存在安全隐患，人身和财产的安全难以得到保障。

7. 交通安全问题。学生在前往社会实践地点和返校的过程中都要使用交通工具，而车祸已经成为严重威胁人类安全的杀手，学生因交通事故而死亡的人数占了学生非正常死亡人数的较大比例，交通安全问题不容忽视。

背景链接2：女大学生被骗入洗头房

湖北省一名涉世不深的女大学生只身外出找工作，不料被人从江苏骗至某市一洗头房卖淫。最终，经过努力，她被警方解救。9月10日，谷某兄弟等人因涉嫌组织卖淫罪被某检察院依法批准逮捕。据了解，年仅20岁的小胡是湖北某职业学院的大四学生。今年2月份，小胡从湖北老家到江苏昆山打工，但一时没有找到满意的工作。5月下旬的一天，小胡在昆山市区找工作时，在街上遇到了一对30多岁的夫妇，他们自称是浙江温州一家酒店的管理人员，来这里招服务员，月工资1800元，小胡可以跟着他们去温州。涉世未深的小胡没有多想，当天晚上就跟着他们来到了某市。但是，令小胡想不到的是，这对夫妇是专门打着招工的幌子诱骗年轻女子到一些洗头房卖淫的。小胡就这样被他们以1万元的价格转让给了某地一家洗头房做小姐。

小胡得知该店是卖淫窝点后，就下定决心要逃出去。第二天，小胡趁洗头房老板谷某兄弟吃饭的机会，偷偷溜到大门口。但很快被发现了。谷某兄弟将小胡拖了回去，除对她言语威胁外，还脱光了小胡的衣服，用手机拍下裸照，以彻底控制小胡，迫于谷某兄弟的淫威，到了第三天，小胡只好屈辱地开始接客。但她仍然没有放弃逃跑的念头。

6月下旬的一天，小胡假装在店门口招揽生意，见到有一辆交警的巡逻车路过店门口，就趁店老板不注意，一下子冲了出去，并大喊"救我"，警车停了下来，小胡终于逃出了魔窟。谷某兄弟随后被警方抓获，小胡也被解救回湖北老家。

背景链接3：警惕5种传销

传销组织往往借春节之机，大肆诱骗回家过年的学生、农民工等从事传销违法犯罪活动。为此，工商、公安机关在节前发出5条警示，提醒公众远离传销、拒绝传销。

一、警惕传销组织打着"国家搞试点"、"西部大开发"等旗号，以高额回报为诱饵，诱骗群众参与所谓的"资本运作"或"阳光工程"等传销违法犯罪活动。

二、警惕传销组织打着"招聘"、"介绍工作"、"招工"等名义，诱骗学生、农民、下岗职工参与传销活动。

三、警惕传销组织打着"特许经营"、"加盟连锁"、"连锁销售"、"直销"等名义，诱骗中西部等地群众和少数民族群众到异地从事传销活动。

四、警惕传销组织打着"电子商务"、"网络直销"、"网络营销"、"网络代理"等名义，利用互联网进行传销活动。

五、警惕传销组织披着合法公司、企业的外衣，以销售商品为掩护，以高额返利、高额回报为诱饵，通过发展加盟店、业务员等形式从事传销活动。

背景链接4：新型毒品向青少年渗透

据公安部门统计，2005 年，全国公安机关缴获海洛因 6.9 吨，缴获氯胺酮（俗称 K 粉）2.6 吨；到了 2007 年，查获的海洛因下降到 4.6 吨，氯胺酮却上升到 6 吨。最新公布的《2010 年中国禁毒报告》显示，2009 年各地缴获的氯胺酮仍高达 5.3 吨。数据表明，冰毒、麻古、摇头丸、K 粉等新型毒品已取代传统毒品，成为主流毒品。

新世纪以来，公安部门在与传统毒品的搏击中步步为营，偏偏与新型毒品的"斗法"却节节败退，以至从一线城市逐步向二三线城市，甚至边远山城"溃退"。到 2010 年，全国一千多座县城已大部分失守。一些人认为，新型毒品沿袭了传统毒品"低成本、高回报"的行业特性，故而能够在黑市中风行万里。

和传统毒品相比，新型毒品的市场定位更准，制毒者把目标消费群体瞄准了生理和心理都还没有完全成熟的青少年，特别是留守青少年。而这个市场，是无法估量的。新型毒品，成了专门吞噬青少年的恶魔。

（资料来源：《南方日报》2010 年 8 月 2 日）

（四）灾难类

因地震、台风、水灾等特大自然灾害或人为的豆腐渣工程或房屋年久失修等原因，造成教室、寝室倒塌而引发学生群体伤亡的突发性事件。中国每年因自然灾害、事故灾害和社会安全事件等突发公共事件造成的人员伤亡逾百万，经济损失高达 6500 亿元，占中国 GDP 的 6%。我国 2004 年因自然灾害、事故灾害和社会安全事件等突发公共事件造成的人员伤亡逾百万，直接经济损失超过 4500 亿元。

（五）卫生类

卫生类突发事件可分为两个部分。第一是重大流行病疫情事件。近年来，从"非典"到"禽流感"再到"甲型流感"的流行，流行病疫情事件不断爆发，威胁到人民群众的生命和健康，高校的安全与稳定也受到冲击。

从 2009 年 5 月到 2010 年 8 月，中国累计报告甲流确诊病例 128033 例，死亡 805 例。

背景链接 1：2009 年卫生部通报的国内突发公共卫生事件

> 从非典到禽流感再到甲流感，一些流行病重大疫情在不断考验和提醒我们要时刻不能放松对突发性流行病疫情防范。据国家卫生部通报，2009 年，中国内地 31 个省（自治区、直辖市）共报告突发公共卫生事件 2448 起，病例 238946 例，死亡 1004 人。甲型 H1NI 流感事件比 2008 年上升 8.85%，死亡人数上升了 140.19%。
>
> 从 2009 年 5 月到 2010 年 8 月，中国累计报告甲流确诊病例 128033 例，死亡 805 例。

背景链接 2：2009 年某高校落实上级防甲流会议精神所采取的对策措施

> 一是进一步完善组织领导机构。学校成立防控甲流领导小组，各二级学院也成立防控甲流领导小组，建立上下呼应，指挥灵敏的防控领导工作机制。
>
> 二是树立以防为主的观念。除了通过多种形式开展宣传教育外，加强落实日常防控工作，及时传达和推荐采用省卫生厅印发的防流感中药处方。第一阶段在学校医务室备有"桑菊防感汤"中药，方便广大师生配用。第二阶段由学校后勤公司组织实施在本部食堂和××分校食堂同时设点免费供应"桑菊防感汤"中药汤剂一周，起到了一定的预防作用。
>
> 三是认真做好晨检和因病缺课登记制度。二级学院要继续落实班级晨检制度，对体温达到 38℃ 以上的学生，要求在寝室休息。
>
> 四是及时处置疫情。要认真做好隔离和治疗，严防疫情在校园内扩散。对确诊甲流患者实行隔离制度。学院在××校区，把相对独立的教工楼 16 个房间设置成隔离场所，内部设施较完善，并备有专人进行日常管理，必要时可请当地疾控部门专家进行技术支持。
>
> 五是落实后勤保障措施。学院领导重视防护用品和后勤保障措施的落实，对甲流防控经费优先审批。自甲流发生以来我们购置配备了体温计 4000 支、红外测温枪 5 支、紫外线消毒灯 3 台、消毒药片、口罩若干。
>
> 六是做好寝室卫生工作。学校后勤宿管部门及时提醒学生要多开窗通风，多晒衣被，对有发热病人的房间及时用紫外线消毒灯或消毒液进行消毒。
>
> 七是加强宣传教育工作。要在宿舍楼前、食堂门口、医务室等张贴防控

甲流宣教资料，组织辅导员、学生干部，并请专业医务人员讲授防控甲流疫情相关知识。

八是认真做好疫情信息上报工作。各二级学院对一天内发现发热人数 5 人以上的班级，该班辅导员必须在一小时内上报二级学院防控领导小组。学院医务室在日常的门诊中发现可疑发热病人应及时通报社区中心。若在同一天内发现同一班级发热人数 5 人以上，除了通报社区中心外，必须在一小时内，同时上报学院甲流防控小组。

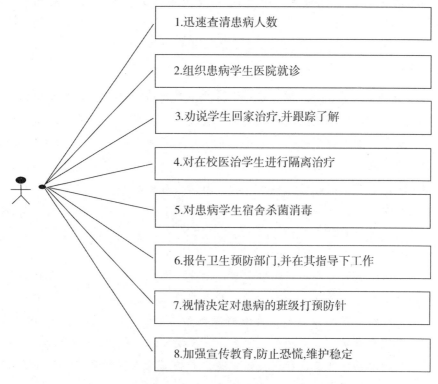

图 2-2　高校发生麻疹、流感等传染疾病的处置流程图

第二是就餐中毒事件。某高校曾两次发生过学生群体性中毒事件，其中一次就发生过上百人出现群体性腹泻等情况。对此，决不可以小觑。另外现在高校周边还出现了大量的无证食品摊贩，这类摊贩无论是在食品进货渠道，还是在食品烹制过程中都不能保证其卫生和安全，对学生的生命健康安全造成了极大威胁，甚至造成流行性传染病疫情蔓延。还有一些无证摊贩送外卖进学校，给学校带来了很多不安全因素。

对此我们应特别注意以下一些方面。一要在传染病和食物中毒事件易发期，做好卫生安全的检查工作，重点检查学校食堂及校内其他餐饮、副食品店，学校的自备水和饮用水设施，确保不留死角。二要重点把好"三关"，即食品采购关、保鲜保洁关、炊具消毒关，确保师生的饮食安全卫生。三要加强对学校周边的无证摊贩的整治。校园周边无证摊贩屡禁不止，而且有越来越多的趋势，这些店铺、摊贩的设施简陋，餐具消毒和食品进货渠道正规性难以保证，生产的食品卫生状况极不乐观，严重危及学生身体健康，必须加大整治力度，确保学生饮食安全。

（六）利益类

因学校办学不规范，招生宣传有虚假，导致学生拿不到文凭；因资源整合，学校合并，师生搬迁触及一部分人的利益；因学校偷盗案件居高不下，学生手提电脑等财物受损；因学生就业困难造成思想波动，特别是当前国际金融危机影响，经济发展不景气，越来越多的学生不能就业造成对学校的不满等等。各种具体利益的损害是引发群体性突发事件的导火索。

（七）管理类

学生对学校教学质量不满，对学校的评优、评奖不满，对学校后勤生活、食堂饭菜价格不满，这些问题没能及时有效得到解决，最终引发学生罢课、罢餐。因粮食、肉类等副食品连续涨价影响学生生活；还有因学校对学生违纪违规行为处置不当，有的缺乏法律依据，有的处理过重，有的处理不公，有的过于轻率而引发学生不满，个别学生采取极端做法所引发的突发事件。

案例： 2006 年 11 月 21 日，某高校开始实行冬令作息时间，将夏令时间晚 11 点熄灯改为冬令时间晚 10：30 熄灯。由于更改作息时间的通知没能使学生人人皆知，10：30 熄灯后，部分学生还在上网，有的还未做好就寝准备，熄灯后一些学生情绪激动，开始大声喧哗，有的朝宿舍楼下扔可乐瓶、易拉罐和垃圾包装袋等物，还有个别同学敲脸盆发出噪音。由于正值夜深人静，发出的响声影响了紧挨学校的小区居民休息。

（八）心理类

因学生心理问题发生自残、自杀而引发的突发事件。由于大学生心理承受能力有限，往往还要面临学校和社会的双重压力，导致近年来大学生心理障碍问题日趋严重。另外有一些学生由于性格等原因，在和同学的沟通交流中存在一些困难，有很多烦恼都不与同学分担，而是憋在心里，久而久之就会产生心理问题，从而导致一些不理智事件发生。据调查，有 60% 的高校学生表示心理咨询有必要，如果有可能的话会去咨询，但最后只有11.9%的学生会到学校心理咨询室寻求帮助，这也说明学校在心理咨询等方面还有很多工作需要加强。现在我国高校中因心理疾病而发生的出走、自残、自杀、杀人等事件呈上升趋势。

案例1：2009年6月某大学硕士研究生贾某跳楼自杀。贾某曾经是一个阳光、上进、幽默的人，但是沉重的社会现实，导致他做出了这样的选择。贾某申请读博被拒后，在连续的几份工作中表现优秀却一直被拒；导师对其关心不够，甚至经常辱骂学生。贾某由此面临着工作和学业的双重压力，虽然他曾尝试着努力寻找希望，但最终不堪重负，选择自杀。

案例2：2009年7月某大学延期毕业的学生黎某，在校内挟持人质，抢走银行10万元现金，随后黎某被警方控制。黎某曾经也是品学兼优的学生，由于自闭和延期毕业加剧了其心理问题，尤其是最后一次考试没有通过，黎某的心理发生了急剧变化，经常自言自语，甚至说自己不想活了。由于经济上困难和对自己前途的失望以及对家里的愧疚，导致黎某最终走上了这条道路。

案例3：2009年11月某大学女研究生杨某自缢身亡。杨某来自于一个单亲家庭，家里经济条件较差，自某大学毕业后，由于助学贷款没有还清，毕业证和学位证一直被扣押在学校，工作一直不稳定。由于长期的困顿和漂泊导致其性格变化，加上对毕业前景的忧虑，导致其处于抑郁症状态，最终选择自杀之路。

背景链接：马加爵及其他类似事件

2004年2月23日，云南省昆明市云南某大学6幢317号宿舍发现4具男性尸体，经查死者是该校生化学院生物技术专业2000级的4名学生，唐学礼、杨开红、邵瑞杰和龚博。云南省公安厅和昆明市公安局在之后的现场勘查和调查访问后认定，4人的同学马加爵有重大作案嫌疑，而此时马加爵已失踪数天。马加爵1981年5月4日出生，案发时不到23岁，杀人手段却极其残忍。警方发现尸体死亡原因都为脑部钝器击打所致。

据介绍，马加爵平时爱踢足球和打篮球。4个死者中，除龚博住在另一幢楼外，马加爵和唐学礼、杨开红同住第6宿舍楼317房间，邵瑞杰则住在隔壁的316室。5个人同级，常在一起打球。据同学说，马加爵生性比较粗暴。平时打球，只要有人踢不好或无意间踢到他身上，他便会动怒，有时甚至翻脸骂人。马加爵有几个广西老乡以前常来找他玩，后来渐渐不来了。还有同学回忆，马加爵以前经过 316 室，只要听到里面的音乐声大一点就会破口大骂。有一次同宿舍的一位同学动了马的东西，马发现后便一直记恨在心，从此不再理睬该同学。同学都说他性格孤僻，不太好处。

4 名被害学生多为贫苦农村家庭的孩子，事发后，家人悲痛欲绝。在警方和校方安排下，4 人的家属到云南处理后事。

2009 年 11 月吉林某大学的学生郭力维，将同宿舍的舍友赵研杀害，而事情的起因竟然是因赵研在休息时打呼噜引起的。最终导致郭力维杀人的原因也很简单，那就是赵研对郭力维的辱骂。郭力维面对赵研的辱骂，没有争论和反击，而是将它记在了心里，埋下了仇恨的种子。在第三次遭到辱骂后，郭感觉到自尊心受到了极大伤害，并最终在两天后的晚上将赵研杀死。

在 2008 年即将到来之际，辽宁省沈阳市两位大学生未能看到新一年的阳光。12 月 29 日凌晨 6 时，沈阳某大学建工学院土木工程系大四学生黄晓明（音）涉嫌在宿舍里砍死了两位室友。据前去采访的当地媒体记者透露，黄晓明是来自辽宁省朝阳市喀喇沁左翼蒙古族自治县的学生。在考入沈阳某大学之前，曾有过一次高考经历，考入的是重庆一高校。黄的父母都是下岗工人，家庭经济拮据。黄晓明考虑到家庭处境，放弃了到重庆读书的机会，复读一年后考入沈阳某大学。"黄晓明自觉怀才不遇，对上沈阳某大学不很满意，加之性格内向，和同学的关系不好。"据知情人士透露，黄与其中的一个死者有过矛盾，曾发生过争执。据悉，此次血案的导火索是因搬迁宿舍引起的。沈阳某大学一号宿舍楼破旧，环境不是很好。知情人士说，"新宿舍的房间小，每间安排 4 人，23 号宿舍的 8 人要被分到两个宿舍里，就在分宿舍时，发生过一次争执。"

现年 17 岁的郭某是河南省滑县牛屯镇人，去年 9 月考入郑州市某高等院校，和同学朱某同住一宿舍。郭某性格内向，经常被身材强壮的朱某欺负。案发前一星期，朱某又找各种理由欺负郭某，窝火的郭某怕自己打不过朱某，再次忍气吞声，但决定找机会报复朱某。随后，郭某买了把菜刀放在宿舍。去年 11 月 16 日凌晨 1 时许，郭某趁朱某和其他同学熟睡之际，拿出事先准备好的菜刀，站在宿舍中间的桌子上，朝正在上铺睡觉的朱某头部连砍数刀，致朱某右眼、头部、面部、手指等多处受伤。同学被惊醒后，将郭某制止。经法医鉴定，朱某右眼损伤程度已构成重伤。案发后，郭某在老师陪同下到公安机关投案。2005年4月27日，大学生郭某被郑州市中原区人民法院以故意杀人罪（未遂）判处有期徒刑5年。

由以上事情我们可以看出，造成大学生心理问题的原因很多。有社会方面的，有自身性格方面的，有经济原因的等等，这就要求我们平时要多关注大学生的心理健康问题，多注意大学生的思想状态，并及时进行疏导，将那些不稳定的因素消灭在萌芽状态。

（九）网络类

大学生天生好奇、好新、好学，容易沉溺于网上世界，是受信息化影响最大的群体，有的因为受网络不良信息的影响导致价值观念导致偏差，甚至出现一些极端的思想行为，严重影响校园乃至社会的稳定。网络的催化、扩大和扭曲效应，也容易使个人的偏激言论扩散为非理性的社会情绪，使一些局部问题扩大为全局性的问题，导致群体性突发事件的发生。

案例：2009年10月31日，重庆某大学发布消息说，该校公路与城市道路工程专业2006级本科生皮某某，在与母亲通电话时，听说家乡有针刺事件发生，在未经核实真实性的情况下，于2009年10月20日晚，以"我热，针ci事件居然闹到重庆来了"为题，在百度重庆吧发帖，引起众多网民浏览或回帖，在客观上构成了违法事实。根据《中华人民共和国治安处罚法》第二十五条第一款规定：散布谣言，谎报险情、疫情、警情或者以其他方法故意扰乱公共秩序的，处五日以上十日以下拘留，可以并处五百元以下罚款；情节较轻的，处五日以下拘留或者五百元以下罚款。鉴于皮某某认识到自己违法行为的实质，警方依法对其作出治安拘留3日的处罚。

作为互联网主体用户的青年大学生，他们思想和行为受到网络舆论的影响越来越深。他们极易迷恋上网，沉迷于网络游戏、网络恋情、网络色情，有的甚至实施网络犯罪。少数人在网上散布谣言，通过网络论坛、电子邮件、个人网站、博客、QQ以及MSN等途径传播。这种传播具有超时空性、互动性等一系列特点，在传播方式、传播内容、传播对象、传播管理等诸多方面影响和改变着我国的信息传播格局。现代媒体的运作方式加快了高校突发事件的传播，也不可避免地成为媒体的焦点。网络的发展也造成了对国家安全、国家秘密的危害。据国防部网站总编辑季桂林透露，国防部网站2009年8月20日上线试运行后，第一个月受到网络攻击230多万次。广西壮族自治区2010年公务员考试爆出"泄密门"事件，据透露，2010年1月广西公务员招考当天，有考生在网上称：考试结束前，公务员考试培训机构的QQ群里就出现了申论和行政职业能力测验两门科目的试题答案。成绩公布后，又出现同一考场的20余名考生行测成绩都在90分以上的情况。由此可见，如果利用不好现代通用技术，就会造成更大的危害。

背景链接：一起掀起网络巨浪的车祸

2009年5月7日20时，25岁的某大学毕业生谭卓在杭州市区穿越斑马线时，被一辆飞驰的三菱跑车撞死。一时间，各大媒体、论坛、该大学的学生会均对这起交通事故予以高度关注，这一事件在全国产生了广泛的影响。

据了解，西湖区人民检察院依法以交通肇事罪对被告人胡斌提起公诉，被告人胡斌于2009年5月7日晚驾驶非法改装车辆，与同伴严重超速行驶，时有互相追赶。当行驶至文二西路德加公寓西区大门口人行横道时，撞上正在人行横道上行走的男青年谭卓，造成谭卓颅脑损伤死亡。事发路段限速为50公里/小时。经公安机关现场勘查、委托鉴定，胡斌事发时车速为84.1～101.2公里/小时，对事故负全责。

5月20日，肇事者胡斌家属和受害者谭卓家属达成赔偿协议，由胡斌父母赔偿谭卓父母人民币113万元。7月20日，杭州西湖区法院以交通肇事罪判处胡斌有期徒刑3年。

（十）其他类

因某一诱因引发的个体、群体性突发事件，如在炎热的夏天学生正要洗浴就寝，突遇断水，就会引起学生的不满和愤慨，处置不当就会引发群体性突发事件。又如，大学生在校园参加体育活动，由于疏忽大意，防范意识不强，运动前准备不足，出现自伤及伤人事件。

案例1：某高校校门正对的公路属省道，来往车辆不断。该校学生刘某在穿越马路时，被一辆高速行驶的桑塔纳撞成重伤，花掉医药费13万余元。事后有关部门在这一路段设立了限速40公里的牌子，但情况并没有多少改观，安全隐患依旧严重。

案例2：某高校机械系某班班委为迁就同学的要求，在未向院系和学校有关部门请示的情况下，自行组织该班学生前往某水库进行爬山和野炊活动。在活动结束等车的时候，学生孙某与其小组5名男同学，不顾水库设置"严禁游泳"的禁示牌，下水游泳，由于水冷和身体疲劳等原因，孙某在游至离岸边50～60米时沉入水中。同学们虽然向附近渔民求援并报警，但最终救援行动没有成功，孙某溺亡。

　　案例3：某高校学生陈某在上体育课游泳测试时溺水，被救起时陈已无呼吸，瞳孔放大，立即被送往校医院救治，并呼叫120。在坚持抢救下，最终陈某恢复意识，身体状况逐步稳定。

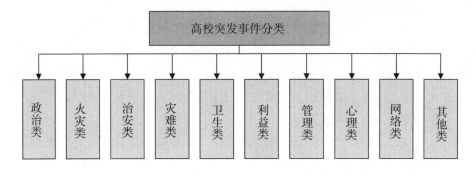

图2-3　高校突发事件分类

二、性质特征

　　（一）群体性。群体性问题如果引导不好，处置不力，就会激化矛盾，使问题升级，还有可能引发并演变成重大的社会矛盾。

　　（二）紧迫性。突发事件是突然发生的、事先不易预测的、没有思想和心理准备的非常紧急的事件。

　　（三）连带性。很多问题不是孤立的、单一的，往往是互相联系、互为因果、互为影响，有的还会"交叉感染"，产生连锁反应，增加解决问题的难度，使小问题变成大问题，使学校局部的事变成社会的事。

　　（四）多变性。突发性问题往往具有起因复杂、蔓延迅速、危害严重、影响广泛等特点，具有不确定性和多变性，难以准确把握。如因学生对学校食堂饭菜价格不满引发起哄事件，进而演变成罢餐、罢课事件，最终会演变成对政府不满的政治事件。

　　（五）危害性。群体性突发事件如处置不当会引发不稳定事件，在互联网等现代媒体的热炒下会引发一地、一市、一省甚至全国性的骚乱。

　　（六）威胁性。高校突发事件，特别是发生群体性冲突事件将严重影响和威胁师生的生命和财产安全。

　　（七）影响性。群体性突发事件会对高校造成负面影响，这种负面影响在互联网扩散，将会持久存在，使学校声誉受到很大影响。

（八）迅捷性。随着高科技的发展，一旦一所高校发生突发事件，将迅速在互联网上广为传播，引起全国、全世界的广泛关注，互联网将使事件的扩展蔓延十分迅速。

（九）公共性。大学生是一个特殊的群体，备受社会关注，一旦发生突发事件，政府、媒体和社会各界就会格外重视，从而成为社会的热点。这种公共性，一经媒体放大，校园突发事件，就很容易与社会热点结合在一起，引发社会不稳定因素。

（十）独特性。高校突发事件，参与主体往往是大学生，他们是一个特殊的群体，有知识但是缺理性，有正义但又易冲动，容易产生偏激情绪和过激行为，进而引发突发事件的发生。

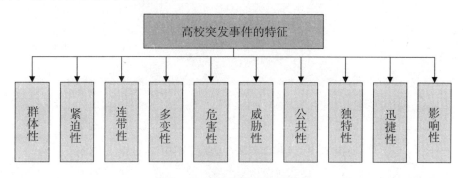

图 2-4　高校突发事件的特征

高校突发事件按照发生的危害程度划分可分为 4 级。

第一级：特别重大。主要是指地震、洪涝、台风等自然灾害和地质灾害，这种自然灾害有可能会给师生生命和财产带来毁灭性和极为重大的损失，如"5·12"汶川大地震。

第二级：重大。主要是指火灾、爆炸、寝室或教室坍塌、挤踏和交通事故等事故灾难，这种事故灾难有可能会给师生生命和财产带来重大损失，如上海商学院的寝室火灾。

第三级：较大。主要是指传染病疫情、群体性不明原因疾病、食物中毒、水污泥和放射事故等公共卫生事件，这种公共卫生事件会给师生生命带来较大的损失，也会给社会带来恐慌，如发生在 2003 年的"非典"事件。

第四级：一般。主要是指群体性学潮、治安事件和恐怖袭击事件等社会安全事件，如发生在 2006 年的学生涉日上街游行事件，这种社会安全事件有可能会给师生的生命带来一定的危害。

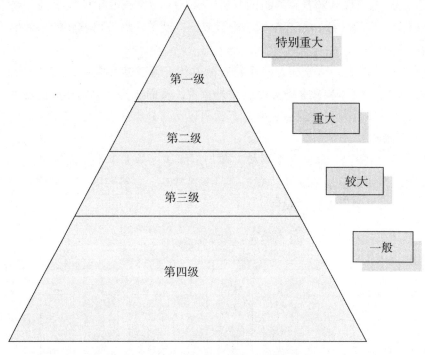

图 2 - 5　高校突发事件发生的危害程度分级

高校突发事件按照性质分，可分为 2 种。

第一种是自然性引发的突发事件，主要是指发生地震、水灾、雪灾等由自然灾害引发的突发性事件。

第二种是人为性引发的突发事件，主要是指发生火灾、爆炸、中毒、交通事故、恐怖袭击、上街游行、罢课等由人为引发的突发事件。

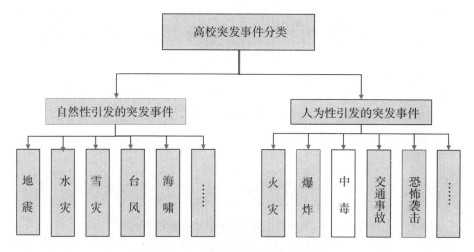

图 2 - 6　高校突发事件性质分类

高校突发事件按照情况发生的可能性进行划分，可分为 3 种。

第一种是很有可能发生的突发事件，如治安事件等引发的突发事件。

第二种有一定可能发生的突发事件，如政治事件等引发的突发事件。

第三种是很少可能发生的突发事件，如地震，特大台风等不可抗拒自然灾害引发的突发事件。

高校要做好的重点工作，是要预防第一种很有可能发生的以及第二种有一定可能发生的突发事件，也要十分警惕做好预防第三种很少可能发生的突发事件。

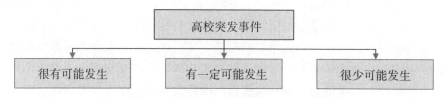

图 2 - 7　高校突发事件按照发生可能性分类

高校突发事件的处置难易程度分为 3 个等级。

第一等级是上级主管部门的上级派人来指导或督促，学校已根本无力解决处置。

第二等级是上级主管部门派人来协助处理，学校已难以单独处置。

第三等级是上级不用派人来协助处置，学校有能力自我处置。

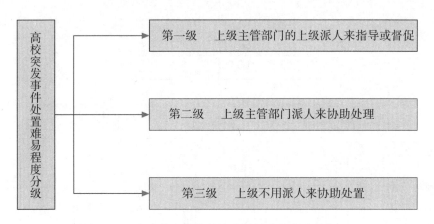

图 2 - 8　高校突发事件按照处置难易程度分类

三、成因探源

从近年来高校发生的突发事件看，都有其复杂的、多元的原因。

（一）政治因素

大学生文化层次高，参与政治热情高，但因社会经验不足，生活阅历浅，理性思考能力不强，常以偏概全，在看待复杂的社会问题时容易片面化、极端化，容易就事论事，缺乏全面、深入辩证地思考问题的能力，一遇到国与国之间的政治事件，大学生则往往上街游行或到合资企业的商场去抗议，对社会稳定带来一些负面影响。这都是因部分学生对政治事件有激情但缺乏理性而引发。

（二）思想因素

当前，我国社会正处于经济转型、体制转轨的过程中，特别是随着社会结构、社会组织形式和社会利益格局的深刻变化，社会思想观念和价值取向日益浩跃，主流的与非主流的同时并存，先进的与落后的相互交织，大学生的思想观念、价值取向、生活方式和行为选择以前所未有的速度发生着转换、改变与震荡，他们的思想活动的独立性、选择性、多变性和差异性明显增强。一些大学生在市场经济激烈竞争的条件下，过于关注自身的发展和利益，行为庸俗化、物欲化，社会责任弱化。在大学生思想影响因素日趋变化的情况下，做好大学生的思想教育引导工作，已成为维护高校稳定工作的新要求。

（三）经济因素

当前我国正处于社会转型体制转轨时期，大学生在总体感受经济发展和社会进步的同时，也强烈感受到农民失地、工人下岗、社会腐败、贫富差距扩大、生态恶化、就业难等多方面的社会问题。他们对贫富差距扩大和腐败现象的不满，借助于一定的事缘会导致突发性事件的发生。

（四）文化因素

世界范围内各种思潮交流、交融、交锋更加频繁，西方一些势力对我国进行文化渗透的战略图谋没有改变，他们推销其政治制度和价值观念，意在改变我国的一切。他们直言不讳地宣称："盯着中国的高等院校做工作，可以收到事半功倍的效果。"他们利用大学生思想活跃和对民主自由认识模糊的特点，通过宗教、网络等各种手段，制造谣言、扰乱视听、误导舆论，对高校展开渗透和煽动，这就容易使少数学生上当受骗，进而引发各种突发事件，危及学校和社会的稳定。

（五）社会因素

在开放、多元、动态的社会环境中，当前社会治安问题校园化，校园治安问题社会化的趋势日益明显。校园周边环境复杂，流动人口多，出租房屋多，无证摊点多，交通安全隐患多，各类黑车屡禁不止，针对在校学生的抢劫、伤害、打架等治安刑事案件居高不下，严重影响师生的生命财产安全和身心健康。社会上一些不法分子还利用招工等形式，诱骗学生进行传销、色情等活动，导致学生出走、失踪，被人控制利用。另外，高校周边娱乐场所多，台球房、游戏机房、网吧、歌舞厅、美容院等林立，其中相当部分不规范、不健康，凭着价格低廉、服务"周到"，吸引了少数学生，这些学生在校外失去监督，成为易出事群体。一些大学生自律性不强，在低档场所娱乐，容易与社会闲杂人员打架，发生人际冲突，引发社会治安事件。

某高教园区校园周边隐患排查问题汇总

校园周边治安问题	交通治安问题	无证三轮车问题	无证摊贩问题	网吧问题
1.××大学连续多起飞车抢劫,发案地点集中,大多在校园周边和本部的××市场周围,作案对象多为女性。据该高校统计,仅3月5日至4月4日就发生11起,平均每3天一起。 2.××学院校园周边环境差,学校周边时常发生师生被抢事件,自3月11日至4月3日共发生七起师生被抢事件,被抢物品包括手机、银行卡和身份证等。	1.××学院周边369、363路公交车存在"三快",即车速太快、关门太快、刹车太快。 2.校园周边道路教练车较多,威胁学生出行安全。 3.××校区校门口地段车流量大,旅游车辆多,特别是外省市车辆多,存在很大交通隐患	1.××大学西区及本部门口的公交车站,每到人流高峰时,无牌无证三轮车一字排开,将站前道路堵得严严实实,公交车一到便蜂拥而上"抢客"。这些三轮车也给路人造成了一定的视线盲区,存在很大安全隐患。 2.××学院生活区门口道路两边,被三轮车摩的堵塞,有的车辆无证无牌,对师生安全威胁很大。	1.某学院东门近期出现众多设在临时建筑里的餐馆,多数属于无证经营,食品卫生无法保障,给师生饮食卫生和交通安全带来很大隐患。 2.××学院外无证摊贩比较多,有的还在学生村围墙上向校内学生叫卖食品。 3.××学院校园周边流动摊贩有30多家,存在交通安全、食品安全、环境卫生安全等安全隐患。	1.××大学周边网吧通宵经营,严重影响自制能力不强学生的身心健康和学业,引发不稳定因素。 2.××学院校园周边网吧,违反国家有关规定,让学生通宵上网,影响学生正常生活和学习。
	3.××学院正大门至××路一带,学校上下课期间,无证摊贩蜂拥而至,经常造成交通堵塞。 4.××大学学生公寓围墙外在施工,民工较多,有一段围墙用篱笆分隔,存在安全隐患。	3.每天下午4~5点钟××学院西大门道路被无证三轮车堵住,交通秩序混乱。		3.××学院学生长时间到校园周边网吧、游戏房玩乐、个别甚至参与赌博。 4.距××学院大门30米内有一网吧,依相关法律规定属违法经营。

某高教园区隐患排查、整改及对策建议

序号	主要原因	化解措施	责任领导	责任部门	完成整改时间	对上建议
1	几个学校的学生合住在同一个学生村，学生间时有摩擦，群体性事件的隐患始终存在。	1. 各校建立自己独立的学生公寓，这样便于内部管理。2. 现阶段：相关学校建立联席会议制度和相应的协调机构，并成立快速反应小组。	属地管理部门及相关学校领导			
2	校区分散，学校无法实行封闭管理，交通及安全隐患比较大。	1. 要加强对师生的安全教育。2. 要加强门卫管理。	夏×× 徐×× 各分院书记 当地交警	学生处 保卫处 各分院 当地交警	要求上级政府部门加强对这一区域的交通管制，取缔无证无牌运输车辆。	
3	校园周边环境差，学校周边时常发生师生被抢事件，学校周边无证无牌三轮车泛滥。	1. 增加警力，加大巡逻力度，严厉打击和取缔各类非法运行车辆。2. 加强对师生的安全防范教育。	当地警方 徐×× 各分院书记	当地警方 保卫处 各分院总支	要求上级公安机关增强对这一区域的警力，有力打击各类针对师生的侵财事件。	
4	校外无证摊贩比较多，有的还趴在学生村围墙上向校内学生叫卖食品。	1. 加强对学生安全教育。2. 二是城管部门加大检查，发现一个取缔一个。	夏×× 徐×× 各分院书记 当地城管	学生处 保卫处 各分院书记 当地城管		当地城管

（六）生活因素

高等教育大众化，使学校规模大大扩展，但在诸多方面存在着不适应的状况。高教园区化，使学生聚集，也使校际之间学生摩擦的可能性增加，一旦出现事端，扩散的速度和波及的范围都超乎寻常。后勤社会化，使投资主体与消费主体的双方容易引起矛盾。高等教育国际化，多元文化造成不同价值观相互碰撞。高校学生参加社会实践，学生不少时间在企业，存在着交通等方面的安全隐患。这些给学校的稳定工作带来了新挑战，如处置不当，随时可能激化和引发群体性事件。

案例1：2004年3月，部分高校学生因不满学校食堂饭菜价高质差，互发短信称要在3月15日罢餐。此事从杭州某高校发起，发展到全省，又发展到好几个省，引起中央领导高度重视。学生"3·15"罢餐不是简单的罢餐问题，如果处置不当就会蔓延开来，引发其他事端。省内从3月5日起到3月13日这段时期，多次派人到高校，到后勤公司了解和沟通情况，检查学校食堂服务质量和饭菜价格情况，督促各高校、各后勤公司做好各项工作，还制订了防止学生"3·15"罢餐的有关预案工作，提出处置各种情况的对策措施，通过各方工作，有效防止和化解了学生"3·15"罢餐事件。

案例2：某高校后勤公司与食堂承包人发生矛盾，承包人以学校招生不足，承包亏损为由，故意把食堂伙食办差，拟采取通过学生不满向校方和投资方施压，以达到减少承包费的目的。后勤公司将承包费由一年60万降为一年45万，但食堂存在问题没得到解决，引起全校师生不满，许多学生到外面去吃饭，不到食堂吃饭，食堂承包商就打学生。后勤公司决定更换承包人，但是长时期谈判未果。食堂承包人干脆把学生用餐食堂锁上门，不让学生吃饭，还叫来不少人以壮声势。后勤公司领导准备拉来民工与食堂承包人打架。后经教育主管部门协调解决，果断提出解决食堂问题三步走的方案。第一步，必须在中饭前打开学生餐厅，解决学生吃饭场所问题，如承包人拒绝执行，就强制执行。第二步，必须限期交出厨房钥匙，解决新承包户进驻问题。如承包人不交出钥匙，就采取相应措施。第三步，解决后勤公司因终止承包合同导致经济纠纷问题。本着合理合规、顾全大局、有利稳定、越早解决越有利的原则要求，共同协商解决。

案例3：因食堂管理存在漏洞，引起学生食物中毒。2003年10月12日晚上起，某高校共有上百人出现群体性腹泻等情况，其中去医院就诊数十人，校医院就诊也达几十人。虽没有出现致人死亡事件，但影响很恶劣。

案例4：某高校院系调整，开学初在外语系和计算机系先行试点。外语系除毕业班外，约250名学生从本部搬到西区，搬到西区新一号楼二号楼的部分女学生，在本部原为6人一间，现为8人一间，因宿舍朝北，学生到南面晒被子与管理人员发生争执，引起学生不满，加上生活条件不便，主要是西区到本部中间道路不通，晚间学生到本部上课要走外马路，往返沿途没有路灯，缺乏安全感，一部分学生借此联系，26日下午有20多名学生聚集，下班前有40多人聚集，晚上有20多人聚集，私下商量，串联各班级学生，决定27日上午罢课。学校和院系领导从26日就分头做工作，27日上午10时左右部分学生回教室上课，最后一部分学生，也于27日中午前陆续散去。

（七）心理因素

由于社会节奏加快，社会竞争日益激烈，当代大学生的心理问题日益严重。培养大学生健康成熟的心理成为高校面临的一个重要课题。由于大学生心理处于社会转型期，长期受父母的溺爱，缺乏艰苦实践的磨炼，心理素质、意志品质和自我控制能力较差，在面临越来越大的学业压力、经济压力、心理压力、情感压力和就业压力的情况下，不少学生患上焦虑症、抑郁症、恐惧症，有心理问题的学生增多，出走、自残、自杀等非理性行为时有所闻。有关调查显示，全国大学生中因精神疾病而退学的人数占退学总人数的54.4%，有28%的大学生具有不同程度的心理问题。

据笔者本人对某市2000余名高校大学生的心理健康现状调查，想轻生的同学有75人，占3.05%。随着心理问题日益凸现，个人极端事件也会随之增多，这就需要引起足够的重视。近年来大学生心理障碍问题日趋严重，因心理疾病而发生的出走、自残、自杀、杀人等事件在高校呈上升趋势。

案例1：某年某月，某高校一女生，因心理有问题，学校把学生送到家里，叫家里人陪伴。该女生一定要返校。学校就要求学生家长陪伴，并住在同一寝室。下半夜，这一女生从5楼跳楼自杀。

案例2：某高校一学生心理不健康，始终认为有人要杀他，每天大喊大叫，带着刀防身，给其他学生带来恐慌。

案例3：张×，女，21岁，家境贫穷，喜欢文科，但认为理科好找工作而报考热门的计算机系。入学后发现，上课听不懂，曾用理智强迫自己，但收效甚微，越来越发现自己不适合这个专业。于是开始担心考试通不过怎么办？能否顺利毕业？以后怎么找工作？觉得一无是处，对不起父母，深感自责，后悔当初报考计算机专业。为此一年多来情绪一直非常低落，郁郁寡欢，很少与周围同学一起玩，总强迫自己学习，但效率差。近半年来，睡眠不好，每晚失眠，最多只能睡4~5个小时。白天注意力涣散，常感觉疲惫，不想做任何事情，甚至个人卫生也懒得整理，觉得生活没有意义，只会给别人带来麻烦，想自杀，曾尝试吃安眠药自杀，被同学发现制止。

某高校 2009~2010 学年第一学期心理咨询

序号	姓名	性别	问题
1	范××	女	口吃障碍，自卑；不适应大学新生活。
2	李××	女	与同学关系紧张，感觉被孤立；大学学习目标不明确。
3	张××	男	自我期望与自我能力之间的矛盾，对自己的工作能力、处事能力和学习能力不自信，有焦虑情绪。
4	钱××	男	与女生交往感到紧张，有交往障碍。
5	沈×	男	性格内向，人际交往困难。
6	孙××	女	失眠，家庭经济负担重，认为自己学习不好，焦虑，有内疚感。
7	黄××	女	看恐怖片，受到惊吓，独处困难。
8	金××	女	对自己外貌感到自卑，不敢主动与人交往。
9	徐×	女	父母离异，对该生造成了严重的心理创伤，有五年的失眠史，最近情绪较为低落。
10	许××	男	有强迫行为，老成，言语谨慎，自述对人对己要求高，最近在班干部选举中落选，自信心受到严重打击。该生描述有咬指甲的习惯，一旦心情郁闷，就会咬指甲，经常咬的手指出血。
11	史×	女	苛求完美，自我期许高。
12	宗××	男	人际敏感，经常怀疑同学在背后说坏话。
13	曹×	男	暗恋，表白失败。
14	夏××	男	性格内向，在现实中不善交际；网络成瘾，学习成绩下滑，母亲对其十分失望，该生自己也很痛苦。
15	邱×	女	不喜欢说话，情绪抑郁。
16	戴××	男	学习有较大压力，对学校不满，有退学念头。
17	刘××	女	和室友发生冲突，感觉室友都和自己对着干。该生性格敏感，对人际交往中的冲突解决方式较为偏激。

某学校家庭经济困难典型学生调查情况表

	姓名	性别	困难情况
1	史××	女	母亲没工作，父亲出过车祸，花掉大量医药费，父母在家务农，收入低，姐姐出意外导致骨头断裂，不能工作。
2	吴××	女	父亲腿有残疾，母亲去年车祸导致耳朵残疾，家庭收入仅靠父母务农，收入低，另外三个孩子上学，负担重。
3	黄××	男	父亲患有精神病，在家养病，需要母亲照顾，家庭收入仅靠母亲一人务农，经济生活压力相当重。
4	方×	女	出生后被遗弃，进入社会福利中心，后一直在福利中心长大。此学生为二级语言残疾人，有残疾证。
5	彭××	女	低保户，母亲残疾，继父年老体弱，母亲从小患病一直吃药，从未停过，以致家中生活拮据。继父年老不能外出打工，母亲也需要有人照顾，没有稳定的收入来源。欠了许多债务，无力偿还。每年就靠卖掉一点橘子得来的收入来维持生活。
6	竹××	女	家庭经济十分困难，父亲长年患病，需要大量的医药费，已经完全丧失劳动能力，需专人护理。全靠母亲做点小工来维持生活，小妹还在读书，需要生活费。
7	程××	女	低保户，母亲患脑残疾，欠了很多债，父亲目前无工作，好赌博，常年靠其一人工作维持生计。
8	胡××	女	家里有三口人，母亲患有小脑萎缩，丧失行动能力，靠父亲一人在村里夜巡的工作维持生计，欠外债。
9	杨××	男	出生时母亲离家嫁人，从未谋面，父亲在1996年去世，现与奶奶相依为命。奶奶已经74岁，还在田间辛苦劳作。生活靠政府低保过日。
10	赵××	男	父母已经双亡，无任何经济来源。有一兄长，也无工作。
11	马××	男	父母务农，经济收入低。在2009年查出有再生性贫血障碍。到现在为止医药费以逾二十万。贫困的家庭已经无力承担高昂的医疗费用。
12	石××	女	父亲在一次意外事故中失明，右手残疾，现在还镶着钢板，母亲身体不佳，每天都用药物维持，患有坐骨神经、淋巴结肿痛，妹妹身体不佳。
13	杨×	女	父亲早逝，母亲残疾，家庭负担重，生活艰难。
14	郑××	女	3岁丧父，妹妹年幼，靠母亲一人打工养家，亲戚不仅不帮助救济，还霸占其房屋、财产，直至前年才打官司拿回空壳房屋。家庭经济十分困难。

（八）管理因素

管理部门个别人工作责任心不强，作风不实，特别是在一线的极个别工作人员，工作简单、粗暴，对学生重管理轻教育，以管理代教育，不进行耐心细致的思想疏导与教育，办事拖拉，作风懒散，抓落实不能一以贯之，工作时考虑不周全，该要解决的问题没有及时解决，与被管理者之间积累了大量矛盾，对话沟通渠道不畅，甚至对师生的意见和不满麻木不仁，对学生的要求不闻不问，缺乏对学生的关爱，一遇到具体矛盾冲突，这些就成为引发群体性突发事件的导火索。比如，学生评优、评奖不公平，透明度不高，收费混乱，该收的多收了，不该收的也收了，这就会引发学生不满。

案例1：前几年，某高校学生因对学历文凭不满，就在离开学校的前一天，在学校师生必经的一座桥上，长达数小时对学校领导和教师进行围攻，严重伤害了师生情谊，造成恶劣影响。

案例2：某职业学院计算机系02级3班学生李某，入学成绩为402分，高中阶段曾任学习委员，入学后曾任班长、学习委员，历次考试，成绩均在该班级名列第一。他工作态度认真，学习成绩优良，但性格内向，不善与人交流，在与同学们的相处中，急躁，固执。在他看来，期末的优秀班干部非他莫属，而评选结果却与他的想象大相径庭。因对班级评优结果不满，在评选中与班主任发生了冲突并遭到批评，于是，心中怀怨，先是对刚刚被选为优秀班干部的秦某进行恶意伤害，而后又趁同学们上课之机，用打火机点燃了班里的窗帘。这一事件不仅对班级荣誉造成了恶劣影响，而且李某的道德水准在同学心中也大打折扣。

案例3：某民办学院招收高考只有200多分的学生，学院为了能收取钱财，大半年不对违规学生进行考勤、管理，任意让学生往来于社会和学生宿舍之间，管理严重混乱，造成当时每年有35名左右的学生因学习成绩差被学校留级，对这些留级的学生每年收取8700元的跟读费用，在跟读不久又决定将学生退学，在决定学生退学之前，还给学生家长写信发布虚假广告和信息，催交学费和相关费用，故意隐瞒学生在校真实情况，引发学生和家长的强烈不满。

（九）网络因素

以互联网和手机短信为代表的现代传媒手段蓬勃兴起。据报告统计：在众多的信息渠道中，互联网已经成为大学生获得信息来源的首要渠道，大学生对互联网的日接触比例达到 77%～78%，他们平均每周上网的次数为 4.2 次，平均每周上网的时间为 6～7 小时。网络环境的虚拟性与不可控性，使有的学生沉迷网络、荒疏学业，甚至出现一些极端的思想和行为。特别是随着即时通讯、手机短信、博客播客、搜索平台的发展，网上信息源头和传播渠道急剧增多，每一个网民都可以成为信息的获得者、发布者和传播者，一个热点事件的存在加上一种情绪化的意见就可能成为引发高校群体性事件的导火索。

中国人民大学舆论研究所所长喻国明通过对网络热点的长期追踪研究，总结出了 8 类最刺激公众神经的事件。这些事情一旦触发，往往会造成很大社会影响。

最刺激公众神经的 8 类事件

● 政府官员的违法乱纪行为

● 涉及代表强制国家机器的政法系统、城管队伍

● 涉及代表特权和垄断的政府部门、央企

● 衣食住行等全国性的民生问题

● 社会分配不合理、贫富分化

● 涉及国家利益、民族自豪感

● 重要或敏感国家地区的突发性事件

● 影响力较大的热点明星的火爆事件

这 8 类事件如同一面镜子，映照出现实世界中公众对于贪腐、贫富差距、公权力运行、民生等问题日趋敏感。这些负面情绪日益积累，极容易由很小的一个事件引发网民的情感共振，形成网络舆论事件。

案例 1：某高校学生利用网络技术，盗窃他人电信宽带账号，用他人的钱来支付自己的网络消费，并把这一技术传授给其他同学，涉案金额达 10 多万元。公安部门连续找有关学生谈话，学生压力很大，心理恐慌，担心受到法律制裁。按公安规定，涉案金额 2000 元就可以判刑。教育行政主管部门同公安部门反复商量，认为这是一个高科技带来的新情况，以前从来没有遇到过，许多学生都不知情，鉴于学生认错态度良好，主动赔偿经济损失，免于法律责任的追究。

案例 2：某高校 4 个学生晚上到校园周边网吧通宵上网，与 2 个社会青年发生口角，1 个社会青年用刀子严重刺伤 1 名学生，该学生头部、颈部、肺部都被刺伤，伤势严重，经抢救虽脱离危险，但终身残疾。

（十）就业因素

高校扩招，大学生就业高峰期和大学生就业困难期同时到来，现在学校实行的是学分制，学生出钱购买的是劳动能力，有了劳动能力找不到劳动岗位，势必会对政府不满。大批学生不能就业会造成严重社会问题，不仅会在低年级学生中产生思想波动，直接影响校园的安全稳定，而且会成为引发群体性突发事件的诱发因素，造成社会骚乱，直接影响到社会的稳定。

本章小结

高校突发事件应对的现状分析

类型分析	● 政治类 ● 火灾类 ● 治安类 ● 灾难类 ● 卫生类 ● 利益类 ● 管理类 ● 心理类 ● 网络类 ● 其他类
性质特征	● 具有群体性 ● 具有紧迫性 ● 具有连带性 ● 具有多变性 ● 具有危害性
成因探源	● 政治因素：大学生对政治有激情但缺乏理性 ● 思想因素：大学生思想因素日趋变化 ● 经济因素：经济困难学生尤其是特困生易引发极端事件 ● 文化因素：各种文化思潮不断向高校渗透 ● 社会因素：高校稳定面临越来越多的风险和挑战 ● 生活因素：高等教育大众化和后勤社会化给学校稳定增加了难度 ● 心理因素：大学生心理问题日趋严重极端事件增多 ● 管理因素：相关职能部门工作不到位 ● 网络因素：网络信息的传播和炒作易引发群体性事件 ● 就业因素：严峻的就业形势易引发群体性社会事件

第三章

高校突发事件应对的预警机制

高校突发事件应对工作：必须高度重视，强化责任；必须警钟长鸣，长抓不懈；必须立足防范，及时化解；必须抓实抓细，扎实有效。

——作者的话

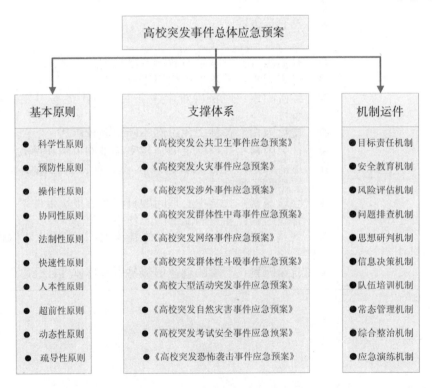

图3-1 高校突发事件总体应急预案

一、指导原则

建立高校突发事件预警机制的实质，是主动做好预防和应对工作，把突发事件带来的损失和人员伤亡降低到最低程度，并将大多数危机消除在萌芽之中，更好地维护高校稳定和社会稳定。

（一）制订突发事件应急预案的基本要求

一是要求纵向到底、横向到边，突出系统性。"纵向到底"，就是按垂直管理的要求，从学校层面到分院再到社区中心最基层单位都要制订应急预案。"横向到边"，就是按种类的要求制订专项预案和部门预案。相关预案之间要做到互相衔接，逐级细化。预案的层级越低，各项操作要求就要越明确、越具体、越量化。

二是要求分级负责、整体推进，突出重点性。针对制订应急预案难在基层的情况，必须下大力气抓紧抓好，按照分级、分层、分部门负责的要求，集中力量、集中精力，抓好应急预案的制订、修订工作，特别是要抓好重点部门、重点部位的应急预案。

三是要求科学管用、提高效能，突出实效性。评价应急预案的质量不在于文字的多少，不在于纸上谈兵，而在于实，在于管用，要按照突发事件的发生和发展规律，制订出符合实际、反映规律的应急预案。

四是要求依法行政、加强保障，突出建设性。制订应急预案要以法律法规为依据，使应对突发事件的工作纳入法制化轨道。学校要按有关法律法规和应急预案的规定，做好应急物资的保障工作，把应急预案的建设落到实处。

五是要求与时俱进、不断完善，突出动态性。要加强应急预案的动态管理，预案不是一成不变的，由于所有应急预案都是根据以往的经验和认识事前编制的，带有一定的主观性，可能与事实存在一定的差距，因此必须要经过经常演练和应急实践，随时修订和完善，使之更加符合实际，更加具有指导性和可操作性。

制订突发事件应急预案的基本要求

● 要求纵向到底、横向到边，突出系统性。

● 要求分级负责、整体推进，突出重点性。

● 要求科学管用、提高效能，突出实效性。

● 要求依法行政、加强保障，突出建设性。

● 要求与时俱进、不断完善，突出动态性。

（二）构建突发事件预警机制要遵循的原则

1. 科学性原则。预案的指导思想、规范程序和对策措施等都必须是科学的，预案的制订应符合突发事件发生、发展的机理，以保证预案在实施过程中能真正发挥作用。

2. 预防性原则。凡事预则立，不预则废。预防是第一位的，制订应对突发事件的预案，是突发事件管理的第一道防线。在突发事件爆发时，启动应急预案，能在最短的时间内对危机做出反应，将事态控制住，把突发事件造成的损失降低到最低的程度。

3. 操作性原则。预警系统的流程必须有可操作性，制订的预案应当完整覆盖突发事件处理的各个环节，明确各个环节的工作由谁来做和怎样去做，要尽可能使应急预案可量化和程序化。

4. 协同性原则。校园安全稳定是个系统工程，需要各部门大力支持和配合，公安、工商、综治、卫生、城管、劳动、人事等部门对高校的安全稳定都承担着责任，要发挥各自的职能。一旦高校有事，各部门就要密切配合，协同作战，共同承担维护高校稳定和社会治安的责任。

5. 法治性原则。要严格依法办事，在法律的范围内加以处置。一方面，要严格执行国家的政策规定，保障干部教师、学生和家长的合法权益；另一方面，绝不能为息事宁人而乱开口子，使之无法落实造成被动。

6. 快速性原则。一旦校园发生突发事件，必须快速加以处置。为提高时效性，有关信息上报可以越级，同一单位可直接向一把手汇报，最大限度地提升反应能力和应对水平。

7. 人本性原则。树立生命高于一切的原则，预案要把保障学生的生命安全放在首位，把学生的合理诉求作为处置突发事件的切入点。以人为本是处置校园突发事件的基本理念，是校园突发事件管理的最高准则。

8. 疏导性原则。坚持以教育疏导为上，不激化矛盾，不上纲上线，力求用和谐、平和的方法处理好事件，不留后患。

9. 超前性原则。由于突发事件具有不确定性和紧迫性的显著特征，作为应对突发事件的预警机制必须具有超前性。只有这样，才能备不时之需。

10. 动态性原则。突发事件不是一个断点，而是随时可能发展变化，这就要求根据突发事件的发展现状进行动态应对。

构建突发事件预警机制要遵循的原则

● 科学性原则　　　　　● 预防性原则

● 操作性原则　　　　　● 协同性原则

● 法治性原则　　　　　● 快速性原则

● 人本性原则　　　　　● 疏导性原则

● 超前性原则　　　　　● 动态性原则

二、内容分类

突发事件往往会在较短的时间内对现有秩序形成强大的冲击。制订突发事件应急预案，目的在于尽最大可能在可预测的范围内，对有可能发生的突发事件做好充分的应对准备，以期最大限度地降低突发事件对现有秩序带来的冲击。

一个优秀的预案，往往能收到意想不到的效果。譬如挑战者号发射失败之后里根总统演讲预案和阿波罗号登月计划演讲词预案，都起到了一种正向的作用。里根总统的演讲，在悼念遇难英雄并对其家属表示慰问的同时，更多的是肯定了遇难英雄所具备的一种特殊精神——美国精神，并号召人们尤其是美国学童要勇敢地追随英雄们的脚步去探索和揭开宇宙的奥秘。面临危机，做出如此冷静明智的演讲，不但可以减轻危机对人们造成的负面影响，而且可以起到振奋人心、激励斗志的作用。

背景链接1：挑战者号发射失败之后里根总统演讲预案

……我们悼念七位英雄：迈克尔·史密斯、迪克·斯科比、朱迪恩·伦斯尼克……

我们举国哀悼失去的英雄。对于这七个人的家人，我们不能百分之百地像你们那样感受这场灾难的打击。但是我们感受到了损失，我们认为你们一定也是这样。

你们的亲人勇敢无畏，他们的特殊姿态和特殊精神告诉我们："把挑战给我，我要满怀喜悦地去迎接。"他们渴望探索宇宙，渴望揭开宇宙的奥秘。他们希望尽职，他们做到了。他们为我们所有的人尽了职。

我要对观看航天直播的美国学童们说几句话。我知道后者难于理解，但有时像这样令人痛苦的事确实会发生。这些都是探索和发现过程的一部分。这些都是承担风险、拓展人类世界范围的一部分。未来不属于弱者，未来属于强者。挑战者号全体人员把我们推向未来，我们将继续追随他们。挑战号航天飞机成员的生命历程给我们带来荣耀，我们永远不会忘记他们，也不会忘记今天最后一次见到他们，那时他们正准备上路，挥手告别，"挣脱大地粗暴的束缚，去触摸上帝的脸"。

背景链接2：阿波罗号登月计划演讲词预案

……命中注定那些登上月球进行和平探索的勇士将永远地在月球上安息。这些勇士——内尔·阿姆斯特朗和埃德温·奥尔德林知道，他们已经没有了返回地球的希望，但他们也知道，正是由于他们作出的牺牲，人类才看到了希望。这两个男人将他们的生命献给了人类最高尚的目标：追求真理和理解。

他们的家人和朋友将怀念他们；他们的国家将怀念他们；世界人民将怀念他们；有勇气将他儿子派往未知世界的地球母亲将怀念他们。正是由于他们的探索精神，世界人民才感觉如同一家；正是由于他们的牺牲精神，人类才能像兄弟一样团结在一起。在古代，人们仰望夜空，在星座里看到他们的英雄；在现代，我们同样仰望夜空，但我们看到的是英雄史诗般的血肉之躯。

其他人将追随他们的足迹，而且肯定会找到回家的路。人类的探索精神永远不会被摧毁，但他们是第一批探索者，他们在我们的心中永远是最高大的。在未来的夜晚，每一个仰望月球的人都将知道，在另一个世界的某个角落，有永恒的人类。

制订突发事件应急预案是一项系统工程，从国家到地方都十分重视这项工程的建设。从国家层面上来讲，国家有《国家突发公共事件总体应急预案》，这一预案分为4个部分，25个突发公共事件分预案，见图3-2。

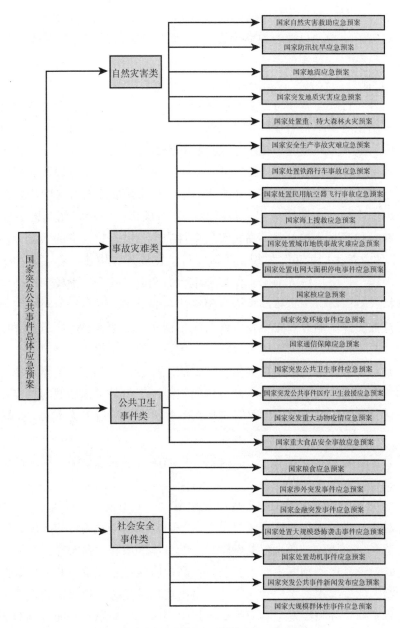

图3-2 国家突发公共事件总体应急预案

高校要按照国家的相关要求制订、健全应急预案体系。学校要按照职责清晰、简明扼要、可操作性强的原则，制订和修订、完善各类预案，要形成既有总体预案，也有分类具体预案的格局。在突发事件总体预案指导下，既要制订各专项应急子预案，也要制订各分院、各部门的应急子预案，形成"横向到边、纵向到底"的预案体系。

（一）制订高校突发公共事件总体应急预案

美国著名行政学教授特德盖布勒·戴维·奥斯布认为：一个有预见性的政府应该采用预防而不是治疗的管理模式，政府不应该被动地接受突发事件带给社会的巨大损失，而是应该把工作重点转移到预警预防上。党的十七大报告提出：完善突发事件应急管理机制，并把这项任务作为加快推进以改善民生为重点的社会建设的一项重要内容。2007 年 11 月 1 日颁布实施的《中华人民共和国突发事件应对法》明确规定，各级政府和有关部门应制订相应的突发事件应急预案，并及时公布。制订高校突发事件应急预案是贯彻党的十七大精神和《突发事件应对法》的重要体现，是落实科学发展观和构建社会主义和谐社会的重要内容，是坚持以人为本，保障师生生命和财产安全、学校和社会稳定的重要举措。总体应急预案是高校应急预案体系的总纲，是高校应对突发公共事件的规范性文件。制订高校突发事件的应急预案，不论是总体应急预案，还是某个领域的子预案，必须要体现科学、管用、实效的思想，始终应遵循以下原则：一是每一个工作领域的预案都是完整的工作过程；二是各工作领域的预案都必须符合和反映预防和处置突发事件的规律；三是各工作领域的内容和程序都符合认知和处事的习惯；四是各工作预案都必须坚持以人为本，立足防范。

（二）制订专项应急子预案

应急子预案是为应对某一类型突发事件而制订的应急预案。要从高校实际出发，制订好以下子预案。

1. 制订高校突发公共卫生事件应急预案

针对高校人员密集的特点，要重点做好防传染病爆发流行的工作，制订周密的防范和应对措施，最大限度保障师生的身体健康和生命安全，维护学校稳定和正常教学秩序。预案主要内容包括：高校应该成立突发公共卫生事件应急处置小组，明确要求，责任到人，并由本小组负责指挥全校突发公共卫生事件应急处置工作；高校突发公共卫生事件发生之后，应在第一时间（事件发生 2 小时之内）向主管的上级行政部门、当地卫生行政部门进行通报；视情况严重程度，减少或取消学生的公共集会，必要时，要停止教学活动；学校每 3 个月进行一次集中灭鼠行动，夏季开展灭蚊、灭蝇行动，减少传染源；大的区域性流行性疾病一旦爆发，可考虑封校，尽量避免与校外人员接触，并安排学生留在寝室，做好传染性疾病的预防和自检；高校卫生部门应及时对校园进行排查和消毒等工作。需要注意的是，高校突发公共卫生事件一般指传染病的发生，它包括肺鼠疫、肺炭疽、传染性非典型肺炎、人感染高致病性禽流感、群体性不明原因疾病、新传染病等。面对突发公共卫生事件一定要确保水源安全，避免二次污染造成更多的人员伤亡。

2. 制订高校突发火灾事件应急预案

坚持把学生的生命放在第一位，对重大隐患的危险源进行整改，确保消防设施齐全有效。一旦火警发生，最大限度地减少人员的伤亡和财产的损失。预案主要包括：高校应该成立突发火灾事件应急处置小组，负责指挥全校突发火灾事件应急处置工作；第一时间发出紧急警报，组织仍滞留在现场及建筑物内的人员全部安全撤离；关闭供电、供气、供暖设备；展开现场救护工作，及时将伤员转移至附近救护站抢救；迅速摸排重要设备、重要物品的安全情况，如有危险，应迅速抢救和保护；加强校园安保和巡逻，防止次生灾害的发生；稳定师生情绪，恢复正常秩序，了解并掌握受灾情况，及时汇总上报。在制作预案的过程中要注意，全面掌握校园内及周边易燃易爆物品信息，每3个月开展一次安全检查；设计安全撤离路线，每6个月开展一次安全演练，使师生在突发事件中能够第一时间安全撤离。

3. 制订高校突发涉外事件应急预案

加强对外籍教师、外国留学生的管理工作，按照我国法律和国际惯例，妥善处置涉外突发事件预案，内容包括：如发现涉外人员（主要包括留学生，外籍教师）散发非法宣传品时，及时上报保卫处；出现涉外非法集会、演讲时，应立即组织力量对现场进行控制，并将组织者带离现场进行审查，对围观人员进行劝离，并做好取证工作；爆发涉外冲突、游行示威时，要先将相关人员控制在校内，并带离组织者、驱散其他参加者和围观人员。在事态扩大、依靠学校力量无法平息的情况下，应及时上报，并请求派遣警力进校。需要指出的是，要遵照我国法律和国际惯例，讲究策略，把握时机，审慎行事，避免将矛盾进一步激化，不到万不得已，不动用警力。

4. 制订高校突发停水、停电事件应急预案

从保证师生员工正常生活出发，一旦突发停水、停电事件，必须有效应对，防止群体性起哄事件的发生。预案内容包括：迅速及时的开启备用水源或电源，尽最大努力保障学生正常生活；第一时间将停水、停电的信息传递给学生，安抚学生情绪，让学生做好思想准备；及时排查事故原因，进行校内自

检，发现问题并及时排除故障，以最短的时间恢复供水、供电；如果学校无力单独解决，应与供水、供电部门联系协商解决事故问题。需要说明的是，现在中等以上规模的高等院校一般会有多个校区，比较分散，各个校区都应该按照本校区的实际，层层落实责任，制订好相关预案。

5. 制订高校突发群体性中毒事件应急预案

从维护学生生命和健康出发做好各项工作，重点做好防范投毒事件的发生，消除可能对师生健康造成危害的群体性中毒事件的发生。预案内容包括：高校应该成立突发群体性中毒事件应急处置小组，负责指挥全校突发群体性中毒事件应急处置工作；高校突发群体性中毒事件之后，应在第一时间（事件发生2小时之内）向主管的上级行政部门、当地卫生行政部门进行初次通报；学校突发公共卫生事件应急处理要采取边调查、边处理、边抢救、边核实的方式，以有效措施控制事态发展。在制订预案时要注意，相关部门要制订配套预案，做到信息资源共享；面对突发群体性中毒事件一定要确保水源安全，避免二次污染造成更多的人员伤亡。

6. 制订高校突发网络事件应急预案

重点是强化技术防范措施，提高对校园网络有害信息的发现控制能力，为大学生健康成长创造良好网络环境。高校突发网络事件主要包括校园内部网络受到攻击造成严重信息安全事故和学生受到网络不良信息的煽动出现群体性事件。发生网络攻击事件时：通知应急负责人和中心主管，决定上报或通报；通知相关管理员采取措施，或直接实施管制；处置人员记录事件处理步骤和结果，总结报告。发生信息安全事件时：紧急通知网管中心负责人，及时消除非法信息，恢复系统。无法迅速消除或恢复系统、影响较大时实施紧急关闭系统，保留证据，并紧急上报；对因网络非法信息产生的学生思想波动，要及时安抚，澄清基本事实避免错误信息进一步流传。我们要在这些方面做好基础性工作，对重要数据定期备份，重要信息服务实行登记备案制度；安装入侵检测系统，监测攻击、病毒的发展，及时发现重大安全攻击事件。

7. 制订高校突发群体性斗殴事件应急预案

从更加积极主动地正视矛盾、化解矛盾出发，认真做好矛盾纠纷排查和调处工作，坚持疏导方针，有效控制事态的扩大。预案包括：学校保卫部门应及时发现，并尽可能阻止群体性斗殴事件的发生；如未及时发现，要及时制止冲突，疏散冲突人群，控制并带离直接责任人；稳定并劝离参与斗殴人员；对校内人员情节较轻者，可进行校内处分，情节较重者移交公安机关，对校外人员直接通知公安机关处理；与学生家长取得联系，通报相关情况；对伤亡人员要及时送医疗救护部门救治；如发生恶性事件可采取强制措施，或是请求公安机关协助处理。

8. 制订高校大型活动突发事件应急预案

从保护学生生命安全的责任出发，落实各项安全工作措施，一旦有事，迅速开展救护和现场疏导工作。高校大型活动分为户外和室内 2 种类型。对于高校大型集体户外活动，由活动组织者准备好活动策划，并向主管部门汇报，层层签字审批，落实责任；对集体出游等活动，建议学生事先向家长通报；户外活动超过 30 人，学校安排 1～2 名教师陪同。对高校大型集体室内活动，查看安全出口是否通畅，并做好相应的标识，一旦发生突发事件，学生能够有序安全撤离；严禁在公共活动期间吸烟；由活动组织者和活动场地负责人确认活动场所的电气设备和线路安全。控制好大型活动的规模，要缜密组织，超过 200人的活动，学校保卫部门要紧密配合，维持好活动期间的秩序。

9. 制订高校突发自然灾害事件应急预案

从保障师生的生命安全和减少经济损失出发，提出灾前防范和灾后救助的应对措施，最大限度减少人员伤亡和财产损失。突发自然灾害发生以后：及时组织力量抢救伤员，保护好水源，采取有效措施防止和控制传染病的爆发流行；有关部门向学校提供药品、医疗器械、各类物资时做好接收工作；协助电信、电力等部门尽快恢复被破坏的基础设施，恢复正常供电和通信；协助配合公安部门加强治安管理和安全保卫工作，预防和打击各种违法犯罪活动，维护社会治安；对在事故中死亡人员进行人道主义抚恤，对受害者家属进行慰问，对有各种保险的伤亡人员要帮助联系保险公司，尽快获得赔付；要严格信息发布制度，确保信息发布及时、准确、客观、全面，稳定校园秩序，疏导师生情绪，避免不必要的恐慌和动荡；全面检查校内设备、设施安全性能，检查安全管理漏洞，对安全隐患及时补救；统计好受灾情况，及时向上级主管行政部门汇报。对于台风等可预报的自然灾害要按照当地政府的统一部署，发布灾害通知，要求学生注意躲避，必要时强制组织进行避灾疏散；配合有关部门开展灾情监测；防止自然灾害谣传或误传，避免不必要的恐慌情绪的蔓延，避免发生衍生灾害，保持社会稳定。

10. 制订高校突发考试安全事件应急预案

在迎考和考试期间，针对可测不可测的突发事件，提出应对措施，一旦有事，将不利因素带来的损失降至最低程度。如发生不可预见的自然灾害，应立即向上级主考应急领导小组报告，并做好突发事件情况记录；如爆发大范围传染性疾病，应根据实际情况作出停考或延期考试的决定，或者采取其他处置方案；如发生考前试题泄密事件，应果断采取措施，保护现场，接受调查处理，同时向当地公安机关和保密单位报告，并协助调查；如发生集体舞弊，集体罢考，集体围攻考点，挑衅、殴打考试工作人员等事件时，首先应对考生进行劝解和教育，如果考生不服从劝解，应终止该场考试，按照有关考务规定进行详细记录，带头闹事、违法人员不准其离开考场，并向公安机关报警。考试之前，成立相关的考务领导小组，全面负责领导解决考试过程中的突发事件；对于一些特殊考试，如机（网）考，要确保考试期间电力供应；语言听力考试要确保语音设备的正常运转。

11. 制订高校突发粮食、副食品价格波动的应急预案

从粮食及副食品供需形势出发，作出相应对策，一旦粮食、副食品价格异常波动，短期内连续上涨，师生反映强烈时，立即启动应急预案，平抑物价。定期对校园内超市、食堂价格进行详细检查指导；对校内超市、食堂违背市场规律，牟取暴利的行为进行制止，并按照相关法律和合同的要求，强制实施；最短的时间之内，解决学生伙食问题，避免产生大量学生无法就餐的问题。高校个别食堂会因为经营不善，饭菜质量不高，影响到学生的就餐，要在定期对校内各食堂开展价格和质量检查，避免引发学生群体性罢餐事件的发生。

12. 制订高校突发恐怖袭击事件应急预案

从防范恐怖袭击的角度，周密做好各项安全防控工作，确保校园防控全面覆盖，不留死角。突发恐怖袭击事件发生之后，处置工作领导小组要迅速采取措施，判明事件性质和危害程度，并逐级进行上报，不得延误；根据事件的性质和危害程度，实施校园的现场管制、交通管制；迅速开展现场处置和救援工作；全力维护校园稳定，采取各种预防性紧急措施，严防恐怖分子发动新一轮或连环袭击；缜密侦查，严惩恐怖分子；统一安排宣传报道；做好善后工作，迅速恢复正常的教学、工作、学习和生活秩序。对于突发恐怖事件要坚持专门工作与群众路线相结合，大力加强人力情报工作，并充分利用高科技手段，努力获取预警性、内幕性信息，先发制人，将各类恐怖活动扼杀在萌芽状态；加强与相关反恐部门的沟通，及时了解反恐信息，认真做好防恐怖袭击工作。高校人员相对密集，社会关注度高，加上安全防范力度相对较弱，极易成为恐怖分子袭击的目标，要防范社会上因利益诉求得不到满足而铤而走险的人混入校园制造极端事件。要重点加强以下几个方面的防控：重点加强对学生宿舍、学

生食堂、教学楼、图书馆、实验室等重点部位的防控；加强对水、电、油、气、热通信等基础设施（设备）的防控；加强对易燃、易爆、剧毒、放射性等危险物品的管理和防控；做好对学生思想动态的分析排摸；要严格门卫制度，做好人员进出登记。

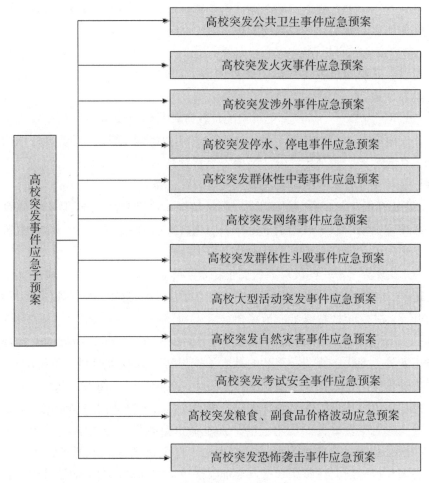

高校突发公共卫生事件应急预案

高校突发火灾事件应急预案

高校突发涉外事件应急预案

高校突发停水、停电事件应急预案

高校突发群体性中毒事件应急预案

高校突发网络事件应急预案

高校突发群体性斗殴事件应急预案

高校大型活动突发事件应急预案

高校突发自然灾害事件应急预案

高校突发考试安全事件应急预案

高校突发粮食、副食品价格波动应急预案

高校突发恐怖袭击事件应急预案

高校突发事件应急子预案

图 3 - 3　高校突发事件应急子预案

三、机制运行

要按照"稳定抓机制"的工作要求，切实抓好突发事件预警工作机制和措施的落实。

（一）目标责任机制

高校预防应对突发事件预警机制的工作目标是：不出大事情，少出小事情，尽量不出事，确保不出重、特大事。各级党政主要领导要亲自抓稳定，一级抓一级，层层落实责任，责任要"纵向到底，横向到边"，把维稳工作责任分解落实到每一个人身上，确保责任制和责任追究制真正得到落实，以一校的稳定确保地方的稳定和社会大局的稳定。

（二）安全教育机制

目前，高校安全教育的困境主要表现为：软弱无力、处处打折、说多做少、隐患严重。

"软弱无力"——高校真正重视的是教育和科研，安全教育在高校无地位可言，安全教育处于"四无"尴尬境地：一是无课程教材；二是无任课的教师；三是无考试；四是无学分。高校安全教育基本处于自由放任、可有可无的状态，这种次等教育的地位无法承载安全教育之重。

"处处打折"——在无上级统一教材情况下，一些地方自编安全教育书籍，因无师资培训，不可能给学生作系统化讲解，加上大班上课，学生可听可不听，诸种因素使安全教学的质量和效果大打折扣。

"说多做少"——各级对高校安全稳定年年说，月月说，几乎到了无会不说的地步，但能落实的少，学校面对上万名学生，在有限的时空条件下，如何有效开展公共安全教育成了一道难题。

"隐患严重"——随着我国社会转型的逐步深入，大学生所处的安全环境也在不断发生变化，特别是复杂的社会治安形势，直接影响到大学生的安全。从学生的角度讲，公共安全意识淡薄，易受到各种事故的伤害，隐患严重。

要加强危机意识教育，并辅之以各种实地演习，使他们知晓防范应对的流程，提高应对突发事件的能力。要加强生命价值教育，帮助学生树立"生命高于一切"的观念，尊重自己，珍惜生命，增强抗挫能力，把各种不良的思想、心理和行为消灭在萌芽状态。要加强法律法纪教育，把法治精神渗透到学生的价值观念和行为准则中去，做到人人知法守法，事事依法办事，养成冷静理智、合法有序地反映问题的处事习惯，自觉维护学校的和谐稳定乃至社会的和谐稳定。要加强公共安全知识教育，把应急避险教育作为安全教育的重点，提高学生的自救、互救意识和能力。要加强防盗、防骗、防劫教育，增强防范和自我保护的意识。通过多方面的安全知识教育，让学生以知识守护生命，提高应对各种突发事件的综合素质。

（三）风险评估机制

要加强涉及广大师生的政策出台前的稳定风险评估，特别是要做好涉及广大教职工切身利益的人事岗位聘用和津贴分配政策出台前的风险评估，对不符合大多数教职工的根本利益的政策决不能出台实施，坚持科学决策、民主决策，依法决策，从源头上控制、预防和减少突发性事件的发生。同时要认真做好组织校内重大活动或组织学生外出活动的风险评估，对风险大的活动要谨慎考虑，对控制不了和没有把握的活动要取消。特别是要重视毕业典礼召开的风险评估，全校性数千人以上的毕业典礼一般不宜在室内举行，宜以各分院为主召开或在室外召开。全校性的毕业典礼如在室内召开，存在着进退场时间长、会场秩序乱，特别是一些找不到工作或平常对学校某方面不满的人会借机发难和起哄，容易引发不稳定隐患。

（四）问题排查机制

牢固树立"隐患就是事故"的理念，坚持"及时排查、各负其责、工作在前、预防为主"的工作原则，坚持经常性排查与集中排查、全面排查与专项排查相结合，抓早、抓小、抓苗头，对本校不安全事故隐患进行全面排查。排查工作要深入到教学、科研、管理、生活各个环节，深入到教职工和学生各类群体，深入到公寓、食堂、教室、实验室、图书馆等各种师生活动场所及水、电、油、气、热、通信等重点部位，不留空白，不留死角。特别要重点排查可能引发群体性事件的重大隐患和突出问题，如欺诈招生、违规办学以及涉及学生切身利益的学籍、学历问题，又如消防安全、校舍安全以及重点实验室、危险化学品储藏的安全。对事关师生切身利益的因素进行深入排查，如学历文凭、各类收费、食堂价格、住房等。要特别注意了解掌握家庭经济困难、心理存在障碍、完成学业有困难、就业有困难、有行为失范记录等校园重点学生群体的基本情况。对排查出来的问题，要综合运用各种手段和方法进行解决，定人员、定部门、定时间，逐一整改，逐一化解，做到从源头上化解矛盾，防患于未然，防患于初始，切实防止因排查遗漏留下死角而造成严重后果。通过排查，真正做到底数清、情况明，为及时化解各类矛盾消除不稳定因素赢得先机，做到有备而战，战之能胜。

相关链接：某高校校园安全稳定隐患排查化解方案

为贯彻落实上级提出的开展高校安全稳定隐患排查化解，确保校园安全稳定的通知精神，结合我校实际，决定开展为期一周校园的安全隐患排查工作，具体方案如下。

一、隐患排查时间

10 月 13 日至 10 月 20 日，开展全院性安全隐患排查。

二、排查内容

1. 排查校园意识形态领域中存在的安全隐患，如非法宗教向校园的渗透。

2. 排查各类特殊群体学生可能存在的思想波动和不满情绪。

3. 排查学生使用大功率电器可能引发的火灾隐患。

4. 排查学生因学业压力、经济压力、就业压力等方面可能引发的自杀、自残等隐患。

5. 排查学生参与赌博不良等行为可能引发的斗殴、偷窃事件的发生。

6. 排查学生迟归、夜不归宿可能导致生命财产、安全的安全隐患。

7. 排查后勤服务、食堂食品卫生、饭菜价格等涉及师生切身利益方面，可能引发群体性突发事件的隐患。

8. 排查校园交通车通、治安、经营秩序等方面存在的隐患。

9. 排查校园消防设施、水电设施、锅炉房、实验实训设备等方面存在的安全隐患。

10. 排查学生参加社会实践等户外、校外活动可能发生的纠纷事件、伤害事故、被人诈骗等方面的安全隐患。

11. 排查学生存在心理疾病、情感纠纷等可能引发的各种伤害事故和非正常死亡事件。

12. 排查物防设施薄弱环节存在的安全隐患。

13. 排查校园监控设施方面存在的安全隐患。

14. 排查照明设施存在的安全隐患。

15. 排查学生工作中因信息上报不及时，可能影响事件解决的隐患。

16. 排查其他有可能存在的安全隐患因素。

三、工作要求

1. 各部门、各分院要本着对学生生命财产负责、对学院安全稳定负责、对社会和谐发展负责的精神开展工作，强化工作责任制，及时消除安全隐患，为广大师生营造良好的育人环境。

2. 各职能部门、分院领导要带头排查，对排查出的问题，要分析梳理，坚持轻重缓急的原则，提出化解措施。

3. 对排查出来的问题，实行问题登记和台账制度、问题消结和反馈制度。工作职责要落实到具体部门、具体人。

4. 对隐患排查不认真、不落实的部门、分院和个人，对出了安全问题、造成严重后果的，要追究责任。

5. 各部门、各分院排查结果要填表、盖章签名。

6. 各部门、各分院排查化解工作汇报时间定为 X 月 X 日下午。

（五）思想研判机制

一要建立起定期不定期的师生思想动态研判制度。要深入师生学习、生活第一线，了解师生的所思所想，了解师生对教学、管理、生活等方面的思想，尤其是在开学初、重大事件期间和敏感日子，做好师生思想动态收集、分析、报送工作。

二要特别重视对家庭经济困难学生、完成学业有难度、心理有障碍、行为自律较差等重点群体学生的思想动态的了解和掌握，针对有可能引发不稳定隐患的苗头和可疑迹象，要提出具体工作对策，并把它落实到最基层，特别是要落实到班主任、辅导员和公寓辅导员，及时有效化解矛盾，消除隐患。

三要建立工作档案。对每一次的分析都要有完整的记录，这既是日常工作的档案，也是检查各项工作是否落实的原始依据。

（六）信息决策机制

信息是预警的基础和生命。信息工作的基本要求是，要做到信息灵、情况明、报送快。辅导员获取信息的基本渠道是班干部、寝室长和学生骨干。此外，和广大学生交朋友尤为重要。有的信息班干部不一定知道，只有和学生交朋友，才能得到及时的信息。没有强烈的信息意识，是不可能在第一时间获得信息的；只有在第一时间得到信息，才能及时有效开展工作。

一要建立信息网络体系。要建立起由寝室、班级、年级、分院、学校、教育局、市高校工作领导小组这样一个多层次、全覆盖的信息网络体系，形成信息链条，保证信息上下畅通。

二要加强信息的搜集和研判。学校干部教师要进教室、进寝室、进食堂，经常了解情况，广辟信息来源，及时掌握第一手信息资料，及时掌握苗头性、倾向性问题，并对其进行准确的研判，特别要加强对那些原始性、即时性、动态性信息的研判，以增强决策的科学性、正确性。

三要重视信息资源共享。要完善信息报告的纵向分级报告制度与横向信息通报制度。纵向报告主要是指高校向教育行政主管部门、市、省上级主管部门进行及时报告；横向报告主要是指向综治、公安、卫生、工商等部门及时报告。现在主要问题是向横向相关部门报告的不够，存在着不及时或不报告的情况，因此高校要重视做好向横向部门的信息报告。

四要规范信息上报制度。信息报告要及时、准确、简练、规范，杜绝发生迟报、漏报、瞒报的现象，确保信息渠道的畅通。

（七）队伍培训机制

培训工作要着重关注3个方面。

一是对象的明确性。要定期对学工干部、保卫人员、辅导员、班主任、班级心理委员、安全员、学生信息员以及后勤人员进行培训。

二是培训的针对性。培训要从实战实用出发，着眼于基本应对能力的训练，如对保卫人员、后勤人员的培训，要求他们会熟练使用安全设备、设施；对辅导员、班主任、心理委员、信息员的培训，要求他们掌握逃生和自救知识外，还要着力提高发现事故苗头以及处置各类突发事件的能力。要针对相当部分涉及学生的突发事件发生在学生公寓的实际，特别加强对公寓辅导员的培训，提高他们的政治意识、大局意识和责任意识，提高他们的理论政策和业务水平，提高履行职能的能力和水平，提高他们应急反应能力和有效处置各类突发事件的能力。

三是培训的实效性。检验培训工作是否有成效，一要看对做好预防和应对突发事件中的预案工作的重要性的认识是否得到提高。二要看对当前面临的问题是否有深刻的把握，是否具有发现问题和解决问题的能力。三要看履行职责的能力和水平是否得到提高，工作能否取得成效。

（八）常态管理机制

应对群体性突发事件首要的任务就是从根本上减少社会矛盾积累和激化的可能性，与其多花精力处置突发事件，不如多用精力做好预防工作。要坚持寓预警及应对处置于常态管理之中，使预警及应对处置常态化。平常要加强对校园内文化、娱乐、个体经营、外来人口的管理，加强对学生实习、社会实践活动的安全教育管理，加强对校内各类讲坛、讲座、报刊的管理，加强对学生社团的管理，加强对食堂后勤的管理，加强对校园网的管理，构筑起群体性突发事件的整体预防机制，只有这样才能真正从源头上降低其发生的可能性。

（九）综合治理机制

高校校园周边环境整治要按照"什么问题突出就整治什么问题，什么问题反复就整治什么问题"的原则，坚持"打防结合，预防为主"的方针，政府综治部门要统筹协调公安、工商、城建、城管、卫生等各有关部门，制订整治方案，明确整治工作重点，把经常性的管理和集中整治结合起来，有针对性地开展专项整治或集中整治行动，重点整治校园周边环境的治安秩序、交通秩序和经营秩序，严厉打击威胁师生人身、财产安全的违法犯罪活动。对于从事"黄、赌、毒"等违规经营活动的，要坚决予以打击。要强力整治校中村、拆迁户、校园周边违规网吧和租住屋及周边黑恶势力等，为高校营造安全有序的育人环境。高校校园周边环境整治要建立健全长效机制，抓好抓实5种制度的落实，即协调联席会议制度、执法联动制度、整治台账制度、治理承诺制度和媒体参与监督制度，全力维护好校园周边的秩序，为大学生的健康成长创造良好的育人环境。

（十）应急演练机制

要加强对应急预案的演练，只有经过检验的预案才能知道是否最好，是否科学和具有可操作性；没有经过检验的预案在突发事件发生时是有可能出现问题的。预案演练可以使相关部门的人员充分理解预案，熟知预案的内容、程序、处置方式等。经过演练，就能在实践中检验出预案存在的问题，才能有针对性地对预案进行修改，使预案更加完善，更加科学合理，更加有可操作性。演练是一个循序渐进、持续不断的过程，任何一次演练不可能解决所有问题，只有长期积累才能收到良好效果。高校要年年组织演练，每年组织2次以上面向全体学生的，以防地震、防火灾、防恐怖、防爆炸等为重点内容的突发事件预案演练。通过演练，既总结经验，及时修改预案，又使师生熟悉实战状态、提高快速应变能力。要针对学生演练中存在的笑嘻嘻、慢悠悠、懒散散的状况，在演练的每个环节上提出要求，增强演练的逼真感和实效性。

高校突发事件的预警机制

- ●目标责任机制
- ●风险评估机制
- ●思想研判机制
- ●队伍培训机制
- ●综合治理机制

- ●安全教育机制
- ●问题排查机制
- ●信息决策机制
- ●常态管理机制
- ●应急演练机制

某高校应急演练实例：
××高校组织新生开展突发事件应急疏散演练的实施方案

一、指导思想和目的要求

为落实上级提出的组织应急预案演练的要求，以对学生生命负责为出发点，以防地震、防火灾、防恐怖、防爆炸等假想为内容，组织全校新生进行应急预案演练。通过应急预案演练，让学生了解应急疏散撤离的流程，增强应对突发事件的心理承受能力，提高应急反应能力。

二、组织领导

学院成立突发事件应急疏散演练领导小组，下设分片负责人，名单如下。

总指挥：×××

副总指挥：××

成员：×××（教官）×× ×××　各二级学院书记

本部演练负责人：×× ×××

学生一村演练负责人：×××　教官

学生二村演练负责人：×××　教官

三、演练对象、时间、地点

1. 对象：09级全体新生

2. 时间：9月24日中午12：30

3. 地点：

（1）学校本部学生公寓楼1、2、3、4、5号楼

（2）学生一村4、5、10、13、14、17号楼

（3）学生二村

四、演练程序

1. 信号发布：以教官吹哨为号令。

2. 按楼层顺序撤离，先一层，再二层，然后三层，以此类推，直至六层人员全部安全撤离。等1～6层学生全部撤离后，老师才能撤离。

3. 每个层面学生撤离时，以寝室中间为界，从两个不同方向的楼梯口撤离，按就近原则选择楼梯口撤离。

4. 学生疏散撤离时，以2～3人一排为宜，紧靠扶梯下撤，一般以快步走或小跑的方式撤离，做到不说话、不喧哗、不起哄，以确保在紧急情况下教师和教官发出的口令能使学生听到。

5. 学生撤出楼层后，按照指导老师和教官的要求小步快跑，到达安全位置，最后到达军训指定场地。

五、职责分工：

1. 上午军训时，教官要明确告诉学生下午要进行突发事件应急疏散演练。下午准时到场。

2. 总指挥下达演练指令。

3. 教官接指令后到指定的楼内楼外吹响撤离指令。

4. 各分院各相关部门组织落实好指导学生撤离的人员，具体任务和要求：

（1）××学院组织12人，加保卫处2人，学生处、团委各2人，共计18人，负责学生一村10号楼，每个楼梯口1名指导老师，组织1~6层学生安全撤离；

（2）××学院组织18人，负责学生一村14号楼，每个楼梯口1名指导老师，组织1~6层学生安全撤离；

（3）××学院组织12人，负责本部生活区1号楼2个楼梯口，每个楼梯口1名指导老师，组织1~6层学生安全撤离；

（4）××学院组织12人，负责本部生活区4号楼2个楼梯口，每个楼梯口1名指导老师，组织1~6层学生安全撤离；

（5）××学院组织10人，负责本生部活区3号楼2个楼梯口，每个楼梯口1名指导老师，组织1~6层学生安全撤离；

（6）××学院组织20人，负责本生部活区2号楼5号楼，每个楼梯口1名指导老师，组织1~6层学生安全撤离；

（7）××学院组织16人负责学生一村4号楼13号，每个楼梯口1名指导老师，组织1~6层学生安全撤离；

（8）××学院组织10人，学生一村17号楼，每个楼梯口1名指导老师，组织1~6层学生安全撤离；

（9）学生一村5号楼36位同学听到指令后，安全撤离。

5. 学生二村要按照本部和学生一村的安排要求，自行组织安排落实。

六、有关要求

1. 按照以人为本要求，本着对学生生命负责，严肃认真组织好紧急疏散预演。

2. 现场疏散指导老师12：10到指定岗位，确定每个楼层中间划界线，在演练前告诉学生疏散路线。

3. 各分院各部门接到疏散指令，只要求学生有序撤离，不提硬性时间要求（可记录撤离所需的时间）。

4. 撤离时要注意安全，严防踩踏事故发生。发现学生摔倒必须立即扶起，同时提醒后续人员要放慢速度。

5. 整个演练实行安全负责制，每个分院和部门必须对所承担的任务负起责任，确保所负责的疏散学生无事故发生。

6. 演练结束2天内，各分院要收集学生对应急演练的反馈信息，并把相关情况报保卫处。

某高校突发事件应急疏散演练领导小组

2009 年 9 月 22 日

通　知

各位同学：

今天中午学院将对军训学生进行防地震、防火灾、防恐怖、防爆炸等假想突发事件的应急疏散演练。

时间：2009 年 9 月 24 日中午 12∶30

地点：学生各自所住宿舍

要求：

1. 学生在 12∶30 之前必须在寝室待命。

2. 接到演练开始的吹哨指令，同学们按要求从楼层两头疏散撤离；先一层，再二层，然后三层，依次类推，直至六层人员全部安全撤离。

3. 疏散撤离，以两至三人一排为宜，紧靠扶梯下撤，一般以快步走或小跑的方式撤离，做到不说话、不喧哗、不起哄，以确保在紧急情况下教师和教官发出的口令能使学生听到。

4. 学生撤出楼层后，按照指导老师和教官的要求小步快跑，到达安全位置，最后到达军训指定场地。

5. 疏散撤离总的要求，是有序进行，疏散撤离在时间上不作硬性要求，以确保安全。

6. 所有同学在演练中服从命令，听从指挥。

注：教官在上午军训结束前通知到每位军训学生。

××××学院

突发事件应急疏散演练领导小组

2009 年 9 月 23 日

本章小结

高校突发事件应对的预警机制

指导原则	●科学性原则，预案的制订应符合事件发生、发展的机理。 ●预防性原则，预案的制订是突发事件管理的第一道防线。 ●操作性原则，预案的制订应该可以量化和程序化。 ●协同性原则，预案要发挥各部门职能作用，做到密切配合、协同作战。 ●法治性原则，预案要遵循国家法律，在法律允许的范围内加以处置。 ●快速性原则，预案要最大限度地提升反映能力和水平。 ●人本性原则，预案要把保障学生的生命安全放在首位。 ●超前性原则，预案必须具有超前性的特点。 ●动态性原则，预案要灵活多样，根据突发事件的现状、动态应对。 ●疏导性原则，预案力求用和谐的方法来应对处置突发事件。
内容分类	●制订高校突发事件预警机制总体预案 ●制订高校突发事件预警机制子预案 ●制订高校突发公共卫生事件应急预案 ●制订高校突发火灾事件应急预案 ●制订高校突发停水、停电事件应急预案 ●制订高校突发涉外事件应急预案 ●制订高校突发群体性中毒事件应急预案 ●制订高校突发网络事件应急预案 ●制订高校突发群体性斗殴事件应急预案 ●制订高校大型活动突发事件应急预案 ●制订高校突发自然灾害事件应急预案 ●制订高校突发考试安全事件应急预案 ●制订高校突发粮食、副食品价格波动的应急预案 ●制订高校突发恐怖袭击事件应急预案

机制运行	●目标责任机制 ●安全教育机制 ●风险评估机制 ●问题排查机制 ●思想研判机制 ●信息决策机制 ●队伍培训机制 ●常态管理机制 ●综合治理机制 ●应急演练机制

第四章

高校突发事件应对的工作策略

　　高校领导在维稳工作中的责任和水平，在于能具体有效地提出指导下级开展工作的办法和措施；只有领导提出的办法和措施有效，工作的执行和落实才会有保障。

——作者的话

一、应对方式

（一）涉外事件的处置方式

　　当出现涉及国家之间的政治事件时：第一，要肯定学生对侵犯祖国利益的国家的强烈谴责以及所表现出的强烈爱国热情；第二，要做好对学生的教育引导，把学生的思想统一到我国政府的立场上来；第三，要劝说学生不要走出校门，不要上街游行，以防被别有用心者所利用，影响稳定的大局；第四，要在校园里组织座谈会、主题班会等多种形式的活动，做好正面舆论引导工作，让学生有表达爱国感情的场所和机会；第五，要引导学生相信党和政府有能力正确处理这一事件；第六，要教育学生坚信发展是硬道理，坚持科学发展，增强综合国力，提高祖国的国际地位与影响力；第七，要引导学生加强自身素质的提高，明确用知识武装自己是当务之急，完成好学业是最好动动；第八，对煽动游行的过激言论和有害信息，要坚决封堵和删除，对极个别有犯法行为的人要及时做好取证工作。

（二）罢课事件的处置方式

　　当发生学生集体罢课时：第一，要迅速组织教务处、学生处、保卫处、后勤服务部门、各学院和辅导员，查清学生罢课的原因，积极做好思想政治教育工作，劝说学生迅速恢复上课；第二，对学生提出的合理要求，要积极办理，对一些不合理的要求，要耐心做好说服解释工作，极力避免和广大学生发生对立冲突；第三，对组织罢课事件的幕后操纵者和极个别组织罢课事件的为首者，要进行批评教育，视情妥善作出处理。第四，要慎用警力，以免扩大和激化矛盾。

（三）中毒事件的处置方式

当出现群体性中毒事件时：第一，要迅速组织医务人员对中毒人员进行诊断医治，尽快查清中毒原因，对病情严重者要立即送医院抢救和医治；第二，要组织总务处、后勤公司、保卫处等有关部门迅速查清中毒事件的源头、原因，确定性质；第三，要立即对食堂饭菜进行封存，并请上级医疗部门取样化验，做出权威鉴定，若怀疑有人投毒，必须由公安部门介入。第四，要迅速向上级主管部门报告，要坚持第一时间报告的原则，绝不容许在事后才向上级报告。

（四）上访事件的处置方式

当发生群体性上访事件时：第一，要迅速组织学生处、保卫处等有关部门及时控制现场，力求将事态控制在学校内部，并迅速查清上访的原因；第二，对上访者提出的正当理由和请求，学校应以最快速度予以答复，及时平息事态，消除对立状态，对上访者提出的不合理要求，耐心做好说服解释工作；第三，对在校外集中或直接到市有关部门上访的，学校一把手或分管负责人必须及时劝说上访者回学校；第四，对上访事件的组织策划者，要予以批评教育，视情妥善作出处理。

（五）伤亡事件的处置方式

当发生意外伤亡事件时：第一，要保护好现场，等待公安机关派人进行现场勘察；第二，要判定受到意外伤亡的人员是否还有救治的可能，如判定有救治可能的，要及时送医院救治，如判定已死亡，则由保卫处报告公安机关处置；第三，要主动配合公安机关查处死亡的原因；第四，要迅速报告学生家长。

（六）流行疾病处置方式

当校园发生流行疾病时：第一，要迅速查实患病学生，查清学生患病情况；第二，要迅速劝说和组织学生到医院就诊，对回家治疗和休养的学生要进行跟踪了解；第三，要对在学校医治的学生进行隔离治疗，单独安排寝舍，防止传染他人；第四，要对患病学生的宿舍进行杀菌消毒。第五，要及时报告上级部门和卫生防疫部门，特别是要在卫生防疫部门指导下进行工作；第五，要视情决定对患者所在班级学生是否打预防针。

（七）火灾事件的处置方式

当学生公寓发生火灾时：第一，要迅速向119消防部门报告，同时向上级主管部门报告；第二，学校领要导迅速赶赴火灾现场，组织学生撤离危险地带，受伤学生要立即送医院抢救；第三，要主动与公安消防部门配合，设立警戒线，维护火灾现场秩序；第四，要与伤亡学生的家长联系；第五，要保护火灾现场，配合公安部门做好取证工作；第六，要成立善后处置小组，负责事后相关事宜处置；第七，要迅速恢复学校正常秩序。

（八）斗殴事件的处置方式

当发生群体性斗殴事件时：第一，班主任、辅导员、各分院领导、保卫处要迅速赶赴现场，制止斗殴，控制现场局面，并报告公安派出所；第二，将受伤学生立即送医院进行抢救和治疗；第三，要立即查清斗殴事件的原因、过程，控制相关责任人；第四，出现死伤情形的，要立即与伤亡学生家长联系；第五，要成立善后处置小组，负责事后相关事宜；第六，要迅速恢复学校正常秩序。

（九）断水、断电事件的处置方式

当学校突遇断水、断电事件时：第一，要立即与供水、供电部门联系，要求迅速恢复对学校的水电供应；第二，要迅速组织后勤人员查清断水、断电的原因，并报告相关领导；第三，班主任、辅导员、后勤人员要下宿舍，说明事件原因，做好安抚工作；第四，教育引导学生要忍耐，不要大声喧哗和起哄；第五，在特殊的、急需的情况下，可由后勤部门打开消防栓供水以解应急之需；第六，在晚间停电不能及时恢复供电的，要在过道等重要部位采取其他照明措施，以方便学生生活。

案例：2005年9月的一个晚上，某高校上万名学生正要洗浴就寝，突遇断水，后经查实，是总进水口堵塞。部分学生突遇断水，情绪激动，大声喧哗和骚动，表示愤慨和不满。学院用广播向学生进行劝说和解释，用生活园区消防水供学生应急使用，平定了学生情绪，维护了学校稳定。

遇到停水、停电等突发事件，处理不当就会引发学校不稳定。一方面，在突遇断水断电的情况下，有关部门要高度重视，立即进行抢修，保障学生的正常生活用水用电，维护学校稳定。另一方面，学校要加强对学生的人文素养教育，防止一些学生在遇到断水断电事件时喧哗、起哄、滋事。

（十）网络事件的处置方式

当发生网络事件时：第一，要迅速查实网络传播事件的真实情况，在最短的时间内了解事件的起因和经过；第二，要对受害人采取必要的保护措施，做好心理工作，缓解受害人的精神压力；第三，要迅速向上级部门报告，同时，请求网监部门支持，最大限度地减少对学校的负面影响；第四，要动员学校宣传部门，在网上及时发布信息，以便正确引导舆论；第五，要组织学生在网上发帖，谴责恶性传播者的不道德行为；第六，要密切关注网络情况，根据实情提出不同对策。

表 4 – 1　高校突发事件应急处置方式

序号	工作内容	工作要求
1	涉外事件的处置方式	1. 教育引导学生理智、合法、有序地表达爱国热情。 2. 防止学生走出校园被别有用心人利用。 3. 删除校园网的过激言论和有害信息。 4. 及时做好取证工作。
2	罢课事件的处置方式	1. 在查清原因基础上做好思想政治教育工作，劝说学生迅速复课。 2. 对学生提出的合理要求要积极办理，对不合理要求，要耐心说服解释。 3. 对为首组织者要进行批评教育，并视情作出处理。 4. 慎用警力，以免扩大和激化矛盾。
3	中毒事件的处置方式	1. 组织医务人员对中毒人员实施医治和抢救。 2. 组织有关部门查请中毒的原因，确定性质。 3. 对食堂饭菜进行留样封存，由权威部门作出鉴定；对投毒所为，必须由公安部门介入。 4. 迅速向上级部门报告。
4	上访事件的处置方式	1. 要组织人员控制现场，力求将事态控制在学校内部，并迅速查清上访的原因。 2. 对上访者提出的正当合理要求，学校应以最快速度答复，及时平息事态，对不合理的要求，则要做好耐心说服解释工作。 3. 上访者到上级上访，学校一把手或分管负责人也要赶到上级部门，劝说上访者回学校。 4. 对上访事件的策划组织者要予以批评教育，视情妥善作出处理。
5	伤亡事件的处置方式	1. 要保护好现场，并报告公安部门派人进行现场勘察。 2. 判定受到意外伤亡事件的人员还能救治，则立即送医院救治。 3. 主动配合公安机关分析意外事件的原因。 4. 妥善处理善后事宜，并迅速报告学生家长。

序号	工作内容	工作要求
6	流行疾病事件的处置方式	1. 要迅速查实患病人数和情况。 2. 迅速劝说和组织人员到医院就诊。 3. 对在校医治的学生要进行隔离治疗，对回家治疗者要进行跟踪了解。 4. 对患病学生的宿舍要杀菌消毒。 5. 及时报告上级部门和卫生防疫部门，并在卫生防疫部门指导下开展工作。
7	火灾事件的处置方式	1. 要迅速向消防部门和上级部门报告。 2. 组织学生撤离危险地带，送受伤学生到医院治疗。 3. 配合消防部门维持火灾现场秩序和做好取证工作。 4. 与伤亡学生的家长联系。 5. 成立善后处置小组，负责相关事宜。 6. 迅速恢复学校正常秩序。
8	斗殴事件的处置方式	1. 班主任、辅导员、院系领导、保卫处等相关人员要迅速赶赴现场，制止斗殴控制局面。 2. 送受伤学生到医院治疗和抢救。 3. 查清斗殴事件的原因、过程，并控制相关责任人。 4. 与伤亡学生的家长联系。 5. 成立善后处置小组负责相关事宜。 6. 迅速恢复学校正常秩序。
9	断水、断电事件的处置方式	1. 立即与供水、供电部门联系，要求迅速恢复对学校的供水、供电。 2. 迅速组织相关人员，查清断水、断电的原因。 3. 组织班主任、辅导员下宿舍，告诉断水、断电原因，做好安抚工作，防止群体性起哄。 4. 采取相关措施，方便学生生活。
10	网络事件的处置方式。	1. 迅速查实网络传播事件的真实情况，了解事件起因、经过。 2. 对受害人采取必要的保护措施，做好心理辅导工作。 3. 迅速向上级部门报告，请求网监部门支持，减少负面影响。 4. 学校宣传部门在网上及时发布信息，以便正确引导舆论。 5. 要组织学生在网上发帖，谴责恶性传播者的不道德行为。 6. 要密切关注网络情况，根据实情提出不同对策。

表 4 – 2　高校安全稳定重要节点（以 2009 年为例）

序号	名称	时间	备注
1	全国两会召开期间	2009 年 3 月	每年一次
2	消费者权益保护日	2009 年 3 月 15 日	每年一次
3	清明节	2009 年 4 月 5 日	每年一次（期间学生多外出踏青、旅行，做好学生的安全教育工作）
4	劳动节	2009 年 5 月 1 日	每年一次（学生多外出旅行游玩，做好学生的安全教育工作）
5	青年节	2009 年 5 月 4 日	每年一次（学生们多在此日举行大规模活动）
6	"六·四"	2009 年 6 月 4 日	每年一次此为敏感时间
7	新疆"七·五"事件	2009 年 7 月 5 日	此为突发事件
8	国庆节	2009 年 10 月 1 日	每年一次（一些别有用心人会在此期间滋事制造事端）
9	"一二·九"运动纪念日	2009 年 12 月 9 日	每年一次（此时间为敏感时期，学生们一般会在此时举行反日活动。）
10	新生入学时期	2009 年 9 月份	每年一次（要做好新生始学教育和军训时的安全教育工作）
11	暑假时期	2009 年 7～9 月	每年一次（要做好放假前和开学后的学生安全教育工作）
12	寒假时期	2009 年 1～2 月	每年一次（要做好放假前和开学后的学生安全教育工作）

二、处置流程

（一）预警启动。突发事件具有不可预测性和影响大、扩散性强等特征，一旦发生，必须在最短时间内采取最有效的措施，突出一个"快"字。第一，查明情况要快。迅速了解现场情况和事件真相，对突发事件做出准确定性。第二，组织人员到位要快。按照事件的情况迅速展开工作。第三，报告上级要快。报告的主要内容是事件的类别、性质、规模、程度、时间、地点等元素，以便使上级部门做出相应行动，及时进行指导和协调，在更大更高层面上协助处置突发事件。

（二）先期处置。要按照"发现要早、化解要快、处置妥当、防止蔓延"的要求，做好先期处置工作，重点把握3个环节。第一环节是领导要靠前指挥。学校一旦发生突发性事件，学校领导和有关部门负责人要迅速赶到现场，进一步弄清事实，查明原因，根据事件的类别和情况，按职责和权限组织处置，不能因为反应慢、行动迟缓，而失去最佳工作时机。第二环节是控制事态发展，要本着可散不可聚、可解不可结、可疏不可激的方法做好师生工作，做好解疑释惑、疏导教育工作，尽最大努力缓解、化解矛盾，防止事态扩大，这是关系整个事件处理成败的关键因素。第三环节是要把师生的利益诉求作为事件处置的切入点，做到既依法办事，又合情合理，有效解决矛盾。

（三）分级响应。学校在发生突发事件后，学校领导要立即赶赴事发现场，实施应急相关措施，同时要立即向上级报告。上级教育行政部门的主管领导和有关人员在接到报告后，应立即赶赴事发现场实地了解情况，并组织实施应急措施。发生重大突发事件时，上级教育行政部门领导要立即向市分管领导和省教育行政部门报告，市分管领导和省教育行政领导在接到报告后，应立即赶赴事发现场实地了解情况，组织实施相关应急措施。

（四）部门联动。突发事件发生后，根据处置突发事件的工作需求，需要有公安、卫生等部门帮助支持的，教育部门要迅速报请公安、卫生部门给予帮助、支持，在政府的统一指挥下，形成各部门系统联动、有效处置的工作格局。鉴于学校发生的突发性群体性事件的性质属人民内部矛盾，在部门联动中特别注意要慎用警力，不可简单地动用警力和采取强制措施去解决。

（五）信息发布。突发事件发生时，与其逆势无用地逃避，不如顺势有益地适应。做好信息发布工作要把握3个原则。一是实时性原则。要实时发布信息，让公众及时了解事实真相，解释应急措施，表明政府态度，正确引导舆论。二是真实性原则。是什么，说什么，既不夸大，也不缩小，说真话是为了安定人心，是负责任的体现，是公信力所在，切忌隐瞒实情。三是引导性原则。信息发布要按照以人为本的要求，引导人们尽最大可能去抢救生命和财产，或有利于人们去避险，或有利于人们统一思想，安定人心。

（六）秩序恢复。在确定突发事件已经控制和消除的情况下，工作重点应为马上恢复学校的正常教学秩序和生活秩序，引导师生回归原有正常状态。

（七）善后工作。突发事件结束后，要迅速展开对全校的安全隐患排查，防止类似事件的发生。要抓紧解决事关师生利益的问题和诉求，兑现向师生做出的承诺；要坚决防止现场处置工作结束后对师生的合理诉求久拖不决、违背承诺、失信于民、造成事件的反复和反弹的情况发生。

（八）落实整改。高校突发事件处置结束后，学校应将事件处理结果、整改情况、责任追究等情况上报上级主管部门。认真吸取教训，举一反三，从深层次上改进工作，落实各项整改措施，防止突发事件的再次发生。

（九）评估总结。总结突发事件的成因和事态特点，总结应对突发事件所采取的对策措施的成效与失利，总结应对突发事件整个过程的成功经验和不足，给突发事件预警及应对处置模式的进一步完善提供理论依据和实践经验。

（十）完善制度。修订规章制度，建立长效机制，从中探求规律性的东西，彻底清除同类或相近事件发生的根源。

表 4 - 3　高校突发事件应急处置流程

序号	工作内容	工作要求
1	预警启动	突出三"快"： 1. 查明情况要快，在最短时间内对突发事件作出准确定性。 2. 组织人员到位要快，迅速视情况展开工作。 3. 报告上级情况要快，以便使上级迅速掌握情况，作出决策，及时进行指导和协调。
2	先期处置	把握三环节： 1. 第一环节，领导要靠前指挥，一旦发生突发性事件，主要领导人要迅速赶到现场，靠前指挥。 2. 第二环节，要控制事态发展，尽最大努力缓解、化解矛盾，防止事态扩大和演化。 3. 第三环节，以利益诉求作为事件处置的切入点，有效解决矛盾。
3	分级响应	把握三层次： 1. 遵循属地管理原则，在校党委、行政统一领导下启动学校应急预案。 2. 较大突发性事件由地方教育主管部门启动相应应急预案。 3. 特别重大、重大突发事件由地方政府启动应急专项预案。
4	部门联动	把握三要求： 1. 事发部门要迅速报请上级，要求相关部门给予帮助支持。 2. 涉及的相关部门要迅速到场，发挥职能部门的优势，通力有效处置。 3. 要特别注意慎用警力，不可简单动用警力强制解决。

续表

序号	工作内容	工作要求
5	信息发布	把握三原则： 1. 实时性原则，要第一时间发布信息，让师生及时、客观、全面了解事件情况，保障公众知情。 2. 真实性原则，公布事件真相，不夸大、不缩小，切忌为有利于自己而隐瞒实情。 3. 引导性原则，引导人们去抢救生命和财产，或有利于人们去避险，或有利于安定人心。
6	秩序恢复	把握三要求： 在突发事件应急工作结束，或者相关危险消除后，应引导师生回归原有正常状态。 1. 恢复师生正常的生活秩序。 2. 恢复正常的教育秩序。 3. 恢复正常的校园秩序。
7	善后工作	把握三要求： 1. 抓紧解决引发突发事件的实质问题，兑现向师生作出的承诺，从根本上解决问题。 2. 坚决防止后续处置工作中久拖不决、违背承诺、失信于民，造成事件的反复和反弹。 3. 进一步安抚和平静师生情绪，努力消除突发事件给人们造成的精神创伤。
8	落实整改	把握三要求： 1. 找出事件的问题、教训和责任。 2. 在吸取教训的基础上，举一反三，落实各项整改措施，从深层次上改进工作，杜绝安全隐患。 3. 对有玩忽职守、失职、渎职等行为的，要依法追究相关责任人的责任。
9	评估总结	把握三要求： 1. 做好对突发事件起因的调查分析。 2. 做好对事件的性质、影响、责任等方面的评估，总结处置突发事件的经验教训。 3. 向上级主管部门作出书面报告。
10	完善制度	把握三要求： 1. 修订和完善规章制度，建立长效机制。 2. 认真探求突发事件的规律性，彻底清除同类或相近事件发生的根源。 3. 提出加强和改进的措施，进一步做好预防和应对突发事件的工作。

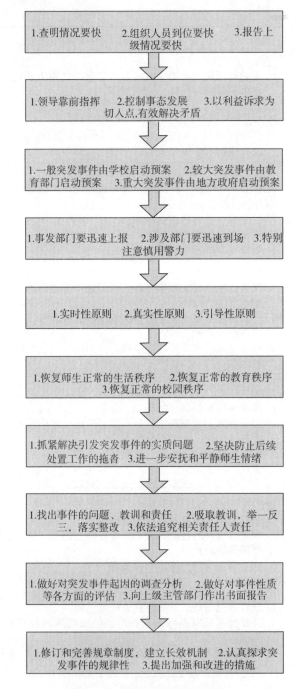

图4-1　高校突发事件处置流程

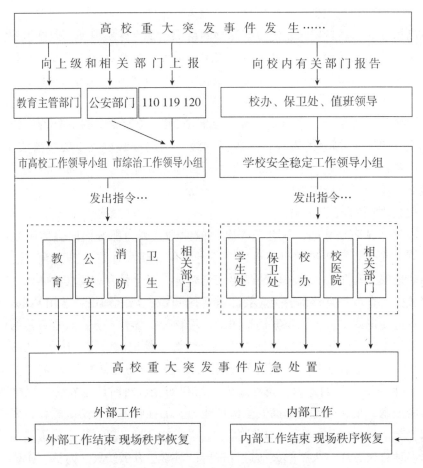

图4-2 高校重大突发事件处置流程

三、经验启示

在处置突发事件过程中要不断提高自己的学习能力,不断总结经验,提高应对突发事件的能力,更重要的是了解突发事件的成因,掌握突发事件发生、发展的规律。努力提高发现、捕捉、判断突发事件信息的能力,及时处理,将不稳定因素消灭在萌芽状态。这就要求我们在处理突发事件时,要做好善后工作,同时也要吸取处置突发事件的经验教训,提高反思能力,防止同类突发事件的反复发生。为此我们要做好以下几方面的工作。

（一）抓认识，抓领导

高校领导对高校安全稳定要有深刻的认识。要充分认识到：做好学校安全稳定工作是确保学校师生生命和财产安全的需要，是确保维护学校正常教学秩序的需要，是确保学校和社会稳定的需要。要树立"生命高于一切"、"稳定压倒一切"和"责任大于一切"的观念，切实担负起"保一方平安"的政治责任，按照"谁主管，谁负责"和"属地管理"的原则，明确分管校领导和各院系（部门）领导的责任，一级抓一级，层层分解任务，层层落实责任。做到主要领导亲自抓，分管领导具体抓，其他领导配合抓，各部门共同抓，共同做好高校的安全稳定工作。

（二）抓教育，抓疏导

按照"预防是基础，教育是前提"的原则，大力抓好面向全体师生的安全教育。安全教育要进教材、进课堂、进头脑，切实抓好人身安全、消防安全、交通安全和防骗、防盗、防劫等安全教育。安全教育中要注重实效，做到有的放矢。在教育宣传内容上，要注重实用知识、热点知识、常用知识教育。在教育宣传形式上，要注重案例、图形、视频和实物教育。在教育宣传的语言上，要注重贴近学生，尽可能使用生动、活泼、易记的语言，让学生听得进、记得牢。通过形式多样、丰富多彩的安全教育，帮助全体师生树立"安全第一"、"生命第一"的意识，树立起人人重视安全、时时注意安全、事事防范安全的理念，最大限度地提高安全保护能力。加强师生安全防范教育，要充分发挥安全信息员作用；充分运用广播、专栏、电子显示屏、横幅标语等多种形式，多种有效方法，大张旗鼓地进行宣传；对学生开展防火、防骗、防盗、防雷、防一氧化碳中毒、防传染性疾病等安全常识教育，强化学生安全意识，提高学生自我防范能力，确保学生的身体健康和生命安全。

（三）抓管理，抓规范

要加强对高校实验室易燃、易爆、剧毒、致病微生物、危险化学品、麻醉品和放射性物质等危险品的管理，开展全面性隐患排查行动，严防因管理不善导致的实验室安全事件。要加强对各类考试、命题、推先、评优、入党、参军、实习、就业等工作环节的管理，防止因考题泄露，推优、入党、就业不公等引发校园突发事件。要加强对校园社团活动、娱乐活动、个体经营、外来人口的管理，做好安全防范工作。加强对学生实习、社会实践活动的安全教育管理，做好对学生实习、实践的安全教育。加强对校内各类讲坛、讲座、报刊、校园网络和校园文化的管理，为学生学习和生活营造一个文明、和谐校园文化氛围。加强对学生纪律观念的教育，使学生养成遵纪守法的良好习惯，降低个人成长风险和社会安全成本。加强对食堂、后勤等服务部门的管理，为学生的学习、成长提供优良的服务条件。只有在平时工作中加强管理，努力消除不安全的隐患，才能切实维护高校的安全稳定。

（四）抓协调，抓综治

学校安全稳定是一个系统工程，需要方方面面的配合。学校要主动与有关部门配合。综治部门要统筹协调公安、工商、城建、城管、卫生等各有关部门，主动与学校配合，每年都要组织校园及周边环境专项整治活动。整治校园周边环境，要制订整治方案，重点整治校园周边环境的治安秩序、交通秩序和经营秩序，严厉打击威胁师生人身、财产安全的违法犯罪活动，为高校营造安全有序的育人环境。要建立健全校园周边环境整治的长效机制，全力维护好校园周边的秩序，为大学生的健康成长创造良好的育人环境。

（五）抓预案，抓演练

制订高校应急预案是坚持以人为本、保障师生生命和财产安全、维护学校和社会稳定的重要举措。制订高校应急预案，必须要体现科学、管用、实效的思想。高校要按照职责清晰、简明扼要、可操作性强的原则，制订和修订完善各类预案，要形成既有总体预案，也有分类具体预案的格局。在总体预案指导下，既要制订各专项应急子预案，也要制订各学院、各部门的应急子预案，形成"横向到边、纵向到底"的预案体系。要加强对预案的演练，每年要组织面向全体学生的以防地震、防火灾、防恐怖、防爆炸等为重点内容的突发事件演练。通过演练，总结经验，及时修改预案，使师生熟悉实战状态，提高快速应变能力。要针对学生演练中存在的笑嘻嘻、慢悠悠、懒散散的状况，要严格演练纪律，提高演练的逼真感和实效性。

（六）抓排查，抓预防

各高校应经常对各种影响高校安全稳定工作的隐患进行排摸分析。排摸的目的，在于立足防范、积极化解矛盾；排摸的重点，为突发事件易发的部门；排摸的成效，在于确保校园的安全稳定。对排摸出来的不稳定隐患，要注重整改。在工作方法上，要将经常性排查与重点排查、条块排查与逐级排查、专项排查与全面排查有机结合起来。重点做好在重大会议、重要节庆活动、敏感时段等重要时期的排查工作，同时要做好对公寓、食堂、教室等场所以及校车等做好的隐患排查，对影响校园安全稳定的隐患早发现、早预防、早调处。

（七）抓源头，抓防范

从源头上防范安全问题的发生，做到防患于未然。坚持"预防为主，整建结合，重在建设"的原则，努力把各类矛盾解决在基层，消除在萌芽状态，做到小事不出院部、大事不出学校。在日常安全防范工作中，坚持"安全第一、预防为主"的方针，以防火、防盗、防中毒、防意外事故发生为重点，充分发挥人防、物防、技防3个方面的作用。以人防抓落实，以物防抓巩固，以技防抓提高，积极构建覆盖全校的安全防范机制。

（八）抓信息，抓队伍

建立多层次的情报信息网络，及时准确地掌握学校和校园周边出现的新情况新问题，牢牢把握工作主动权。要深入到学生寝室、班级中，及时了解和掌握学生的思想动态，建立信息畅通机制。信息工作报送的基本要求是：速报情况，慎报原因，言简意赅，准确生动。坚持"以人为本"的工作方针，逐级打造一支"想干事、会干事、能干事、干实事"的学生工作队伍，完善队伍结构，改善队伍形象，强化责任意识，大力提高队伍整体素质。

（九）抓技防，抓投入

技防能起到实时监控、事后查证和现场威慑等作用。按照"平安抓投入，防范抓保障"的要求，不断加大经费投入，依靠现代科技力量，加强技术防范，强化科技创安，对实验室、财务室、计算机房、多媒体教室、档案室等学校重点要害部位进行严密的监控。对校园技防设施进行经常性检测，以确保符合规范，运行正常。针对当前一校多区，一区多校，同班不同学，同学不同班，以及人员流动性大，校园周边环境复杂等状况，要建立一个技术先进、系统稳定可靠的技防体系，学校的安全才会有保障。要不断加大对"技防"的经费投入，依靠现代科技力量，加大技术防范，并对校园"技防"设施进行经常性检测，以确保规范、运用正常。

（十）抓考评，抓机制

要建立和完善科学规范的考核评价机制，坚持适度从严的原则，严格按标准考核。对工作出色的个人和部门要给予表扬和奖励，对工作不力的个人与部门要给予指出和批评，并与年度考核挂钩，有奖有罚，以提高各高校做好这一工作的积极性。

处置突发事件要做好的工作

● 抓认识，抓领导　　　　　　● 抓教育，抓疏导

● 抓管理，抓规范　　　　　　● 抓协调，抓综治

● 抓预案，抓演练　　　　　　● 抓排查，抓预防

● 抓源头，抓防范　　　　　　● 抓信息，抓队伍

● 抓技防，抓投入　　　　　　● 抓考评，抓机制

案例：某高校一学生被害事件应急处置分析

基本情况：

2009年9月30日，某高校学生谢某某（男）和叶某某（女）利用国庆假期相约到杭州玩，入住杭州某宾馆。10月1日下午4点前后，杭州警方发现叶某某被人杀害在宾馆里，经初步调查，警方基本判断是因情而杀，犯罪嫌疑人是谢某某。谢某某在逃离宾馆时，还留下遗书，说他还要去完成另外一件事。据此判断，犯罪嫌疑人谢某某还有进一步杀人作案的可能。

据了解，遇害人叶某某是某高校机电信息08级计算机班团支书记，担任09计算机班助理班主任，平常性格温和，善待同学，活动能力强，从未有旷课和夜不归宿等现象。犯罪嫌疑人谢某某是某高校计算机专业大二插班生，性格内向，学习成绩中等偏下。被害人叶某某和犯罪嫌疑人谢某某同系台州天台县人。

处置过程：

10月1日下午4点前后，某高校接到杭州警方电话，某高校08级计算机班学生叶某某被人用刀杀害在杭州某宾馆，犯罪嫌疑人是某高校学生谢某某，要求学校配合警方开展工作。在了解相关情况后，学院马上成立了以分管学生工作书记为组长的突发事件处置领导小组，迅速做出部署。第一，立即通知相关人员赶赴学校开展工作。第二，立即采取布控防范措施，将犯罪嫌疑人照片印送到学校各门卫，并对犯罪嫌疑人的寝室进行重点布控，防止犯罪嫌疑人到学校寻找情敌行凶杀人，防范连续杀人事件的发生。第三，排摸与遇害人密切接触的男生，提醒他们加强防范。第四，迅速到学生中了解被害人和犯罪嫌疑人详细情况。第五，及时向上级有关部门领导报告。

10月2日，学院配合杭州警方在学校进行调查和布控。

10月3日早上6点50分，杭州警方通知，犯罪嫌疑人在绍兴被抓获，学院马上解除校园布控，恢复正常。

10 月 4 日，校方专门安排二级学院书记、辅导员、班主任、学生代表以及律师等相关人员前往事发宾馆和殡仪馆，看望了遇害人叶某的父母和遇害人的遗体，做好安抚工作，并把学校 2000 元慰问金交付给家长，代表学校进行慰问，并希望遇害人亲属和村领导在解决与杭州宾馆的纠纷后尽快派代表在国庆期间到某高校协商安抚事宜。

10 月 5 日，遇害人亲属与杭州事发所住宾馆达成谅解，遇害人家长获得宾馆 5.8 万经济赔偿款。

10 月 6 日，遇害人遗体在杭州殡仪馆火化。

10 月 7 日，中午 12 点，被害人亲属、村支书、村长一行 4 人到校，与学校就善后事宜进行协商。下午 1 点，学校一次性给予 3 万元抚恤金，外加退还学费和保险公司支持经费 1 万元，共计 4 万元。对方表示接受，至此学校善后处理工作结束。

成功处置突发事件的经验和启示：

1. 领导重视、反应迅速是成功处置的保障

学校在接到杭州警方的通知后，学院党委高度重视，分管学生工作的领导立即赶赴学校，并在赶赴学校途中做出立即布控的指示，防范凶手再次潜入学校伤害学生。学校分管领导到达学校之后，立即前往学校各门卫、犯罪嫌疑人寝室等重要场所提出具体的布控要求。校领导要求学生处、保卫处等相关部门工作人员迅速前往学校开展工作。各相关部门快速反应，在第一时间到达学校，每天坚守岗位，尽心尽责开展工作。遇害人所在分院书记，10 月 1 日事发当时正在赶往江西安吉老家途中，在临近家乡时接到了通知，他二话没说，于第二日上午赶回学校，到校后顾不上休息，立即开展工作。分管领导全天候在岗，从 10 月 1 日傍晚接到电话来校后，一直住在学校，每日在学校与相关部门分析情况，商讨对策，直到 10 月 7 日事件处置了结后才返家。

2. 主动应对、处置有序是成功处置的基础

本次突发事件发生在杭州某宾馆，被害人家长首先要解决的问题是与事发宾馆的矛盾纠纷问题，一时无精力来找学校，但学校在接到警方报告后，不等待、不拖拉、不消极，而是采取了一系列积极主动的举措。第一，采取了布控和防范措施，防止犯罪嫌疑人到学校寻找情敌行凶杀人。第二，积极配合杭州警方，提供杭州警方所需要的一切相关信息。第三，排摸与遇害人密切接触的男生，提醒他们加强防范。第四，深入学生中间了解被害人和犯罪嫌疑人的平常表现情况。第五，积极与被害人家属进行沟通，并组织相关人员到杭州对被

害人家属进行安抚。第六，认真研究并做好对被害人家属的人道主义安抚工作。学校各部门在应对此事件的工作中体现出高度的负责和主动精神。学生处积极配合警方开展调查，积极与保险公司联系寻求经费支持，保卫处积极配合杭州警方做好布控工作，办公室主动做好车辆安排和接待工作。由于各部门密切配合，各项工作积极主动，环环相扣，应对有序，学院牢牢把握了处置此次突发事件的主动权。

3. 积极沟通、以情感人是成功处置的关键

被害人遇害以后，学校主动积极地多次与家长沟通，每次都向遇害人家长表达慰问和欲去探望的心情。被害人亲属和村领导，因忙于处理与事发宾馆的矛盾纠纷问题，拒绝学校探望，并且强调学校对被害人的死负有责任。对于被害人家长的责难，学校深表理解，并且反复地真诚地表白：学校为失去自己的学生而感到非常的悲痛。由于校方多次向对方表达关切之情，受害人一方最终同意校方代表前去宾馆看望。被害人家长原来决定在解决与宾馆的矛盾后，带50人来学校闹事（因事发宾馆一开始不接受遇害人家属提出的赔偿，村里就派了50多人到该宾馆施压，最后事发宾馆赔偿5.8万元，事情得以了结），但是经由学校的主动慰问、沟通和感化后，被害人亲属和村领导认为：孩子在校表现出色，学校对她是培养的有功劳的；孩子不幸遇难，学校也是责任的，但学校的态度是积极主动的，关心是真诚热情的。基于这样的考虑，被害人亲属改变了到学校施压的决定，同意按照学校的要求派代表在国庆期间到学校协商。因学校积极沟通、以情感人，把工作做在前面，赢得了对方的信任，为最后处置突发事件打下了良好的基础。

4. 以人为本、合情合理是成功处置的核心

10月7日，被害人亲属以及所在村的书记、村长一行4人来到学校，就安抚问题进行协商。学校党委授权分管领导全权处置。学校在向遇害人亲属充分表达了人道主义安抚和关切之情后，再一次主动请遇害人亲属与村领导商量提出安抚所需的金额。遇害人亲属、村领导商量后提出：安抚金额由学校提出，因为他们相信学校。学校并不因对方多提而多给，也不因对方不提而少给，考虑到对方是个弱势家庭，也感激他们对学校的配合，于是提出一次性付给被害人家属3万元抚恤金，外加保险公司的支持经费和学校退还学费款1万元，共计4万元。受害人亲属、村领导在与学校协商中既没有哭闹，也没有讨价还价，整个协商过程仅1个多小时。这一事件在十一期间得到解决，没有影响到假期后正常的教学秩序。

本章小结

高校突发事件应对的工作策略

应对方式	●涉外事件处置方式 ●罢课事件的处置方式 ●中毒事件处置方式 ●上访事件的处置方式 ●伤亡事件的处置方式 ●流行疾病事件的处置方式 ●火灾事件的处置方式 ●斗殴事件的处置方式 ●断水、断电事件的处置方式 ●网络炒作事件的处置方式
处置流程	●预警启动，要在最短时间内采取最有效的措施。 ●先期处置，要靠前指挥控制事态发展。 ●分级响应，要迅速赶往现场处置。 ●部门联动，要由政府统一协调指挥相关部门。 ●信息发布，要坚持实时性、真实性、引导性原则。 ●秩序恢复，要在突发事件过后马上恢复学校的正常秩序。 ●善后工作，要兑现承诺防止事件的反弹。 ●落实整改，要举一反三，落实各项整改措施。 ●评估总结，要总结事件的经验教训。 ●完善制度，要修订制度防止同类事件再次发生。
经验启示	●抓认识，抓领导 ●抓教育，抓疏导 ●抓管理，抓规范 ●抓协调，抓综治 ●抓预案，抓演练 ●抓排查，抓预防 ●抓源头，抓防范 ●抓信息，抓队伍 ●抓技防，抓投入 ●抓考评，抓机制

第五章

高校突发事件应对的日常任务

高校安全稳定工作，不是可抓可不抓的事，而是必须要摆上重要位置去抓的事；不是党政部门少数人的事，而是全体干部教师的事；不是有了问题才去抓的事，而是必须要立足防范、一以贯之去抓的事。

——作者的话

一、主要内容

1. 做好全国、省、市两会期间的维稳工作

2. 做好各级党代会的维稳工作

3. 做好国际、国内重大活动的维稳工作

4. 做好新生入学报警求助等常识的安全教育工作

5. 做好校纪校规教育工作

6. 做好学生的基本道德和行为规范教育工作

7. 做好毕业生文明离校教育引导和服务工作

8. 做好学生就业安全的教育工作

9. 做好防火、防盗、防骗、防劫安全教育工作

10. 做好交通事故安全教育工作

11. 做好师生消防安全演练工作

12. 做好面向全体学生的防火灾、防地震、防恐怖、防爆炸为重点的逃生演练工作

13. 做好学生违规使用电器的安全检查和教育引导工作

14. 做好迟归和夜不归宿学生的教育引导工作

15. 做好有严重不良行为学生的教育转化工作

16. 做好违纪处分学生的教育引导工作

17. 做好涉及学生切身利益的学历、文凭、收费、奖惩等方面问题的排查和矛盾化解工作

18. 做好对学生申诉的受理和处理工作

19. 做好反邪教的教育宣传工作

20. 做好参加法轮功邪教组织人员的帮教转化工作

21. 做好学生宗教信仰情况的调研及教育引导工作

22. 做好抵御境内外敌对势力渗透的工作

23. 做好外籍教师、外国留学生和国际研讨会的管理工作

24. 做好报告会、论坛、研讨会、讲座等的管理工作

25. 做好校园网的监控管理工作

26. 做好春季校园卫生工作

27. 做好预防麻疹、流感等流行疾病的教育宣传工作

28. 做好学生珍爱生命教育工作

29. 做好心理疾病多发季节的预防排摸工作

30. 做好学生性生理、性心理、性道德教育引导工作

31. 做好学困生的分析和帮扶工作

32. 做好经济困难学生的助困帮扶工作

33. 做好心理障碍学生的建档、帮扶和干预工作

34. 做好心理委员的培训工作

35. 做好形势与政策教育工作

36. 做好学生的法制教育工作

37. 做好学生的国防教育工作

38. 做好法制学校的建设工作

39. 做好维护民族团结的教育引导工作

40. 做好校园防毒品教育工作

41. 做好校园大型活动的风险评估工作

42. 做好军训的安全管理工作

43. 做好学生开展校园文化活动的安全教育工作

44. 做好参加各级运动会赛事的安全教育和管理工作

45. 做好聘请学校律师并发挥其作用的工作

46. 做好聘请和发挥学校法律律师的作用的工作

47. 做好学生集体外出活动风险评估和审批工作

48. 做好班级外出活动的安全教育和管理工作

49. 做好"五一"、"十一"、寒暑假等节假日学生离校的安全教育工作

50. 做好学生社会实践活动的安全教育和管理工作

51. 做好校外租房住宿学生的安全教育和管理工作

52. 做好校内实验实训的安全教育和管理工作

53. 做好教职工外出旅游考察活动的安全教育工作

54. 做好宿舍、实验室、树丛草坪和公共场所火灾预防工作

55. 做好学生预防网络诈骗和网络犯罪的教育管理工作

56. 做好学生在校园周边学车、开车及不坐"黑车"的安全教育工作

57. 做好学生思想动态研判分析工作

58. 做好各类预案的制定和完善工作

59. 做好突发事件处置信息发布工作

60. 做好信息的搜集和上报工作

61. 做好假期返家学生贵重物品的登记和保护工作

62. 做好寒、暑假期间在校学生的管理工作

63. 做好各级各类试卷的保密工作

64. 做好补考人员的组织管理服务工作

65. 做好劳动关系的协调工作

66. 做好教职工家庭矛盾、邻居矛盾的调节工作

67. 做好师生矛盾纠纷的排查和调处工作

68. 做好教职员工的利益协调、诉求表达工作

69. 做好预防师生上访的疏导工作

70. 做好与学生家长的沟通联系工作

71. 做好辅导员、公寓辅导员、后勤管理员的安全教育培训工作

72. 做好校卫队的培训工作

73. 做好安全信息员的教育培训工作

74. 做好校园应急人员的教育培训工作

75. 做好各类各级值班人员和校卫队员的责任教育工作

76. 做好园消防设施隐患的检查和整改工作

77. 做好实验室、教研室、财务室、食堂等重点部门的物防和技防工作

78. 做好实验室、教研室、财务室等重点部门、重点部位的隐患排查工作

79. 做好大型锅炉、供电输电、机房仓库等重要设备和重要场所的管理和防控工作

80. 做好易燃、易爆、剧毒、放射性等危险物品的管理和防控工作

81. 做好学校电梯安全运行的保障工作

82. 做好食堂餐饮的供应和安全保障工作

83. 做好水、电的保障、管理和防控工作

84. 做好师生的保险工作

85. 做好校园各级各类的值班工作

86. 做好台风等自然灾害来临前的防御工作

87. 做好学生征兵的组织服务工作

88. 做好校园110报警求助工作

89. 做好校内交通安全管理工作

90. 做好校地联动共创平安工作

91. 做好涉及治安案件的排查和破案工作

92. 做好学生打架斗殴的疏导和处置工作

93. 做好校园周边环境的整治工作

94. 做好处置应急事件的器材配备工作

95. 做好维护校园安全稳定的专题研讨和交流工作

96. 做好上级各级关于维稳工作精神的传达和落实工作

97. 做好学校维稳队伍的素质提升工作

98. 做好对校园安全稳定的学期部署和总结工作

99. 做好维稳责任制的层层落实工作

100. 做好校园安全稳定的考核工作

二、处置要求

序号	工作内容	工作要求	备注
1	全国、省、市两会期间维稳工作	1. 做好排查化解工作，对排查出的问题要定人、定部门、定时间解决，努力把矛盾解决在校内；	
2	各级党代会的维稳工作	2. 一旦发现有越级上访的苗头和动态，采取果断措施予以制止，坚决避免发生重大恶性上访事件； 3. 对组织、煽动、违法上访的人员要严肃教育处理；	
3	国际、国内重大活动的维稳工作	4. 想方设法解决实际问题，做好从源头上防范； 5. 切实明确职责，落实责任。	

续表

序号	工作内容	工作要求	备注
4	新生入学报警求助等常识的安全教育工作	1. 熟知校园报警电话； 2. 熟悉校园周边的情况和特点； 3. 提高安全意识和自我保护能力； 4. 保护好自身的电脑等贵重物品。	
5	校纪校规教育工作	1. 开展《学生手册》教育活动； 2. 及时有效地预防和制止违反校纪校规的行为； 3. 对违反校纪校规的予以严肃处理。	
6	学生基本道德和行为规范教育工作	1. 加强思想道德教育； 2. 营造德育工作的良好氛围； 3. 对违背学生的基本道德和行为规范的行为要进行批评教育。	
7	毕业生文明离校教育引导和服务工作	1. 做好毕业生感恩教育和文明离校的教育引导工作； 2. 做好方便毕业生办理各种毕业手续的服务工作； 3. 做好毕业生离校可能引发的纠纷和冲突事件的矛盾化解工作。	
8	学生就业安全的教育工作	1. 做好毕业生就业安全的教育工作； 2. 了解社会招聘的知识和规则； 3. 保持理性，冷静面对各种诱惑。	
9	防火、防盗、防骗、防劫安全教育工作	1. 做好防火、防盗、防骗、防劫的教育工作，特别是防火教育； 2. 做好防火、防盗、防骗、防劫的预防工作； 3. 提高安全意识，加强安全防范。	
10	交通事故安全教育工作	1. 加强交通事故安全教育工作； 2. 了解道路交通规则，提高交通安全意识； 3. 遵守交通规则，预防交通事故发生。	
11	师生消防安全演练工作	1. 做好师生消防安全演练工作； 2. 做好校园火灾的各项预防工作； 3. 掌握火灾逃生自救的常用方法。	
12	面向全体学生的防火灾、防地震、防恐怖、防爆炸为重点的逃生演练工作	1. 制订切实可行的演练方案； 2. 落实安全工作措施； 3. 有序组织演练和撤离，严防踩踏事故发生； 4. 认真做好演练的总结工作。	

续表

序号	工作内容	工作要求	备注
13	学生违规使用电器的安全检查和教育引导工作	1. 加强学生违规使用电器的安全教育工作； 2. 做好违规使用电器的经常性检查工作； 3. 一旦发生火灾，应尽快逃生脱险。	
14	迟归和夜不归宿学生的教育引导工作	1. 对晚间迟归学生要进行登记并进行批评教育； 2. 对夜不归宿学生要进行登记并进行批评教育； 3. 次日班主任对夜不归宿学生，要告知家长共同做好教育工作。	
15	有严重不良行为学生的教育转化工作	1. 加强对有严重不良行为学生的帮教工作； 2. 学会控制和调节自己的行为习惯； 3. 自觉遵守社会公德，用校纪校规约束自己的行为。	
16	违纪处分学生的教育引导工作	1. 做好违纪处分学生的教育引导工作； 2. 关注并跟踪了解违纪学生的思想与行为； 3. 鼓励违纪学生调整心态、积极向上。	
17	涉及学生切身利益的学历、文凭、收费、奖惩等方面问题的排查和矛盾化解工作	1. 做好涉及学生切身利益问题的排查工作； 2. 研究对策措施，积极化解矛盾； 3. 经常性开展分析排摸，从源头上化解矛盾。	
18	学生申诉的受理和处理工作	1. 重视学生的申诉权利； 2. 积极受理学生的申诉； 3. 依法维护学生的正当权益。	
19	反邪教的宣传工作	1. 加强学生反邪教的宣传教育工作； 2. 帮助学生认清邪教的本质和危害； 3. 做到自觉远离邪教，坚决反对邪教，维护社会和谐稳定。	
20	参加法轮功邪教组织人员的帮教转化工作	1. 做好参加法轮功邪教组织人员的帮教转化工作； 2. 帮助他们调整心态，树立正确的宗教观； 3. 跟踪了解参加法轮功邪教组织人员的思想和行为，防止反复。	

序号	工作内容	工作要求	备注
21	学生宗教信仰情况的调研及教育引导工作	1. 做好新生入学的宗教信仰的调研工作； 2. 做好学生信教情况的教育引导工作。	
22	抵御境内外敌对势力渗透的工作	1. 防止各种宗教组织拉拢学生参加非法宗教活动； 2. 防止各种宗教组织进校园搞非法宗教活动； 3. 教育引导学生不要参加任何非法宗教活动。	
23	外籍教师、外国留学生和举办国际研讨会的管理工作	1. 做好外籍教师外国留学生的管理工作； 2. 做好及时与外籍教师，外国留学生的沟通服务工作； 3. 认真倾听和解决外籍教师和外国留学生提出的问题。	
24	报告会、论坛、研讨会、讲座等的管理工作	1. 做好报告人情况的事先了解工作； 2. 切实了解报告后师生的思想反映情况； 3. 报告会、论坛、研讨会等的登记备案工作。	
25	校园网的监控管理工作	1. 设立信息网络安全专管员； 2. 做好校园网各项安全防范措施，特别是安防技术措施到位； 3. 完善上网备案登记制度，认真做好实名登记； 4. 做好有害信息和错误言论的删除工作。	
26	春季校园卫生工作；	1. 保持校园整洁卫生干净； 2. 加强学生进行的食品卫生安全的教育； 3. 做好食堂饮食卫生工作； 4. 拒绝校外无证摊贩进校销售。	
27	预防麻疹、流感等流行疾病的教育宣传工作	1. 做好预防麻疹、流感等流行疾病的教育宣传工作； 2. 做好应急救治和疾病防范措施工作； 3. 有针对性做好日常喷洒消毒工作。	
28	学生珍爱生命教育工作	1. 做好学生珍爱生命，保护生命和敬畏生命的教育工作； 2. 加强学生进行挫折教育、逆境教育； 3. 教育引导学生珍惜在校学习和生活，提升生命的意义和质量。	

续表

序号	工作内容	工作要求	备注
29	做好心理疾病多发季节的预防排摸工作	1. 开展心理健康普查，建立心理健康档案； 2. 做好心理教育和咨询工作； 3. 落实对有严重心理问题的学生的教育和帮扶措施。	
30	做好学生性生理、性心理、性道德教育引导工作	1. 做好大学生性生理、性心理、性道德的教育工作； 2. 提供处理发生非意愿情况下的信息服务； 3. 做好专家对学生性生理、性心理、性道德问题的指导工作。	
31	做好学困生的分析和帮扶工作	1. 建立学困生的档案； 2. 帮助学困生提高对学习的认识，发挥学习积极性； 3. 从学困生需求出发进行针对性的帮扶。	
32	做好经济困难学生的助困帮扶工作	1. 做好家庭经济困难生的认定和建档工作； 2. 做好经济困难生特别是特困生的经济资助工作； 3. 做好经济困难生的心理及精神助困工作。	
33	做好心理障碍学生的建档、帮扶和干预工作	1. 做好新生心理普测筛选，筛查建档工作； 2. 做好访谈、咨询及跟踪工作； 3. 做好有严重心理问题学生的干扰工作。	
34	做好心理委员的培训工作	1. 做好心理委员基础理论知识和技能的培训； 2. 明确心理委员的工作任务； 3. 对身边同学的异常情况能及时发现并报告。	
35	做好形势与政策教育工作	1. 确定每学期形势与政策教育的主题内容； 2. 邀请党政领导、著名企业家、专家学者和各条战线先进人物给师生作报告； 3. 抓住重大节日，纪念日，重大事件发生的契机进行教育。	
36	做好学生的法制教育工作	1. 开展面向全校学生的法制教育； 2. 引导学生严格遵守法律法规和校纪校规； 3. 培养学生养成冷静理智、合法有序地反映问题的处事习惯。	

续表

序号	工作内容	工作要求	备注
37	做好学生的国防教育工作	1. 做好面向全体学生的国防教育，增强学生的国防观念； 2. 聘请部队和军事专家给学生上国防教育课； 3. 利用各种教育元素，挖掘国防教育资源。	
38	做好法制学校的建设工作	1. 制定依法治校的目标和任务； 2. 重点做好依法行政，特别是学校领导的依法行政工作； 3. 依法保障教职员工和学生的合法权利。	
39	做好维护民族团结的教育引导工作	1. 认真做好师生的民族团结教育工作； 2. 要同损坏和破坏民族团结的言行作坚决的斗争； 3. 多讲对民族团结有利的话，多做对民族团结有利的事。	
40	做好校园防毒品教育工作	1. 做好学生防毒品的教育工作，让学生远离毒品； 2. 守住底线在任何时候不尝试毒品； 3. 提高警惕防止陷入毒品的陷阱。	
41	做好校园大型活动的风险评估工作	1. 坚持大型活动宜不举行就不举行的原则； 2. 举办大型活动必须进行风险评估，有风险或风险大的就不宜进行； 3. 举行大型活动必须按规定报有关主管部门批准； 4. 举行大型活动必须制订应急预案，以防不测。	
42	做好军训的安全管理工作	1. 面向全体学生进行国防教育和纪律教育； 2. 适当调整军事技能训练的作息时间、科目和训练强度，保证每一名受训学生身体健康； 3. 加强学生受训期间的甲型流感防控工作。	
43	做好学生开展大型校园文化活动的安全教育工作	1. 做好开展大型校园活动报告审批工作； 2. 做好开展大型校园活动安全预案工作； 3. 落实开展大型校园活动的各项措施。	
44	做好参加各级运动会赛事的安全教育和管理工作	1. 做好各级、各类运动赛事的安全教育工作； 2. 做好中长跑运动员的赛前体检筛查工作； 3. 做好体育器械伤害的保护工作； 4. 落实各项安全措施。	

序号	工作内容	工作要求	备注
45	做好校园流动人口的管理工作	1. 做好校园流动人口的登记工作; 2. 做好校园流动人口的安全法制教育工作; 3. 做好校园流动人口的各项管理工作。	
46	做好聘请学校律师和发挥其作用的工作	1. 聘任有资格并有责任和能力的人担任学校律师; 2. 发挥律师在学校事务中的法律保障作用; 3. 维护学校和教职工的合法利益。	
47	做好学生集体外出活动风险评估和审批工作	1. 做好学生集体外出活动风险评估工作; 2. 逐级上报、严格审批、程序到位; 3. 落实各项安全措施。	
48	做好班级外出活动的安全教育和管理工作	1. 做好班级外出活动的安全教育和管理工作; 2. 落实各项安全措施; 3. 做好班级外出活动的审批工作。	
49	做好"五一"、"十一"、寒暑假等节假日学生离校的安全教育工作	1. 做好节假日学生离校前的安全教育工作; 2. 劝告和提醒学生不要坐黑车; 3. 做好暑假、寒假学生购票服务工作。	
50	做好学生社会实践活动的安全教育和管理工作	1. 做好学生社会实践活动的安全法制教育工作; 2. 注意出行安全,处处提高警惕; 3. 经常与老师、家长保持联系,遇事要多与老师、家长商量。	
51	做好校外租房住宿学生的安全教育和管理工作	1. 做好校外租房住宿学生的审批、登记工作; 2. 建立住址、电话等联络资料库; 3. 建立学校保卫处与学生居住辖区派出所的联系。	
52	做好校内实验、实训的安全教育和管理工作	1. 做好实验、实训学生的安全教育工作; 2. 做好校内有毒试剂、危险物品的登记工作; 3. 做好危险物品与剧毒试剂的安全存放工作; 4. 建立有毒危险品的使用登记制度。	

序号	工作内容	工作要求	备注
53	做好教职工外出旅游考察活动的安全教育工作	1. 做好教职工外出考察活动的安全教育工作； 2. 掌握必要的急救知识，准备必要的急救物品； 3. 对车辆安全等进行检查； 4. 落实安全责任人和各项安全措施。	
54	做好宿舍、实验室、树丛草坪和公共场所火灾预防工作	1. 对学校各部门、各单位所有人员开展预防火灾的教育； 2. 严禁在校园内火灾易发场所抽烟； 3. 在重点部位做好提醒教育工作并做好火灾救护工作。	
55	做好学生预防网络诈骗和网络犯罪的教育管理工作	1. 教育学生上网应恪守的道德规范和承担的法律责任； 2. 不制作、不传播虚假信息和有害信息； 3. 不以任何方式危害计算机信息系统安全。	
56	做好学生在校园周边学车、开车及不坐"黑车"的安全教育工作	1. 做好学生在校园周边学车、开车的安全教育工作； 2. 在教练指导下谨慎开车，严防车速过快； 3. 教育学生在节假日回家和平常外出不坐"黑车"。	
57	做好学生思想动态研判分析工作	1. 做好经常性对师生思想动态的分析和研判工作； 2. 采取对策做好对师生的教育引导、明理顺气的工作； 3. 切实解决师生的实际困难。	
58	做好各类预案的制定和完善工作	1. 制定突发事件总体预案和子预案； 2. 认真做好预案的演练工作； 3. 不断修整和完善预案工作。	
59	做好突发事件处置信息发布工作	1. 在突发事件发生后要在第一时间对外发布信息； 2. 发布信息要只讲事实，慎讲原因，不说大话和假话； 3. 提供原始权威信息。	

续表

序号	工作内容	工作要求	备注
60	做好信息的搜集和上报工作	1. 要建立寝室、班级、分院、学校（院）、直至上级各级的信息网络体系； 2. 做好信息研判工作，确保领导科学和正确决策； 3. 规范信息上报制度，杜绝迟报、漏报、瞒报现象； 4. 信息工作要做到：信息灵，情况明，报送快，确保信息渠道畅通。	
61	做好假期返家学生贵重物品的登记和保护工作	1. 做好假期返家学生财产安全的教育工作； 2. 后勤部门要做好对学生贵重物品的集中保管工作； 3. 加强校园治安管理和巡查工作。	
62	做好寒、暑假期间在校学生的管理工作	1. 做好寒暑假期间留校学生的集中居住和管理工作； 2. 做好寒暑假留校生的防盗、消防等安全教育工作； 3. 做好供水、供电、饮食等方面的生活服务工作。	
63	做好各级各类试卷的保密工作	1. 做好相关人员对试卷安全的保密教育工作； 2. 做好试卷，特别是国家级试卷的安全保密工作； 3. 提供各级各类试卷的试卷存放的安全场所。	
64	做好补考人员的组织管理服务工作	1. 做好补考前的组织管理工作； 2. 及时通知补考人员做好补考的准备； 3. 做好补考试卷的出卷、评卷和场地的组织工作；	
65	做好劳动关系的协调工作	1. 积极做好教职工劳动争议的调解； 2. 及时发现、纠正和处理侵害教职工合法权益的行为； 3. 为教职工，特别是为受侵害的教职工提供法律咨询服务。	
66	做好教职工家庭矛盾、邻居矛盾的调解工作	1. 对教职工进行团结和睦的思想教育； 2. 协助教职工妥善处置家庭矛盾和邻居矛盾； 3. 为受侵害的教职工提供法律咨询服务。	

续表

序号	工作内容	工作要求	备注
67	做好师生矛盾纠纷的排查和调处工作	1. 认真做好师生矛盾的排查工作； 2. 协助做好师生矛盾的调处工作； 3. 为师生提供法律咨询服务。	
68	做好教职员工的利益协调、诉求表达工作	1. 认真做好教职工的利益协调工作； 2. 及时反映教职工的合理要求； 3. 做好教职工的思想政治教育。	
69	做好预防师生上访的劝阻引导工作	1. 做好师生上访的劝疏工作； 2. 认真倾听师生意见，满足师生的合理要求； 3. 切实解决他们提出的合理诉求。	
70	做好与学生家长的沟通联系工作	1. 经常性的做好与学生家长的沟通联系工作； 2. 将学生迟归、夜不归宿等不良现象及时通报家长，配合学校进行教育； 3. 发现学生有心理等重大问题和特殊情况的现象，及时告知家长，并协调处置。	
71	做好辅导员、公寓辅导员、后勤管理员的安全教育培训工作	1. 经常性的对辅导员等人员进行安全教育培训工作； 2. 建立一月一次的辅导员等人员安全例会制度； 3. 经常性的对辅导员等人员进行案例通报	
72	做好校卫队的培训工作	1. 做好对校卫队安全知识和技能的培训工作； 2. 提高校卫队员为师生提供安全需求的服务能力； 3. 做好门卫、巡逻、守护等安全防范工作。	
73	做好安全信息员的教育培训工作	1. 做好安全信息员的教育培训工作。 2. 加强信息的搜集、汇总、分析、研判和报送工作。 3. 重要信息要做到急事急报、特事特报、大事快报。	
74	做好校园应急人员的教育培训工作	1. 做好校园应急人员的教育培训工作； 2. 增加校园应急人员的知识； 3. 提高校园应急人员的技能。	

续表

序号	工作内容	工作要求	备注
75	做好各类各级值班人员和校卫队员的责任教育工作	1. 做好各级各类值班人员和校卫队员的责任教育工作； 2. 做好各级各类值班人员的值岗登记工作； 3. 严格履行岗位职责，不准脱岗、空岗，不准迟到、早退。	
76	做好校园消防设施隐患的检查和整改工作	1. 经常性做好校园消防设施的检查和维护； 2. 经常性的对校园消防隐患进行排查； 3. 发现消防隐患应立即进行整改。	
77	做好实验室、教研室、财务室、食堂等重点部门的物防和技防工作	1. 做好实验室、财务室、食堂等重点部门的物防工作； 2. 做好实验室、财务室、食堂等重点部门的技防工作； 3. 加大物防、技防工作的资金投入。	
78	做好实验室、教研室、财务室等重点部门的隐患排查工作	1. 做好实验室等重点部门的安全管理制度； 2. 做好实验室等重点部门的安全排查工作； 3. 对排查工作中的问题要立即进行整改。	
79	做好大型锅炉、供电输电、机房仓库等重要设备、重要场所的管理和防控工作	1. 遵守大型锅炉等重要设备、重要场所的安全管理制度； 2. 加强大型锅炉等重要设备、重要场所的技防监控工作； 3. 加强大型锅炉等重要设备、重要场所的防控工作。	
80	做好易燃、易爆、剧毒、放射性等危险物品的管理和防控工作	1. 遵守易燃、易爆、剧毒、放射性等危险物品的安全管理制度； 2. 加强易燃、易爆、剧毒、放射性等危险物品的技防监控； 3. 加强易燃、易爆、剧毒、放射性等危险物品的防控工作。	
81	做好学校电梯安全运行的保障工作	1. 经常性做好电梯设施的检查、检测工作； 2. 及时更换设备，确保电梯正常运转； 3. 做好电梯意外突发事件的应急处置工作。	

续表

序号	工作内容	工作要求	备注
82	做好食堂餐饮的供应和安全保障工作	1. 规范食堂粮油等食品的进货渠道，确保无劣质食品流入校园； 2. 食堂饭菜供应价格要保持平稳； 3. 做好食堂食品保鲜保洁、炊具消毒，确保饮食卫生安全。	
83	做好水电的保障、管理和防控工作	1. 经常性做好水电等设施的检测和维护； 2. 做好水电等重点设施和部位的防控； 3. 做好停水、停电等突发事件的应对工作。	
84	做好师生的保险工作	1. 做好师生保险的教育宣传工作； 2. 坚持自愿原则组织做好师生的保险工作； 3. 做好师生保险后向投保公司的理赔工作； 4. 坚持杜绝商业贿赂的发生。	
85	做好校园各级各类的值班工作	1. 遇有紧急、重要事项要及时报告； 2. 值班人员要认真履行职责； 3. 坚持专人值班和领导带班制度，并做好值班记录。	
86	做好台风等自然灾害来临前的防御工作	1. 做好台风来临预测分析工作，及时提出应对措施； 2. 做好提醒、教育师生台风期间的安全防范工作； 3. 对危旧校舍和在建工程，加强检查，并做好加固工作； 4. 预防出现次生灾害，及时转移人员和贵重物资财产； 5. 加强值班巡逻，及时上报灾情和突发性事件等问题。	
87	做好学生征兵的组织服务工作	1. 加强对学生征兵工作的组织领导，确保各项工作落实到位； 2. 落实做好征兵工作各个环节的工作，确保完成入伍征兵工作； 3. 做好后续服务工作，确保征兵大学生享受国家优惠政策。	
88	做好校园 110 报警求助工作	1. 认真做好校园 110 报警求助工作； 2. 校园 110 要及时接警和出警，并做好登记工作； 3. 遇到重大突发事件或紧急情况要迅速报警并报告学校领导。	

序号	工作内容	工作要求	备注
89	做好校内交通安全管理工作	1. 做好全校师生校内交通安全教育工作； 2. 严格实行外来车辆进校登记检查制度； 3. 严格实行校内车辆行驶的限速规定。	
90	做好校地联动共创平安工作	1. 建立校地联动共创平安的工作机制； 2. 建立信息共享机制； 3. 加强协作、互相支持配合。	
91	做好涉及治安案件的排查和破案工作	1. 做好涉及治安的排查工作； 2. 主动配合所在辖区派出所工作； 3. 对涉案人员要严加处置和教育。	
92	做好学生打架斗殴的疏导和处置工作	1. 做好学生打架斗殴的教育劝阻和疏导工作； 2. 对群体性斗殴或造成恶劣影响事件的主要责任人进行严肃处理； 3. 深入细致做好思想政治工作，防止矛盾积累、聚合和激化。	
93	做好校园周边环境的整治工作	1. 加强对校园周边安全隐患的排查工作； 2. 主动配合公安、交通、城管等部门，抓好校园周边的治安秩序、交通秩序、经营秩序的整治工作； 3. 建立和完善校园周边环境整治的长效机制。	
94	做好处置应急事件的器材配备工作	1. 做好处置台风等应急事件日常使用器材的配备工作； 2. 加大对各类应急突发事件的器材配备的投入； 3. 做好处置应急事件的管理工作。	
95	做好维护校园安全稳定的专题研讨和交流工作	1. 做好维护校园安全稳定的专题研讨和交流工作； 2. 把握工作重点，切实提高校园安全稳定的能力； 3. 抓好和深化校园安全稳定各项工作的落实；	
96	做好上级各级关于维稳工作精神的传达和落实工作	1. 认真做好上级维稳工作精神的传达； 2. 结合学校实际，落实上级维稳工作精神； 3. 自觉做好上级精神贯彻落实的督促检查工作。	

续表

序号	工作内容	工作要求	备注
97	做好学校维稳队伍的素质提升工作	1. 做好学校维稳队伍的教育培训工作； 2. 不断提升学校维稳队伍的素质和能力； 3. 加强实战演练，在实践中提升维稳队伍的能力。	
98	做好校园安全稳定的学期部署和总结工作	1. 做好校园安全稳定的学期总结工作； 2. 做好校园安全稳定的分期部署工作； 3. 做好校园安全稳定工作的落实检查工作。	
99	做好维稳责任制的层层落实工作	1. 建立维稳工作责任制； 2. 建立健全维稳工作问责制； 3. 严格落实"一把手"负责制和责任追究制度。	
100	做好校园安全稳定的考核工作	1. 建立和完善科学规范的考核评价机制； 2. 严格按照考核标准进行一年一度的考核； 3. 严格实行奖惩与年度考核挂钩制度。	

三、季度重点

季度	季度特征	工作重点	备注
第一季度	此季度是学生放寒假的时间，放假前学校进出人员较多，比较容易发生失窃事件。 此季度是学生放假回家时期，放假期间正值过年，学生与外界接触较多，安全隐患不确定因素也随之增多。 此季度是新学期开学的时间，春季是流感等流行病的高发时期。	这一工作时期，做好以防火灾为重点的安全教育；做好放假前安全隐患的排查工作，重点做好实验室、财务室、图书馆、教学楼、锅炉房等重点场所、重点部位的排查工作。 这一时期，重点做好留校学生的集中管理和服务工作；做好校园安全设施的检查、维修、维护工作；做好校园重点部位的巡查工作；做好假期中的校园值班和保卫工作。 这一时期，做好学生入学后安全教育以及校纪校规教育；做好春季流感等高发流行病的预防工作；做好校园的公共卫生管理工作。	全年各个季度都要做好安全教育、安全排查、安全管理工作

续表

季度	季度特征	工作重点	备注
第二季度	此季度大地回春，春暖花开，也是春季流行疾病爆发期，是麻疹、流感等疾病的高发期。 此季度是学生活动最多时期，也是各类安全隐患特别是交通安全隐患最易发生时期。 此季度是学生考试、毕业生离校时期，也是开展暑期社会实践活动时期，因利益关系最易引发各类矛盾和纠纷。	这一时期，要加强学生春季卫生安全教育，提高他们抵抗流行病的意识和能力；要加强学校公共卫生工作的管理；加强对学校食堂的卫生进行监督检查。 这一时期，要加强学生校外活动的安全管理，严格学生外出活动的审批制度，对外出开展社会实践活动的学生必须严格管理，落实安全责任；做好校外实习实训安全教育；做好毕业生的就业安全教育和就业心理疏导工作；做好有关就业政策教育和维护自身权益的法纪法规教育。 这一时期，要加强对大学生思想动态的研判，有针对性地做好思想政治教育工作；做好对有心理疾病学生的帮扶工作；做好安全隐患的排查化解工作，特别是要做好涉及学生切身利益的学历、文凭、奖惩、评优、就业等工作的问题排查，积极地化解各类矛盾和隐患；做好大学生的就业服务工作；做好毕业生文明离校的教育引导工作。	
第三季度	此季度是学校放暑假的时期，学生放假回家，与社会接触频繁，安全隐患增加。 此季度是学生开展社团实践活动时期，实习、实训时期以及学生假期旅游时期，各种安全隐患时有发生。	这一时期，要做好学生放假前的安全教育工作，有针对性地开展交通、消防、饮食，以及防中暑、防溺水、防暴风雨、防台风等自然灾害的安全教育；要做好对留校学生的安全管理工作；做好水电供应及餐饮卫生等后勤服务工作。 这一时期，要做好加强门卫管理，做好外来人员进出校园登记制度；做好假期学生管理和服务工作；做好社会实践活动点慰问和安全检查工作。	

季度	季度特征	工作重点	备注
	此季度是新学期开学和新生入学时期，校园进出人员剧增，安全隐患增加，交通隐患增加，失窃案件多发。	这一时期，要做好新生报到工作，做好新生始学教育，开展军训活动；开展校纪校规、防盗防骗、交通防火等安全法纪教育；做好安全演练工作；要做好经济困难学生的帮困工作，做好心理健康教育和心理咨询工作；做好学生思想动态的研判工作。	
第四季度	此季度处于国庆长假后，校园文化活动频繁，维护校园安全稳定任务繁重。 此季度正值冬季，由于天气寒冷，学生使用违章电器较多，防火灾隐患的任务艰巨。 此季度时值岁末，要做好各类困难学生群体的帮扶工作；新年临近，又值平安夜、圣诞节来临之际，是一些宗教组织向校园渗透的高峰期。	这一时期，要重点做好国庆长假期间的安全教育工作；加强校园值班，加大实验室、教室、财务室、图书馆、食堂、学生公寓等重点场所的巡视力度；严格执行组织学生外出活动的审批管理制度，做好校园安全保卫工作；加强对大学生思想动态的掌握和研判，有针对性地做好思想政治教育工作。 这一时期，加强学校安全设施的检查维护，做好对消防安全隐患的排查工作；要加强学生宿舍的检查力度，严禁学生使用违章电器，确保学生安全用电；加强火灾时自救逃生演练；加强对实验室的安全管理，及时维护维修设备设施，确保设备设施运转正常。 这一时期，要做好学业困难、经济困难学生的帮助工作；做好考试安全管理及考场管理工作，杜绝试题泄露和错拿试卷等事件的发生；加强思想教育，严防宗教势力利用平安夜、圣诞节等时机进行宗教渗透。	全年各个季度都要做好安全教育、安全排查、安全管理工作

本章小结

高校突发事件应对的日常任务

日常任务	●安全教育：做好防盗、防骗、防劫教育；防火灾、防恐怖、防爆炸、防交通事故教育；防中毒，防毒品、防台风、防地震等教育。
	●安全排查：做好消防设施、实验室高危物品、财务室、教研室、食堂、锅炉房、供电输电设施、机房仓库等重点部位的安全隐患排查工作。
	●安全演练：做好防火灾、防地震、防恐怖、防台风、防爆炸为重点的逃生演练工作。
	●安全管理：做好对易燃、易爆、放射性物质、校园网络的安全管理工作；做好对外籍教师、外国留学生、国际研讨会以及报告会、论坛、讲座、各级各类试卷等管理工作；做好对大型活动、军训、社会实践活动、外出旅游等安全管理工作；做好对学生贵重物品、学生公寓宿舍等安全管理工作。
	●安全节点：做好"两会"期间、寒暑假、五一、五四、六四、十一、一二·九等节点的工作。
处置要求	●安全教育：要面向全体，扎实有效。 ●安全排查：要全面覆盖，不留死角。 ●安全演练：要精心组织，规范有序。 ●安全管理：要科学规范，建章立制。 ●安全节点：要高度重视，工作到位。
季度重点	●第一季度：着重做好以防火灾、防交通事故为重点的安全教育工作。 ●第二季度：着重做好学生活动管理，涉及学生切身利益的矛盾化解和服务工作。 ●第三季度：着重做好放假前的安全教育及新学年新生始学教育工作。 ●第四季度：着重做好各类困难学生帮扶及防宗教组织向校园渗透工作。

第六章

高校突发事件应对的能力建设

做好高校安全稳定工作的办法就是：提高认识力、化解力、执行力。

——作者的话

高校突发事件的处置能力建设，是一项综合性强、复杂程度高的系统工作。

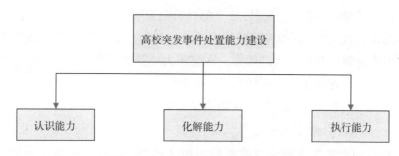

图6-1　高校突发事件处置能力建设

一、认识能力

提升高校突发事件的认识能力，主要内容有以下几个方面。

（一）强化"第一保障"，提高预防能力

胡锦涛总书记在十七届三中全会结束时作了重要讲话，他告诫全党："越是形势好的时候，我们越要居安思危、增强忧患意识，越要把前进道路上可能遇到的困难设想得更充分一些，越要把应对措施搞得更周全一些，越要把各方面工作做得更细致一些。"

高校的安全稳定，事关师生员工的生命财产，事关千家万户的幸福安康，事关高校和社会的和谐发展。高校历来是各类文化思潮交流碰撞的地方，青年学生历来是各种势力渗透侵蚀的重点，校园已经成为各种思想文化较量的前沿。从国际背景看，西强东弱的总体态势没有得到根本改变，不同社会意识形

态的斗争仍然十分严峻。从国内情况看，人均 GDP 处在 1000 美元到 3000 美元的发展阶段，社会处于转型阶段，是非稳定状态的危机频发期；改革开放的不断深入，使得一些深层矛盾相继暴露，社会热点问题和焦点问题骤增，这些因素势必给高校的安全稳定带来不利影响。从高校自身来看，高等教育大众化，扩大了高等教育规模，但同时存在着"软件"方面未能跟进的状况；高等教育园区化，实现了有限资源的充分利用，但同时存在着容易引发群体性事端的可能；高校后勤社会化，解除了"学校办社会"的沉重负担，但同时存在着投资主体与消费主体的利益冲突；高等教育国际化，促进了中西文化的交流吸纳，但同时存在着多元文化与不同价值观的相互碰撞。面对这种严峻形势，我们要提高思想认识，坚持安全稳定是"第一保障"的发展原则，把提升应对突发事件的能力当作重大问题来抓，努力做到"防患于未然"、"应对于其时"，切实维护好高校的安全稳定。安全稳定是教书育人的首要条件，是社会发展的"第一保障"。古语云，"郡县治则天下安"，从一定角度讲，当今是"高校稳则社会定"。提高预防能力对我们有效应对突发事件，降低突发事件带来的灾害损失具有显著的效果。在汶川大地震中安县桑枣中学创造了师生无一人死亡的奇迹就很能说明问题。

背景链接：汶川大地震桑枣中学师生无一死亡

"我们学校，学生无一死亡，老师无一伤亡。"这所学校名叫安县桑枣中学，与汶川大地震伤亡最为惨烈的北川县毗邻。地震发生后，全校师生，2200 多名学生，上百名老师，从不同的教学楼和不同的教室中，全部冲到操场，以班级为组织站好，用时 1 分 36 秒。没被"震倒"的学校全靠一位名叫叶志平的校长加固了教学楼，4 年中坚持组织学生紧急疏散演习。

叶志平校长有极强的紧急避险意识，把保证学校师生安全的应急管理工作做在了平时。一方面，他到处筹集资金，加固学校的危楼，确保教学环境的安全。从 1997 年开始，连续几年对无人敢验收的危楼进行改造加固。第一次，他找正规的建筑公司，拆除了与实验教学新楼相连的一栋质量很差的厕所楼，在一楼的安全处重新建起了厕所。第二次，他将楼板间缝隙中的水泥纸袋去掉，重新实实在在地灌注上混凝土，使楼板的承受力大大提高。第三次，他对这栋危楼动了大手术，将整栋楼的 22 根承重柱子，按正规的标准要求，从 37 厘米直径的三七柱，重新浇灌水泥，加粗为 50 厘米以上的五零柱。

之后他亲自动手测量，每根柱子直径整整加粗了 15 厘米。学校没有钱，他一点点向教育局要维修费。左一个 5 万、右一个 5 万，慢慢"化缘"而来。就这样，一栋修建时只用了 17 万，而维修加固却花了 40 万的楼历时 3 年才修好。

另一方面，给全校师生普及安全教育知识，学校年年搞消防演习，狠抓安全。叶志平还制定了《安县桑枣中学安全必读》，其中包括了学生的安全规定、安全警示和教师的安全工作规定、警示。从 2005 年开始，桑枣中学每年都必须搞 1 次疏散演习。叶志平对安全方面的重视，可以从一些细节方面看出来，例如：他规定学生在床上叠被子时必须背靠着墙，因为有学生曾因为不是背靠着墙而摔下床导致死亡。此外，他们每周都清理管制刀具，安全指示灯、停电照明灯天天检查，电路、消防每周检查 1 次，房屋每月检查 1 次。

正是桑枣中学的师生们把应对突发事件的工作融入了日常生活，所以在地震灾害发生时，才使得全校师生临危不乱，井然有序，按平时熟练的方式疏散，没有发生任何拥挤、踩踏伤亡事情，学生们毫发无损，这正是学校平时进行严格演练的结果。

（二）捕捉"第一信号"，提高判断能力

要精准判断突发事件的原因、性质及可能性走势，就要特别关注突发事件前的"第一信号"，及时捕捉影响安全稳定的某些征兆，准确判明酿造不良事端的种种苗头。事件发生前，能及时关注到种种"第一信号"，明确判断出是否会发生、何时会发生；事件发生时，要能快速判断出事件的性质、规模和演变的趋势，制定出切实可行的对策；事件发生后，要对参与者的思想情绪做出预测判断，注重对人们的心理行为进行跟踪分析，掌握其发展态势，并采取针对性措施。社会燃烧理论的专家指出：社会系统从井然有序到杂乱无序，再到最终爆发重大突发性危机事件，其内在机理实质上是一个从量变到质变的过程，当形成危机的因素积累到一定程度，并在"导火线"的作用下，危机即会发生。这为关注"第一信号"、提高判断能力提供理论依据。

案例 1：2002 年 6 月某日晚，某高教园区两所学校举行校际篮球赛，因一方对裁判判罚不满，引发双方小规模冲突。赛后，双方学校学生又发生冲突，最终爆发了群体性斗殴事件，致使不少学生受伤。

经事后分析，原本是因为一场有争议的篮球比赛，发展成为时间长达 3 个小时，有上千名学生卷入，几十位学生受伤，个别学生受重伤的群体性冲突，原因主要是学校值班人员失职，没有及时发现并向上级领导部门汇报，失去解决问题的第一时间，最后演变成一场群体性斗殴事件。

当前，特别要注意某些特殊群体的心理行为，尤其要防止"社会病态人格"的形成。譬如对家庭经济困难、父母离异、学业困难、自卑孤僻、行为异常等学生，要加强教育疏导和心理咨询，谨防可能形成"依赖人格、戏剧人格、自恋人格、反社会人格、强迫人格、分裂人格等"。云南大学学生马家爵，就是这类特殊群体中社会病态人格畸形发展的一个典型代表。由于未能及时察觉到他的"社会病态人格"形成时的种种迹象，任其恶性发展，最终引发了悲剧。

2010 年发生的在河南、山东等地的蜱虫叮咬致人死亡事件，就是因为对突发事件判断失误，没有引起足够重视所引发的。

背景链接：蜱虫叮咬致人染病事件

近期，河南、山东等多省出现蜱虫叮咬致人染病事件，目前至少 29 人死亡，河南累计 557 人发病，18 人身亡；山东蓬莱 11 人遭蜱虫叮咬染病死。2010 年 9 月 8 日晚，来自河南省卫生厅的消息，从 2007 年 5 月发现首例疑似无形体病例以来，截至 2010 年 9 月 8 日，河南省共监测发现此类综合症病例 557 例，死亡 18 例。重点集中在信阳市商城县、浉河区、光山县和平桥区。过去曾经参与报道过蜱虫咬伤事件的大河报记者何政权告诉记者去年就曾爆发过。"去年都爆发了，今年更严重，凡是茶叶的背面都有，（被咬伤）患者、死者家属都投诉过、反映过，卫生局以保密为理由，没有引起足够重视"（资料来源：大河网，2010 年 9 月 9 日）

（三）抢抓"第一时间"，提高反应能力

力求在"第一时间"做出恰当处置，是高校应对突发事件的一条基本准则。突发事件具有来势急、影响大、扩散性强等特征，一旦发生，必须在最短时间内采取最有效的措施，并力求做到"三个要求"。一是要求反应快速迅捷。领导干部要在一线指挥，相关人员应即刻到位，尽快开展工作，同时，迅速向上级组织和新闻媒体通报情况，以便协调指挥，引导舆论。二是要求定性准确恰当。迅速弄清事实，查明原因。若反应慢、行动迟，易失去最佳工作时机。要本着可散不可聚、可解不可结、可疏不可激的原则，做好解疑释惑、疏导教育工作。三是要求决策果断有力。在尽可能短的时间内掌握事件的全貌，抓住关键，作出正确决策，采取有力举措，尽最大努力缓解、化解矛盾，防止事态扩大，这是关系事件处理成败的关键因素。

案例： 2003 年 2 月 25 日，北京大学和清华大学 2 所大学的餐厅发生爆炸事件，炸伤了几位用餐者。事件发生后 1 个小时之内北京大学校园网就播发了来自校方的公告，宣布 2 所大学共有 9 人受伤，这就大大缓解了紧张恐怖的气氛，高度透明的信息让流言和谣言的传播缺少了空间和动力，在很大程度上解除了人们可能发生的恐慌心理。

背景链接 1：青海玉树地震一中学师生零伤亡

2010 年 4 月 14 日，青海省玉树藏族自治州发生 7.1 级地震，截至 2010 年 4 月 22 日 17 时，青海玉树地震造成 2187 人遇难，失踪 80 人，受伤 12135 人，其中重伤 1434 人。这次地震主要发生在玉树州的州府所在地——结古镇，当地居民的房屋倒塌率在 90% 左右，在夺去 2000 余条生命的青海玉树大地震中，位于巴塘草原废墟的玉树县第一民族中学创造了一个奇迹：5 名老师和 880 多名学生全部生还。

4 月 14 日，清晨 5 点 40 分，一阵轻轻的晃动把值班副校长严力德从梦中惊醒。他初步判断有可能是地震，不确定会不会还有更大的地震发生，为了保障学生的生命安全，他和当时在校的 4 位老师决定立即叫醒尚在沉睡中的学生。最后，他们将学生们集结在操场上，老师们挨个点名。直到确认住校生一个不少时，他们悬着的心才落下。7 点 49 分，突然一阵地动山摇，4 排与学校同龄的平房宿舍顷刻坍塌，1 栋建于上世纪 80 年代的教学楼塌了一半。他们迅速将学生向安全地带转移，从死神手中夺回了 880 个孩子的生命。汶川特大地震后，学校曾多次组织学生进行地震逃生演练。多次演练的经验，给了老师们冷静沉着带领学生科学合理避难的经验，这同样也是上演生命奇迹的另一重要因素。

背景链接 2：汶川大地震部队快速反应救援

2008 年 5 月 12 日 14 时 28 分，四川汶川发生里氏 8.0 级地震，灾情如火，公安部消防局迅速进入备战状态，成立抗震救灾指挥部。一部分乘飞机奔赴灾区，直接指挥抢险救灾；一部分坐镇北京，担负全国公安消防部队的调集、协调及后勤保障的组织保障工作。17 点 30 分，前线指挥部先遣组出发，通信指挥车出动，从天上地下向前线开进。当晚 20 点，公安部指示消防局发出第一次紧急调动 1200 人的增援令；13 日零时，发出第二次紧急调兵增援令，从 26 个省市调集的 5088 名特勤队员全部包机火速入川！此后又于 14 日、15 日凌晨下达了第三、第四个增援令，创造了史无前例、规模最大、人数最多、范围最广、行程最远的跨区域增援行动。共有 13000 名公安消防官兵投入到抗震救灾第一线，以都江堰消防特勤于震后 5 分钟救出第一个人为标志，在第一个 24 小时内，我们已经抢救出 571 名被埋群众，掀起了用最快速度抢救生命的桔红色风暴。

在汶川大地震中，震后仅 10 分钟，成都军区抗震救灾联合指挥部成立；13 分钟后全军应急指挥机制启动；1 个小时后，4 架直升机飞往灾区勘察灾情；5 小时 30 分钟后，军队完成了抗震救灾的动员部署，第一支专业救援队飞赴灾区，这就为救治受灾群众争取到了宝贵时间，同时也迅速了解了灾区情况，为下一步的工作部署提供了重要信息。上述例证告诉我们，在处置校园突发性事件中，只有在突发事件发生的"第一时间"内迅速作出反应，才能将突发事件带来的损害降低到最低程度。

事实表明，决策人物面对突发事件的快速反应能力至关重要。突发事件有一个共同特点，那就是事发突然，不动则已，动则至急。所以突发事件的决策一般是属于非程序化决策，它与一般决策的不同点在于它对突发事件的处理者提出了更高要求。敏锐的洞察能力、良好的心理素质、果敢决断的胆识、周到细致的执行能力，这些都成为处理突发事件的必备素质。

背景链接 3：高校突发事件应对要正确认识和把握的几点理论

1. 断臂美学——问题总会存在。如同维纳斯一样，再完美的东西也有缺憾，也有美中不足的地方。这与我们突发事件应对工作一样，工作做得再好，也不能说完美无缺，与上级要求和师生愿望还会有很大距离。许多教训教育我们，不重视平常小事，错过解决问题的最佳时机，就会导致小事变大，大事变炸的局面。

2. 链条理论——问题会因小失大。链条能够承受多少拉力，不是由最强的而是由最弱的环节决定，如同一只木桶，装多少水主要看其"短板"一样，在高校突发事件应对工作中，细节往往决定成败。要努力改正工作中的弱点，从弱点抓起，不拖总体工作的后腿。

3. 青蛙效应——问题会由小变大。如同锅里的青蛙一样，在沸水时放进去，它会马上跳出来；但如果慢慢的煮沸，水沸而蛙不觉。高校安全工作也是如此，很多安全隐患都是在我们不知不觉中积累起来的，最可怕的就是有问题认识不到问题。

4. 破窗理论——问题会由少变多。环境可以产生强烈的暗示和引导作用。

一人打破一块玻璃，如果不得到及时制止或修补，那么会有更多玻璃被打碎。在高校安全工作中，很多细枝末节的小事如果得不到及时的管理，其产生的联动效应会造成更大、更坏、更广泛的影响。

5. 门窗定律——办法总比问题多。即使上帝关闭了所有的门，也会为你留一扇窗。虽然高校突发事件应对工作面临着很多问题，不断出现很多新的因素来考验我们的工作，但这并不等于我们面临这些突发事件时无所适从，要善于去学习、去思考，这样我们就能找到突发事件应对规律，就能找到解决问题的有效办法。

二、化解能力

高校突发事件的化解能力，就是在高校管理工作过程中能够科学、及时、果断、准确地对突发事件做出快速干预和处理，进而最大化降低其破坏性的能力。

胡锦涛同志在十七届二中全会上指出，要着力促进社会和谐，积极化解各类社会矛盾，加强党政基础工作，确保社会大局稳定。作为高校管理者，要勇于正视矛盾，不回避矛盾，按照科学发展观的要求，及时找到化解矛盾的正确途径。提高化解矛盾的能力，是高校管理者职责所系、工作所需。大致而言，提高突发事件的化解能力，最起码要抓好以下几方面的建设。

（一）筑牢"第一防线"，提高遏制能力

月晕而风，础润而雨，这是自然规律。任何事物有发生和发展过程，在由量的积累到质的变化中，有征兆可察，有规律可循。在这种情况下，时间就是效率，就是机会。实践证明，发现问题宜早不宜迟，这是做好高校突发事件化解工作的前提和基础。古人说，"明者远见于未萌而智者避危于无形，祸固多藏于隐微而发于人之所忽者也"。有的突发事件发生前都曾不同程度地出现了一些端倪，但由于没有被发现或发现不及时，而贻误了解决问题的时机，即所谓的"不预则废"。由此，化解高校突发事件，要求超前学生群体中可能出现的矛盾纠纷，筑牢"第一防线"，提高抑制能力。筑牢"第一防线"，本质而言就是要防微杜渐，牢固构筑预防突发事件的"万里长城"。

首先，要抓好基层应急预案的制订工作。按照职责清晰、简明扼要、操作性强的原则，各高校应督促基层制订出应急预案，形成校园内"横向到边、纵向到底"的预案体系，做到不管事情发生在哪个层面，都能沉着应对，妥善处置。

其次，要抓好不同群体的动态分析工作。尤其是在敏感时期，应及时做好信息收集、分析、归类和报送工作。对于某些特殊群体，应随时了解其所思所想，及时掌握思想动向，针对有可能引发不稳定隐患的可疑迹象，提出具体可行的应对策略。

再次，要抓好安全稳定隐患的排查工作。坚持分散排查与集中排查、全面排查与专项排查相结合的原则，落实到教学、科研、管理、生活等各个环节，深入到公寓、食堂、教室、实验室、图书馆等各种活动场所及重点部位，不留空白，不留死角。对排查出来的问题要定部门、定人员、定时间进行整改，做到从源头上化解矛盾。对一些重大矛盾和不稳定因素，有关部门要进行限期化解、重点化解、专题化解和包案化解，防止因矛盾调处不当而造成影响学校稳定的突发性群体事件。

此外，要抓好矛盾的疏导和化解工作。要对学生动之以情，晓之以理，知之以耻，明之以法，谨防弱势群体在得不到正当利益诉求时铤而走险。要敏锐抓住那些初露端倪的种种迹象，从偶然性中把握必然性；尽量把问题消除在萌芽，化解在基层，拦截在校内；力戒把简单问题复杂化、个别问题群体化、内部问题社会化、局部问题扩大化。切实做到关口前置，重心下移，触角延伸，筑牢维护校园安全稳定的"第一防线"。

案例：2001 年 2 月 19 日下午 16 时，一学校保卫处接到某酒店电话，告知在打扫该学校学生登记入住的房间时，发现在衣柜内有大量的刀具（经清点，有 17 把砍刀，3 根铁棍）。学校保卫处接到该消息后，立即找到入住宾馆的学生，进行调查，控制相关人员，有针对性地做好工作，及时阻止了可能发生的大规模群殴事件。事情经过是：一些学生从争抢一辆出租车发生摩擦开始，发展演变成双方准备大量的刀具欲进行斗殴的恶性事件。如果学校没有及时得到信息，如果不重视及时抓苗头，如果没有敏感性，后果不堪设想。

（二）把握"第一手段"，提高服务能力

理论的研究和实践的发展无不证明："教育就是服务"。学校开展的一切工作，都是为社会、为学生、为家长提供教育服务。因此，提高优质服务能力，是维持高校安全稳定的"第一手段"。

高校突发事件的产生，根本上是因为某种利益关系被破坏或利益格局失去平衡。处理各种社会矛盾的过程，实质上就是协调各方面利益要求的过程。从某种程度上说，学校管理者正确协调利益冲突的能力，就是有效整合各方面利益要求、协调各方面利益关系的服务能力。特别是有一些矛盾问题，既涉及学生的眼前利益和局部利益，也涉及学校发展的长远利益和全局利益，因为各种利益关系错综复杂，解决起来就非常困难。针对这种情况，我们要通过摆事实、讲道理，帮助学生认清矛盾问题的主流和大方向，协调他们的利益要求，达到化解矛盾的目的。提高服务能力，本质而言就是学校教学、管理等各项工作都应树立为学生服务的思想，坚持以学生的成长、成才与成功为宗旨，急学生之所急，想学生之所想，解学生之所难，办学生之所盼，最大限度地把握"第一手段"，全心全意地提供令学生满意的优质服务。

1. 要服务于学生的学业需求

高校课程的特点是多而杂、专业性强、内容非常广泛。知识改变命运，青年学生要根据学业需求去掌握知识，这样才有可把握未来的命运，描绘灿烂前景。把学习的主动权、选择权和督促权交给学生，变"要我学"为"我要学"，变"逼我学"为"主动学"，变"被动学"为"自动学"，引导学生健康成长、自主成才和走向成功。

2. 要服务于学生的政治需求

当代大学生普遍积极进取，渴求用先进的思想理论武装自己，希望接受鲜活生动丰富的思想政治教育，希望加入中国共产党，实现自我价值。

3. 要服务于学生的生活需求

把解决思想问题和解决实际问题结合起来，做好家庭经济困难学生，特别是特困学生的帮扶工作，确保没有一个学生因贫困而辍学，不能使学生因经济困难而对生活失去信心，继而成为引发突发事件的导火索。

4. 要服务于学生的发展需求

当代大学生渴望通过学习和实践来增强自己的实力，在激烈的社会竞争中取胜。由于教学观念、教学体制和教学条件等方面原因，学校较多注重课堂和书本学习，致使学生动手实践能力普遍较弱。

5. 要服务于学生的文化需求

校园文化对大学生思想观念、价值取向和行为方式有着潜移默化的深刻影响，具有重要的育人功能。加强人文素质教育，以育人为本，坚持社会主义先进文化的发展方向，以树立正确世界观、人生观、价值观为导向，以建设优良的校风、教风、学风为核心，弘扬主旋律，突出高品位，努力建设体现社会主义特点、时代特征和学校特色的校园文化，为培养社会主义合格建设者和可靠接班人提供强大的精神动力，使高等学校成为发展中国特色社会主义先进文化的重要基地、示范区和辐射源。

6. 要服务于学生的心理需求

认真开展心理健康教育，做好心理辅导和咨询工作，建立危机事件心理援助机制。特别要关注性格内向、言行异常、直系亲属或本人有精神病史、遭受重大打击以及失恋的学生，避免大学生自杀、自残和伤害他人的事件发生。

7. 要服务于学生的情感需求

大学生处于青春期，生理发育基本成熟，渴望情感需要和异性接触是一种普遍现象。当前大学生恋爱人数呈增长趋势，但是，由于大学生心理并不成熟，有的还没有形成正确的恋爱观，一些大学生的恋爱动机并不是出于爱情本身，而是为了弥补内心的空虚，同时伴有摆脱孤独或随大流的从众心理。个别学生因失恋导致苦闷、消极，遭到严重的精神创伤，甚至造成绝望和报复杀人的后果。

8. 要服务于学生的社交需求

充分认识人际交往能力的重要性。大学生的社会交往能力是他们今后融入社会环境、发展职业生涯的重要条件，也是他们在大学期间创造良好人际环境，培养合作共事思想，保持健康情绪，促进学业完成的重要影响因素。大学生的人际交往能力不仅关系到个人前途，也关系到人才培养的质量，尤其是构建和谐社会的人才队伍建设。这一切都需要大学生必须具有较高的合作意识和处理人际关系的能力。

9. 要服务于学生的安全需求

学生对学校安全的需求日益凸显，"生命第一"、"平安是金"的观念日益深入人心，家长把子女在校是否安全作为对学校的第一要求。另一方面，现实生活中也确实存在交通、食品等方面的不安全因素。做好安全工作，为学生的成长、成才提供安全保障，这是学校一项极为重要的工作。

10. 要服务于学生的就业需求

就业是民生之本。要开展积极有效的思想政治教育，高等教育大众化时代的大学生不应再自居为社会的精英，要怀着一个有知识的普通劳动者的心态和定位去参加就业选择和就业竞争。引导大学生自觉地把自身理想同国家与社会的需要紧密结合起来，树立"行行建功、处处立业"的观念，引导毕业生到西部、到基层、到艰苦边远地区、到祖国最需要的地方去，不断提升就业、创业与职业转换能力，实现和谐就业。尤其要鼓励毕业生自主创业和灵活就业。

加强和改进大学生思想政治教育，对于高校稳定乃至社会稳定都至关重要，这既是一项长期的战略任务，又是一项紧迫的现实任务。思想政治教育能起到"减震"功能，以确保危害性降低到最低程度。

（三）关注"第一动力"，提高创新能力

创新是国家生生不息的灵魂，是民族进步的不竭源泉，也是不断推进高校安全稳定工作的第一动力。要有效化解高校突发事件，必须有一套科学的工作方法。这就要求学校的教学管理工作进一步解放思想，不断创新化解矛盾的方法和手段，给传统经验和做法赋予新的内涵，拓展新的实现形式，增强化解矛盾纠纷的实效。

面对复杂多变的新形势、快速发展的新情况、多元思想的新特点，坚持创新理念、提高创新能力，是处理高校各种突发事件的核心和灵魂。提高创新能力，本质而言就是面对矛盾纠纷的新特点、新趋势，要以与时俱进的精神，积极推进工作理念、工作机制、工作模式的创新。提高创新能力要着力从三个方面入手。

首先，观念创新。思想是行动的先导，是推进工作的内在动力。在预防和化解高校突发事件中，应注重为学校的改革发展服务，为学生的成长、成才、成功服务，为经济社会的繁荣进步服务。

其次，机制创新。要建立健全党委统一领导、党政齐抓共管、有关部门各司其职、积极配合，全社会高度关注、大力支持的体制机制，使预防和应对突发事件的工作贯穿教育教学的全过程，落实到教书育人、管理育人、服务育人等各个环节中。

再次，方法创新。紧紧围绕当前热点、难点等问题，探索解决问题的新途径、新方法，寻求工作创新的突破点和增长点，真正体现以创新求突破，以创新求发展，以创新求提高，开拓学校安全稳定的新局面。

（四）做好"第一学问"，提高研究能力

"工欲善其事，必先利其器。"化解突发事件、协调矛盾纠纷也是这个道理。突发事件的滋长酿成有其规律性，与经济社会的诸种因素存在必然联系，应该发挥高校科研的专长和优势，把应对突发事件作为当前的"第一学问"来做，深入探讨，切实提高应对能力。从高校突发事件处置能力的结构要素角度讲，知识、技能是其核心组成内容。由此，只有加强相关领域的经验总结与理论研究，才能更深一层地分析问题的要害，才能透过现象抓住本质。现在有些高校，发现问题不可谓不早，分析问题不可谓不认真，但依然未能有效地解决问题，很重要的一个原因就是分析问题未能抓住本质，因而失去了化解矛盾的针对性、主动权。这就要求高校不断提高认知水平，掌握化解突发事件的最新研究动态，从而最大化提高应对能力。

什么叫研究呢？美国高等教育家弗莱克斯纳认为，收集信息不是研究，收集大量的描述性材料不是研究，未经分析的和无法分析的材料，不管收集得多么巧妙，都构不成研究，报告不是研究，检查不是研究；研究"是个人独自作出的静悄悄的和艰苦的努力"。我们应该弘扬这种严谨缜密、追求本真的科学研究精神。

当前预防和化解突发事件工作面临着许多亟待解决的新课题，譬如如何切实有效地做好大学生的安全教育？如何建立健全预防和应对突发事件的运行机制？如何正确处理高校改革发展与稳定的关系等等，都需要进行认真研究。切实探明突发事件的前因后果，洞悉应急预案的理论依据，找到处置化解的有效措施等，把安全稳定的工作做得更加理智、扎实和自觉。瓮安事件正是因为没有及时的研究解决矛盾，导致矛盾越积越多最终演变成恶劣的群体性冲突。

背景链接1：贵州瓮安事件的教训

瓮安，这个地处贵州省北部的小县，以拥有中国最大的磷矿而闻名。2008年6月28日，一场突如其来的风波使全世界的目光都聚集到这里。当天下午至29日凌晨，瓮安县部分群众因对一名叫李树芬的女学生死因鉴定结果不满，聚集到县政府和县公安局，引发大规模人群聚集围堵政府部门和少数不法分子打砸抢烧突发事件，县公安局、县委和县政府大楼等多间房屋被毁，数十辆车辆被焚。

贵州省委书记石宗源总结瓮安事件教训时提到，"冰冻三尺非一日之寒"，这起事件看似偶然，实属必然，是迟早都会发生的，对此，瓮安县委、县政府、县公安局和有关部门的领导干部负有不可推卸的责任。一些干部工作不作为、不到位，一出事，就把公安机关推上第一线，群众意见很大，不但导致干群关系紧张，而且促使警民关系紧张，加之有的领导干部和公安民警长期以来失职渎职，对黑恶势力及严重刑事犯罪、群众反映的治安热点问题重视不够、打击不力。刑事发案率高、破案率低。导致当地社会治安不好，群众对此反映十分强烈。瓮安事件中，黑恶势力正是利用群众的这种不满情绪扩大事端，公然挑战国家法律的尊严和权威，借机扰乱社会、趁火打劫，从而酿成了严重后果。

一段时间以来，福建南平、广西合浦、广东雷州、江苏泰兴、山东潍坊、陕西南郑等地相继发生恶性校园伤人事件，以上的案例目前发生在中小学幼儿园，如果我们认识不到位，这种事情就有可能蔓延到高校，高校要加强研究和管理，防患于未然。

背景链接2："3·23"福建南平实验小学恶性伤人事件

2010年3月23日早上7点20分，福建省南平市实验小学门口，和平常一样聚集了一群等待进入校门的学生，而令人难以预料的是，短短一分钟内，1名中年男子手持凶器一连伤害13名小学生，截至晚上10点，官方消息称，8个孩子不幸殒命，受伤的5名小学生还在南平市立医院及南平市人民医院抢救。制造这起惊天血案的是1名有着将近20年行医经历的医生，他叫郑民生，他因恋爱多次受挫，图谋报复泄愤，竟迁怒无辜，选择在学校门口行凶。2010年4月28日上午，根据最高人民法院刑事裁定和执行死刑命令，南平市中级人民法院对2010年3月23日发生在该市的郑民生杀害多名小学生一案，依法进行公开宣判，随后对罪犯郑民生执行死刑。

背景链接3：一系列校园恶性伤人事件

"4·12"广西合浦恶性伤人事件

2010年4月12日16时30分左右，广西合浦县西场镇西镇小学门前约400米处发生一起凶杀事件，共造成2人死亡5人受伤，其中包括多名小学生。记者了解到，2名死者中1名为8岁小学生，1名为老年女性。5名伤者包括：2名小学生、1名未入学小孩和一对中年夫妇。凶手是40岁的杨某某，此人早年是村里的赤脚医生，几年前患上精神病，平时并没见有什么暴力行为。杨某某发病后曾失踪过一段时间，近期才在村里出现。据介绍，3天前，杨某某曾因一些纠纷用刀将邻居杨某的头砍伤，当地边防派出所曾出警处理。没想距离杨某某砍伤人才3天，又发生了更大的悲剧，该嫌疑人现已被警方抓获。

"4·28"广东雷州一小学恶性伤人事件

2010年4月28日下午3时许，广东省雷州市雷城第一小学发生1起恶性案件。雷州市白沙镇洪富小学4年前就已办理病休的33岁教师陈康炳，持刀闯进校园，冲上教学楼砍伤正在上课的15名学生和1名老师。据称落网的该疑凶是随外校前来该校参加公开课的教师混入雷城一小教学楼的四年级、五年级4个教室的。案发后，这名凶手被该校老师围堵在楼上，受伤师生随后被送到当地的2家医院抢救；当地公安机关接警后立即赶到现场抓捕凶手，下午4时05分，被教师围堵在楼上的疑凶被抓获。

"4·29"江苏泰兴恶性伤人事件

2010年4月29日上午近9时30分,47岁的江苏泰兴市男子徐玉元手持一柄长约20厘米的匕首闯入泰兴市中心幼儿园小二班教室,捅伤老师后,便向正在吃早餐的32名孩子挥刀砍刺,后被附近民众打倒制服。在此次事件中,共有32人受伤,其中29人为孩童,另有3人为成人。

"4·30"山东潍坊恶性伤人事件

2010年4月30日上午7点40分左右,山东省潍坊市坊子区九龙街道尚庄村村民王永来骑摩托车携带铁锤、汽油,不顾尚庄小学值班老师的阻拦,强行闯入尚庄小学,用铁锤打伤5名学前班学生,然后点燃汽油自焚。

"5·12"陕西南郑幼儿园血案

2010年5月12日上午8时左右,48岁的陕西省南郑县圣水镇林场村村民吴焕明持菜刀闯入该村幼儿园,致使7名儿童和2名成年人死亡,另有11名学生受伤,其中2名儿童伤势严重。死亡的7名儿童为5男2女,2名成人为幼儿园教师吴红英及其母亲。犯罪嫌疑人吴焕明(男,汉族,初中肄业)身患糖尿病、前列腺炎等多种疾病,多次医治未见好转,对治疗失去信心,思想极度焦虑、恐慌。吴焕明认为自己的病多次医治不见好转,是因为租住自己房子办幼儿园的吴红英将出现在房内的蛇打死,并从中"施法捣鬼"。为此,吴焕明还在家烧香求神,贴符驱鬼。吴焕明曾多次在其家人面前流露出轻生的想法,写有轻生及有关后事话语的字条,今年4月下旬2次自杀未遂。5月12日8时20分许,吴焕明持刀进入吴红英所办的幼儿园内,将吴红英当场砍死,继而又将吴红英的母亲苏润花和18名幼童砍伤,后返回家中畏罪自杀。

背景链接4

胡锦涛总书记对校园安全做出重要指示

近期,福建南平、广西北海、广东湛江、山东潍坊等地接连发生暴力伤害中小学生、幼儿园儿童的恶性案件,给师生、家庭带来严重伤害和无尽痛苦,造成极其恶劣的社会影响。中央领导同志对此高度重视,胡锦涛总书记专门作出重要指示:"此类案件社会危害极大,必须高度重视。对犯罪分子要依法严肃处理。对受伤人员要精心治疗。对校园安全检查防范要切实加强。严防类似案件再次发生。"4月30日,中央政法委、中央社会治安综合治理委员会下发《关于迅速加强学校、幼儿园及周边安全工作的紧急通知》。

温家宝：解决深层次原因

针对近日发生的多起针对儿童的袭击事件，温家宝总理在接受媒体记者采访时表示，我们不但要加强治安措施，还要解决造成问题的深层次原因。

温家宝表示，除了采取强有力的治安措施之外，我们还要注意解决造成这些问题的一些深层次的原因，包括处理一些社会矛盾，化解纠纷，加强基层的调解作用，这些工作我们都在努力去做，我想一个和谐、安全的环境，不仅会给孩子们，而且应该给每一个人，我们一定能够做到这一点。

背景链接5：国外如何保校园安全

校园暴力是现代社会普遍存在的痼疾。在防范校园恶性事件与保护校园安全方面，国外的一些做法值得我们借鉴。

美国："三位一体"保安全

美国早在20世纪60年代就由各州立法建立了校园警察。大多数综合型大学或学院都会在学校范围内建立完备的校园警察机构，全副武装、荷枪实弹的警察的存在，为校园的安全起到了强大的威慑作用，切实保护了学生安全。

学校致力于培养儿童从小树立安全意识与求生能力。教育部门设立专款，帮助学校进行紧急疏散演练，训练孩子如何应对歹徒入侵校园这样的紧急情况。要求学生面对疯狂枪手射杀突发危险情景，要尽量锁住房门，保持安静，让歹徒误以为房内没有人，不要刺激歹徒杀回马枪。

完善校园安全法规，美国政府把建设安全学校作为国家教育战略的目标之一。1987年制定和颁布《美国校园安全守卫法令》，规定学校必须每年发布校园安全政策实施业绩和年度校园发生违法行为的数据。1994年，美国国会又通过了《美国2000年教育目标》，将国家教育目标增加为8项，其中第7项目标是"安全的学校"。

日本立法与高科技双管齐下

最近几年，带有GPS定位功能的儿童手机，深受日本家长欢迎。在遇到紧急情况时，只要用力拉手机的挂绳，手机警铃就会鸣响，同时会把自己的所在位置发送到事先指定的设备上，而父母随时可以通过电脑等设备确定孩子的位置，掌握孩子的行踪。

日本人在学生书包上也下了不少工夫，于 2004 年推出了带有 GPS 定位器的学生书包，大受欢迎。专家们还提醒，学生要经常性地携带报警器、哨子等，并且不要放在书包里，而要放在手边，以备不时之需。

德国：科技防范＋防恐慌暗语

在科技防范上，德国要求今年年底前所有学校要安装警报装置，一旦发生险情，将发出报警信号。在德国波茨坦市，每位老师都可以在险情发生时通过手机启动特定号码，激活警报系统，警报声可响遍教室、走廊、运动场馆。

为防止恐慌，德国老师之间使用特定的暗语，在险情发生时彼此发出警报，而不会让学生知道。如使用"星期六没有课"的特定暗语，一旦听到有老师说出这个暗语，其他老师便会口口相传，并组织学生采取保护措施，关闭教室门窗，以防歹徒冲进教室。

俄罗斯：配置身份识别牌＋身份登记卡

2004 年 9 月 1 日，恐怖分子劫持了俄罗斯别斯兰市第一中学的学生、老师以及前来参加新学年开学典礼的家长，本次恐怖事件共造成有 333 人死亡，其中包括 180 名学生。别斯兰人质事件发生后，俄罗斯政府计划采取一切必要措施加强全国中小学校的安全防范，其中就包括为中小学生配置类似军用的金属制身份识别牌以及记录有学生身份和基本医疗信息的登记卡。身份识别牌可以放在登记卡里，也可以戴在脖子上，即使遭到炸弹袭击，该识别牌上的信息也不会丢失。登记卡主要包括学童的姓名、指纹、照片、家人资料以及基本医疗信息等，同时还有一些指导学生如何应对洪水、水灾、交通事故以及恐怖袭击等知识。

韩国：多举措并进保校园安全

校方为加强校园安全，增加了校园周边的安全摄像头数量，并增加了校方保安的人数。同时，家长们大都为学生购买人身防范的随身携带设备，如喷雾剂、报警设备等。

韩国学校，特别是幼儿园和小学非常重视学生的安全管理。上学及放学时，学校会安排专门的老师维持校园门口治安，家长们也会轮流做志愿者协助校方维持校园周边交通安全。从幼儿园开始，学校每年都会组织 3～4 次安全演练，使孩子从小就养成在危及情况下能迅速而有秩序逃生的意识。

三、执行能力

突发事件处置成功与否，可以说是"三分战略，七分执行"。因而，执行能力建设，是高校突发事件管理工作的核心内容之一。

高校突发事件的执行能力建设着重在于三大方面：一是落实"第一责任"，提高贯彻能力；二是坚持"第一尺度"，提高绩效能力；三是讲求"第一效应"，提高保障能力。

（一）落实"第一责任"，提高贯彻能力

由于突发事件往往具有来势迅猛、破坏性极强、危害性极大的特点，因此，在执行过程中，每一事件节点之间必须实现零缝隙对接，即某一事件节点的信息和资源条件及处置措施必须与相关的其他事件节点在空间和时间维度的衔接上实现零误差。要做到这一点，有一定的难度，但如果不能实现有效对接，延误信息的传递和处理，势必造成损失和损害的扩大，并可能造成潜在损失和事态失控。

提升突发事件的应对能力，保障师生生命财产安全，维护高校与社会稳定，是高校领导的"第一责任"。高校领导要认真贯彻落实上级的精神，把"第一责任"意识熔铸在思想深处，切实提高执行能力。

首先，抓工作部署。党委书记、校长作为学校第一责任人，要切实全面地负起总责，对安全稳定工作要亲自部署，要明确各单位、各部门的任务与职责，层层分解任务，层层明确责任，一级抓好一级。

其次，抓工作调研。高校领导要经常深入基层进行调查研究。调研中，不仅应坚持问需于师生，而且对存在问题的解决也应坚持问计于师生，共同研究探讨解决矛盾和隐患的对策措施。

再次，抓工作落实。注重分解和细化突发事件处置中的各项任务，切实抓好责任落实、制度落实、措施落实。要建立健全高校应对突发事件的领导责任制、工作责任制和责任追究制。对因领导不力、工作不落实，造成重大恶性案件、重大群体性事件和重大治安事故的，应严肃追究当事人及相关领导的责任。

一直以来教育部、各省（直辖市）教育厅、各市级教育部门，对高校安全安全稳定工作就十分重视，每年都制定、颁发相关文件，来指导高校安全稳定建设。可以说，文件对高校各种可能发生的突发事件都有论及并提出了相应工作要求，关键是在平时工作中，我们能否真正把这些工作要求落到实处。

（二）坚持"第一尺度"，提高绩效能力

"以人为本"是衡量高校安全稳定工作的"第一尺度"。突发事件的发生，往往会伤害到师生员工的切身利益，甚至危及他们的生命安全。因此，应对突发事件的工作，体现了"以人为本"的科学发展观，具有丰富而又深刻的人文内涵，也是一项得人心、暖人心的重要"人心"工程。从"生命高于一切"的角度讲，抓安全，保稳定，做好应对突发事件的工作，确保师生生命财产安全，给师生营造一个安全稳定的良好环境，是高校工作的最大"政绩"。高校领导应将其放在工作的第一位，作为校园安全稳定工作的出发点和落脚点。要从师生员工最现实、最直接、最切身的利益出发，从他们最关心、最盼望、最忧虑的问题入手，以深情的人文关怀和过硬的工作业绩，确保校园的和谐平安。

（三）讲求"第一效应"，提高保障能力

教师威信的建立非常强调与学生见面的"第一效应"，应对突发事件的工作也应讲究"第一效应"。灾害经济学研究表明，事前花一分钱做灾害预防，可以减少十分的灾害损失。美国著名管理学家戴维·奥斯本和特德·盖布勒认为，管理的目标是使用少量钱预防，而不是花大量钱治疗。花钱买平安，舍得在预防上投入，是减轻灾害损失最经济、最有效的办法之一。

"技防"在预防和应对高校突发事件中具有不可替代的作用。"技防"设施具有全天候、全方位、灵敏度高、隐匿性强、视野开阔、多维动画等特点，能起到实时监控作用、事后查证作用、协同连网作用与反复重现作用，能够弥补传统人防、物防的不足，大大提高校园安全稳定的防范能力。有鉴于此，高校要把"技防"建设纳入学校建设总规划。在对技防设施投入上，既要长远规划，又要立足当前；既要尽力而为，又要量力而行；既要统筹兼顾，又要突出重点；既要把握长远性目标与阶段性目标的统一，又要把握目标与过程的统一。

表 6-1　2009 年上级关于安全稳定工作发文列表

发文单位	主要内容	时间
教育部办公厅	贯彻《消防法》，开展消防志愿服务活动，创建平安校园	2009.11
教育部办公厅	转发《突发事件应急演练指南》	2009.11

续表

发文单位	主要内容	时间
省平安办、综治办、教育厅、公安厅	深化"平安校园"建设	2009.7
省教育厅、卫生厅联合发文	做好学校秋季开学甲型 H1N1 流感防控工作	2009.8
省公安厅、教育厅联合发文	加强高校校园网络安全管理工作	2008.7
省教育工作委员会、教育厅	加强维护高校稳定工作	2009.8
省教育厅	做好"两会"期间学校安全工作	2009.2
省教育厅	加强春季学生安全教育管理工作	2009.3
省教育厅	切实做好第 8 号台风防御工作	2009.8
省教育厅办公室	高等学校校园安全稳定月度工作重点	2009.2
省教育厅办公室	做好节后开学学校卫生健康教育工作	2009.5
省教育厅办公室	开展"全省万校师生应急避险大演练"和"防灾减灾宣传周"活动	2009.4
省教育厅办公室	加强学校消防安全工作	2009.11
省教育工作委员会	开展高校校园安全稳定隐患排查化解工作	2009.4
省教育工作委员会	建立健全我省高校维护稳定工作体系	2009.8
市委办公厅	重大事项社会稳定风险评估办法	2009.11
市委综治办、市公安局	开展年度创建治安安全单位工作	2009.7

本章小结

高校突发事件应对的能力建设

认识能力	●强化"第一保障"，提高认识能力。 ●捕捉"第一信号"，提高判断能力。 ●抢抓"第一时间"，提高反应能力。
化解能力	●筑牢"第一防线"，提高遏制能力。 ●把握"第一手段"，提高服务能力。 ●关注"第一动力"，提高创新能力。 ●做好"第一学问"，提高研究能力。
执行能力	●落实"第一责任"，提高贯彻能力。 ●坚持"第一尺度"，提高绩效能力。 ●讲求"第一效应"，提高保障能力。

第七章

高校突发事件应对的思想教育

衡量高校安全稳定工作的成效大小，不在于会开得多，话讲得多，文发得多，而在于提出的问题要准，采取的措施要实，实践的效果要好。

——作者的话

一、教育背景

（一）思想政治教育工作面临的挑战

当前，高校思想政治教育工作主要面临着以下四个方面的挑战。

1. 全球化发展带来的挑战

随着交通、信息技术发展，全球化的趋势越来越明显，整个世界成为近在咫尺的地球村。全球化在加快中西文化相互交流、相互吸纳的同时，也使大量西方文化思潮和意识形态随之流入。社会思想意识的多样性使青年学生在思想观念上呈现出多样性，致使一些大学生不同程度地存在着政治信仰迷茫、理想信念模糊、价值取向扭曲、诚信意识淡薄、社会责任感缺乏、艰苦奋斗精神淡化、团结协作观念较差、心理素质欠佳等问题，引发了一些大学生在世界观、人生观和价值观选择上的偏差，降低和淡化了他们对主流意识形态的认同和信仰。

2. 市场化发展带来的挑战

随着市场经济的发展，特别是当前我国正处于社会转型、体制转轨时期，一些深层次的矛盾和社会问题正在显现出来。在市场经济自身弱点和消极方面影响下，有的学生是非、善恶、美丑界限混淆，一切向钱看，拜金主义倾向严重；有的学生不刻苦学习，宣扬学得好不如嫁得好的观点，享乐主义和功利主义思想有所滋生，以个人为中心的倾向逐步显现；有的学生诚信意识失范，助学贷款到期不还，考试作弊，论文剽窃等等，这也给德育教育增加了难度。

3. 信息化发展带来的挑战

以互联网和手机3G网络为代表的现代传媒手段的蓬勃兴起，引发世界各种思想文化——历史的和现实的、外来的和本土的、进步的和落后的、积极的和颓废的相互激荡，有吸纳又有排斥，有融合又有斗争，有渗透又有抵制，给大学生德育教育带来了严峻的挑战。特别是西方发达国家利用先进的网络通讯技术和话语霸权，全方位、全天候、全时空输出他们的文化价值观念和生活方式。部分大学生由于缺乏正确辨别能力，容易被表象所迷惑，受到侵袭和误导。网络环境的虚拟性与不可控性，使有的学生沉迷网络、荒疏学业，甚至出现一些极端的思想和行为，产生较大负面影响。

4. 灌输化教育手段面临的挑战

传统的政治教育是以灌输为基本特征的，是一种强制的教育方式，学生作为受教者处于被动接受教育的位置，教师讲，学生听，教师讲什么，学生听什么，这种灌输式教育容易造成受教者的逆反心理，学生往往以睡觉、看杂书、开小差甚至逃课来对抗，德育教育的实际效果大大削弱。现在从中央到地方都高度重视高校思想政治理论课教育，采取了诸多的举措，如重视小班教育、重视教师培训、重视学生社会实践、重视多媒体和网络技术在课堂教学中的应用，重视启发式、参与式教育，等等，这些使以灌输化为特征的思想政治理论课教育得到了改观。但作为思想性极强、包容量极大的德育教育，要对根深蒂固的灌输式传统教育作脱胎换骨的根本性改造，绝非一日之功效。

（二）大学生思想政治现状分析

根据调查分析，大学生思想政治现状主要呈现以下特点。

1. "六强"凸现主流积极向上

（1）主体意识强。大学生对习俗和传统表现出一定程度的反叛，个人自主性、独立性和支配性增强。

（2）进取欲望强。大学生普遍认为，现在社会竞争日趋激烈，因此对自身的成长发展和成长环境十分关注；对自我价值的实现十分强烈，能否促进自身发展，实现自我价值成为大学生价值取向的主导内容。据笔者亲自组织进行的调查的统计数据表明，大多数学生的学习目的是为了成就自己的事业。（见图7-1）

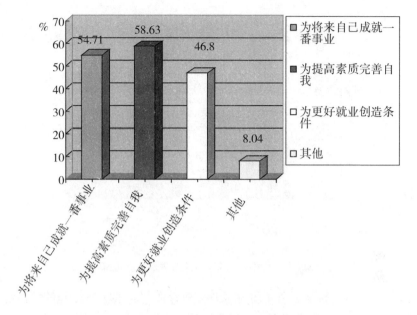

图7-1　大学生学习的价值取向

（3）接受知识能力强。随着知识经济时代的到来，新知识、新问题层出不穷，大学生在运用信息技术接受新知识、掌握新技能上，表现出较强的能力。

（4）个体竞争意识强。随着社会竞争的日趋激烈，大学生渴望通过学习和实践来增强自身的实力，在激烈的竞争中取胜。

（5）参与社会意识强。随着大学生对知识的掌握越来越多，认知能力越来越强，他们的独立性、批判性也日趋增强，因而对国际、国内发生的重大事件和社会热点越来越想表达自己的思想和观点。

（6）诚信意识强。绝大多数大学生对"不思进取、上课睡觉、论文买卖、作业抄袭"现象持鄙视的态度，认为作为21世纪大学生应在考试、交费、还贷等方面体现出应有的诚信。

2."六弱"体现思想偏差

（1）社会责任感较弱。大学生过于关注自身的发展和利益，对社会的责任感、使命感相应有所减弱。笔者调查数据表明，大学生在参加学校社团的目的性上表现出较强的个人功利性，献身公益事业的目的低于自身的兴趣爱好和增长见识所需。（见图7-2）

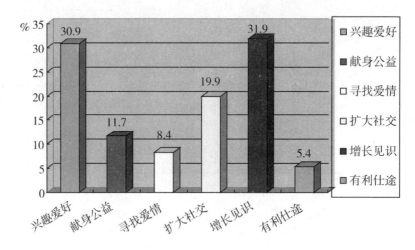

图 7-2　大学生对参加社团活动目的的选择

（2）实践能力较弱。由于教育观念、教育体制、教学条件和教学传统等方面原因，学校较多注重课堂和书本学习，致使大学生动手实践能力普遍较差。

（3）集体观念较弱。伴随市场经济发展和竞争意识的加强，部分大学生重个人利益、轻集体利益，自我意识膨胀，集体意识淡漠；在处事方式上讲求实际、实用和实惠；行为庸俗化、物欲化。

（4）政治辨别能力弱。由于大学生社会经验不足和理性思考能力不强，使他们在看待复杂的社会问题时容易片面化、极端化，就事论事，缺乏政治敏感性，不能从政治的高度辩证地分析问题。

（5）心理承受能力弱。当代大学生由于处于社会转型期，长期受父母的溺爱，缺乏实践的锻炼和磨炼；心理素质、意志品质和自我控制能力较差，不能适应社会快速发展的节奏和日益加剧的竞争，在面临越来越大的学习压力、经济压力、就业压力、心理压力和情感压力等情况下，出走、自残、自杀等非理性行为时有发生。

（6）学习意志力较弱。由于网络世界、明星歌星、卡拉 OK 等现代娱乐生活方式和手机等现代通讯工具的普及，外面世界的丰富多彩对大学生的影响力、诱惑力越来越大，在挡不住的诱惑面前，有的学生缺乏勤奋刻苦精神，意志薄弱，自我控制力差，荒疏学业。笔者调查的数据表明，少数学生沉溺于网络游戏、网络聊天，甚至发展成为网络罪犯的现象，这就是学习意志力不强的体现。（见图 7-3）

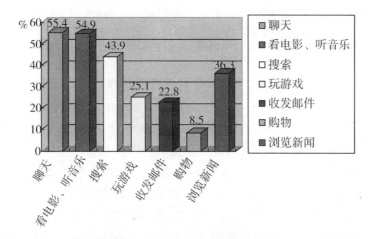

图7-3　大学生上网经常做的事

3. 六个最为关注的问题

（1）关注涉日问题。大学生对日本"入常"问题、参拜靖国神社问题、钓鱼岛问题、修改历史教科书问题、东海油气田开发问题等极为关注。

（2）关注台湾问题。台湾问题是事关中国主权和领土完整的核心问题，大学生对李登辉、陈水扁等台独言行很愤怒，对胡锦涛总书记就新形势下发展两岸关系提出的"四点意见"很拥护，对国家通过的《反分裂国家法》很支持，对台湾国民党主席连战和亲民党主席宋楚瑜率团来大陆访问很欢迎。

（3）关注社会腐败问题。腐败现象是社会稳定、发展与进步的阻碍因素，是人民群众最为关注的社会焦点问题之一。大学生对腐败现象，特别是对官员的腐败深恶痛绝。党要长期执政，必须拒腐防变，否则就会影响广大学生对党的信任。

（4）关注贫富差距问题。相当多的大学生认为，贫富差距在社会现阶段是一种客观存在的现象，但是对日益扩大的贫富差距感到不满和担心。特别是对一些不正当暴富极为不满，认为，政府必须采取有力措施遏制两极分化，否则，有可能出现严重的社会问题。

（5）关注"三农"问题。大学生认为，中国是一个农业大国，"三农"问题关系到经济发展、社会稳定、国家富强、人民富裕，政府必须高度重视"三农"问题，尤其当前要特别注意解决农民增收、减负、农村义务教育等问题。

（6）关注就业问题。大学生认为，现在大学生在校读书不仅面临学业压力、经济压力，而且还面临就业压力，希望政府多渠道多措施解决大学生就业问题。

（三）大学生安全素质令人堪忧

1. 安全知识少。由于我国现阶段并没有在各级各类学校中系统开设安全教育课程，学生的安全知识一般都非常缺乏，安全意识比较淡薄。

2. 自我保护力差。大学生群体由于受自身年龄、心理和认知能力的限制，遇到突发事件时，因安全知识较少，易受到伤害。

3. 风险意识薄。当今大学生一般都是独生子女，从小受到父母的溺爱，缺乏各种锻炼，对当今社会认识不足，缺乏足够的风险意识。

4. 社会阅历浅。当代大学生成长道路是从学校到学校，缺乏社会实践，在独立面对社会时，容易上当受骗，社会不法分子往往把他们当做劫财、劫色的对象，在复杂的社会环境下，大学生容易遭受精神和经济的双重损失。

5. 自控能力弱。大学阶段是人生世界观和价值观形成的重要时期，大学生心智尚不成熟，理性思考问题不够，一遇到问题，容易产生偏激的情绪和行为。

6. 理想倾向浓。大学生充满理想、充满热情、充满正义，对社会的复杂性没有深刻认识，理想主义色彩浓厚，一旦走向社会，容易受到挫折和打击。

（四）思想政治教育在应对突发事件中的作用

1. 组织动员作用。突发事件具有事发突然、破坏性强的特点，一旦爆发不仅来势凶猛，而且在短时间内会迅速蔓延，造成巨大的破坏力。高校突发事件对高校正常教学秩序、学生学习生活环境和高校安全稳定具有极大负面影响。由于其事发突然、破坏性强、蔓延迅速的特性，决定了我们必须要发挥自己的政治优势，在处置突发事件中要发挥思想政治教育的作用，做好学生思想动员工作。一旦发生校园突发事件，确保学校应急措施能够全面、快速落实，将突发事件造成的破坏和影响降到最低程度。

2. 化解矛盾作用。思想政治教育在高校突发事件中能起到化解矛盾的作用，在处置突发事件中，要发挥思想政治教育的作用，注意解决涉及学生切身利益的问题，注意他们利益的诉求。在沟通交流中，达到教育的目的，使矛盾从根本上得到化解，从而推动高校突发事件的顺利解决。

3. 沟通思想作用。思想政治教育要加强师生之间的沟通与交流，使学校能够及时了解学生的需求和思想政治状况，了解他们的观点态度，了解他们的所思所想，同时要适时引导，纠正学生偏激、片面的认识，减少影响校园安全稳定的隐患。

4. 调适心理作用。突发事件具有瞬间爆发的特性，导致人们的思想意识与突发事件的发生存在着一定的迟滞性。一旦发生突发事件，容易造成人们心理恐慌。通过思想政治教育对学生的心理施加影响，可以有效地对学生心理进行引导，减少面对突发事件产生的恐慌心理，稳定学生情绪，进而维护高校稳定。

5. 引导舆论作用。在高校发生突发事件一般会造成比较大的影响，学生在面对突发事件时，心理一般是处于非理性状态，由于不了解情况，比较容易听信流言，被流言误导，甚至引发事端。思想政治教育的工作就是要及时引导舆论，牢牢掌握舆论导向，及时向学生告知事实，遏止流言蜚语的传播，积极疏导学生的情绪。

6. 提供动力作用。思想政治教育为高校突发事件的解决提供精神动力。思想政治教育在高校突发事件中，不仅能够起到稳定师生情绪的作用，还能够激发人们同舟共济、万众一心、共度时艰的团结精神，为学校师生共同应对突发事件提供精神动力。

7. 提升防范作用。思想政治教育不仅能推动突发事件的解决，还能提高预防突发事件的能力。通过对突发事件的反思和经验总结，从而为高校思想政治教育提供鲜活的素材，增强师生防范突发事件的意识和能力。

8. 增强责任作用。总结近年来高校突发事件经验及教训，责任意识弱是造成突发事件的重要原因。要通过加强高校思想政治教育工作，增强师生的责任感，从而减少突发事件发生的隐患因素。

二、教育内容

（一）抓好核心价值体系教育

党的十七大报告明确提出建设社会主义核心价值体系的战略任务，强调要"切实把社会主义核心价值体系融入国民教育和精神文明建设全过程，转化为人民的自觉追求"。大学生是宝贵的人力资源，是国家的未来，民族的希望，他们的价值观如何，直接关系到民族的振兴和国家的发展。

社会主义核心价值体系的主要内容是：马克思主义指导思想；中国特色社会主义共同理想；以爱国主义为核心的民族精神和以改革创新为核心的时代精神；社会主义荣辱观。这四个方面，既相互联系，又各有侧重。马克思主义指导思想是社会主义核心价值体系的灵魂；中国特色社会主义共同理想是社会主义核心价值体系的主题；以爱国主义为核心的民族精神和以改革创新为核心的时代精神是社会主义核心价值体系的精髓；社会主义荣辱观是社会主义核心价值体系的基础。社会主义核心价值体系，是社会主义制度的内在精神和灵魂，是社会主义意识形态的主体和根本，对社会的发展起着主导和支配作用。

1. **核心价值体系教育要在四个方面下功夫**

（1）要在坚持用马克思主义中国化最新成果武装师生头脑上下功夫

要组织广大师生继续学习邓小平理论和"三个代表"重要思想，深入学习以胡锦涛同志为总书记的党中央提出的科学发展观、构建社会主义和谐社会等党的最新理论创新成果，并将其贯彻到高校办学的各个方面，贯穿于高校人才培养、科学研究、社会服务的全过程。要大力推进马克思主义中国化的最新成果进教材、进课堂、进头脑工作，切实加强思想政治理论的学科建设、教材建设和教师队伍建设，改革教学内容和教学手段，使马克思主义在学生中真正内化于心，外化于行。

（2）要在深入开展理想信念教育上下功夫

要继续深入贯彻中央关于加强和改进大学生思想政治教育工作的文件精神，牢固树立育人为本、德育为先的教育理念，把立德树人作为教育的根本任务。要有效开展理想信念教育，帮助学生树立正确的人生观、世界观和价值观，切实解决在部分大学生中存在的政治信仰迷茫、理想信念模糊、价值取向扭曲、诚信意识淡薄、社会责任感不强等问题，进一步增强大学生对中国特色社会主义的坚定信念，对改革开放和现代化建设的信心，对党和政府的信任，使每个大学生自觉地把个人的奋斗与祖国的前途命运紧密地联系在一起，承担起实现中华民族伟大复兴的历史使命。

（3）要在深入开展民族精神和时代精神的教育上下功夫

要切实抓好以爱国主义为核心的民族精神和以改革创新为核心的时代精神教育，通过近代历史教育，革命传统教育，国情、世情教育，着眼培养学生的爱国情感，增强民族自尊心、自信心和自豪感，树立自强不息、奋进不止的积极人生态度。要通过改革开放和创新、创业教育，培养学生勇于探索和实践、勇于创业和创新的优秀品格和精神气质，增强生存能力和就业能力，引领时代进步潮流。

（4）要在深入开展社会主义荣辱观教育上下功夫

要紧密联系大学生的思想和生活实际，针对部分大学生是非荣辱不明、善恶美丑不辨，如论文写作抄袭剽窃、助学贷款到期不还、考试作弊等现象，增强教育的针对性，提高教育的实效性。要把加强荣辱观教育与课堂教育结合起来，与校园文化建设结合起来，与学校管理结合起来，与社会实践结合起来，引导青年学生树立正确的价值取向和行为规范，推动形成知荣耻、讲正气、促和谐的良好社会风尚。

2. 核心价值教育体系的实现路径

（1）以课堂教学为主导，强化理论教育的系统性。高等学校的一切工作必须以教学工作为中心，大学生思想政治教育也应当以课堂教学为主导。高校思想政治理论课承担着对大学生进行社会主义核心价值体系的理论教育任务，要系统地对大学生进行核心价值体系理论教育。在课堂教学中进行这一教育时，必须牢牢把握"3个力"。一要有说服力。让学生深刻感受到理论的科学性和有效性，从而真正入耳、入脑、入心。二要有引导力。要引导学生运用马克思主义的立场、观点和方法，正确观察和分析形势，正确理解自己肩负的历史责任。三要有内化力。要积极践行核心价值体系，在推进中国特色社会主义事业的伟大进程中，奋发有为，建功立业。

（2）以社会实践为平台，强化知行结合的一体性。坚持理论与实践相结合是大学生学习社会主义核心价值体系的根本途径，要将理性教育和感性教育结合起来，引导他们把理论知识运用于实践。学校要经常组织开展主题鲜明、内容丰富、形式多样的社会活动，为学生学习社会主义核心价值体系提供不可或缺的实践基础，并理解和内化为思想素质和行动表现的体验机制。在实践活动中对大学生进行这一教育时，要充分发挥第二课堂的作用，组织学生深入工厂、社区、农村开展社会调查、自愿服务、公益活动、勤工助学和科技创新活动，实现从"知道"到"体道"的转变，达到知行统一。

（3）以优化环境为途径，强化环境育人的渗透性。大学生社会主义核心价值体系的教育，要求我们努力营造与之相适宜的教育环境，我们应当高度重视环境的育人功能，城市建筑、历史文物、文化场馆、公园广场等都是教育活动的优质资源。无论作为宏观层面的整个国家环境，还是作为中观层面的省、市城区环境，乃至作为微观层面的校园环境，都要力求能给大学生一种愉悦心情、陶冶思想的和谐氛围，给他们以一种蓬勃向上的力量，使他们对自己的国家和民族有一种归属感、认同感和自豪感，在耳濡目染中自觉接受共同理想和核心价值观念，收到"随风潜入夜，润物细无声"的良好效果。

（4）以服务学生为基点，强化人文关怀的感染性。在对大学生进行这一教育中，要特别重视做好3个方面的工作：一要做好扶贫帮困工作；二要做好毕业生就业工作；三要做好心理援助工作。只有更多更好地服务学生，切实解决学生最关心、最直接、最现实的利益问题，想学生之所想，急学生之所急，办学生之所盼，把工作做到学生心坎上，最大限度满足学生成长、成才的需求，才能提高核心价值体系教育的效能，提高人文关怀的感染力。

（5）以社团活动为载体，强化寓教于乐的针对性。寓教于乐是教育的最高境界。学生社团作为素质教育的重要抓手，要针对青年学生的成长规律和思想特点，组织开展内容丰富、形式新颖、吸引力强、参与面广的文化活动，把德育、智育、体育、美育结合渗透到活动之中，使大学生在参与活动中思想感情得到熏陶，精神生活得到充实，道德境界得到升华，个人才能得到展示，自信心和进取精神得到激励。

（6）以典型宣传为抓手，强化榜样作用的示范性。榜样的力量是无穷的。要努力挖掘和弘扬一大批忠于职守、为人师表，潜心学习、刻苦钻研，自强不息、奋发进取，默默奉献、创新创业等先进典型的事迹，通过媒体的大力宣传，充分发挥其示范作用，用高尚的精神塑造人，激励和引领大学生奋发向上。

（7）以现代科技为手段，强化教育内容的效能性。在对大学生进行社会主义核心价值体系教育时，必须充分发挥现代化多媒体技术和网络技术等科技手段在德育教育中的作用，让学生在智能化、便捷化、形象化的学习中有效地获取最新知识，提高德育的效能。首先，要利用 PPT 等科技手段将投影、录像、VCD、计算机等引进课堂，提高教学效果。其次，要利用互联网获取最新德育信息，通过集文字、图片、声音、动画于一体的多媒体教育手段，使抽象的道理变成具体、形象、生动、直观的形式，增强德育的可接受性。再次，要利用计算机网络"人机对话"的功能，就学生关注的热点、难点问题进行探讨，这种"即时式"的教育方法能收到直接、迅捷、互动的效果。

（8）以大众传媒为工具，强化舆论导向的方向性。在对大学生进行社会主义核心价值体系教育过程中，要充分发挥大众媒体的独特优势。党报、党刊、电台、电视台要充分发挥主力军作用，积极运用言论评论、理论文章、通讯报道、群众讨论、专家访谈等多种形式，大力弘扬社会主旋律，使社会主义核心价值体系深入人心，被广大学生充分接受、理解和掌握，并转化为报效祖国的实际行动。

（9）以重大事件为契机，强化热点教育的引导性。在对大学生进行社会主义核心价值体系教育时，应该以即时发生的重大事件为契机，组织学习讨论，加强热点教育的引导性。在教育中无论遇到什么问题都要按中央确定的方针统一思想，都要有利于维护改革发展稳定的大局，最大限度地增加和谐因素，最大限度地减少不和谐因素，把他们的思想和行动引导到中央的精神上来。

（10）以课堂教学为主导，强化理论教育的系统性。德育工作只有坚持与时俱进，不断创新，才能保持生命力，增强吸引力，提高凝聚力。一要坚持理念创新。要以理念创新为先导，牢固树立以人为本的理念，要把服务学生成长成才和促进学生全面发展作为德育的重要价值取向和工作准则。二要坚持理论创新。要不断对当今改革开放条件下高校德育实践作出理论上的新概括、新总结，不断赋予当代中国德育原理鲜明的实践特色、民族特色和时代特色，不断丰富大学生社会主义核心价值体系教育的理论内涵。三要注重实践创新。努力转变德育工作方式，创新德育工作载体，拓展德育工作领域，达成全面育人的综合效果。

（二）抓好自然灾害安全教育

现在全球灾难频发，人们仿佛置身于一个危险无处不在的世界。我国是世界上灾害频发，受灾面广、灾害损失严重的国家之一，1999 年～2008 年每年因自然灾害所造成的损失达 2000 多亿，常年受灾人口达 3 亿人次。尤其是最近几年，我国自然灾害更是频发。从 2008 年南方的特大雪灾、四川汶川大地震一直到 2010 年的西南地区持续干旱、青海玉树大地震、甘肃舟曲泥石流，造成了严重的经济损失和人员伤亡。对高校来说，因其人口高度集中，在应对一些自然灾害时无疑增加了难度。为此高校应该做好应对自然灾害的安全教育工作，提高学生应对自然灾害的能力。

以下为一些预防自然灾害的措施。

自然灾害预防措施

灾害类型	防灾要诀	防灾措施
洪水灾害	冷静观察，迅速转移	1. 冷静观察水势和地势，然后迅速向附近的高地、楼房转移。 2. 就近无高地楼房，可抓住有浮力的物品，必要时可攀上高树。 3. 切忌不要爬到土坯房的房屋，这些房屋在浸水后容易倒掉。

续表

灾害类型	防灾要诀	防灾措施
冰雹灾害	防雹勿忘防雷电	1. 关好门窗，妥善安置好户外物品。 2. 切勿随意外出。 3. 在户外不要在高楼屋檐下、烟囱、电线杆或大树底下躲冰雹。 4. 注意防雷电。
台风灾害	尽量避免河边走	1. 不要在建筑物旁避风雨，强风可能会吹倒建筑物或高空设施。 2. 尽量避免在河边或桥上行走，人很容易被吹倒或者溺水。
地震灾害	莫惊慌，沉着应对	1. 高楼撤下不可搭电梯。 2. 平房避震是跑是留因地制宜做决断。 3. 关闭电源、燃气，等防止次生灾害。 4. 强震时躲在床下或小开间。 5. 如发生火灾，沾湿毛巾捂口鼻，弯腰匍匐逆风行。
雷击灾害	远离天线、电线杆、避雷针	1. 远离建筑物避雷针、天线、烟囱、旗杆等高建筑物。 2. 离开山丘、海滨、河边、池塘、没防雷装置的建筑物等。 3. 外出时应穿不浸水雨衣，不要骑自行车，不用金属杆的雨伞。 4. 关好门窗防止球形雷窜入室内，电器关闭电源，拔掉电插头，不用手机和电话。

背景链接：英国 10 岁小女孩拯救 100 多人生命

2004 年 12 月 26 日，在印度洋海啸这场大灾难中，英国 10 岁小女孩缇丽因为记住了老师上课时讲过的地震海啸常识，挽救了泰国吉普岛一个沙滩上 100 多人的生命。当天缇丽发现海水往回退落的速度非常快，而且落下之后留下的东西也是过去从没见过的，上来的水浑浊、打旋。她觉得海啸有可能即将袭来，她知道从海水上涨到海啸袭来这中间有 10 分钟左右的时间，她马上把这一发现告诉妈妈，缇丽的妈妈就和附近旅馆的老板一起要求大家立即离开。当游客刚撤离到安全地带时，身后已传来了巨大的海浪声——海啸真的来了。

（三）抓好消防安全教育

高校最大特点是人员密集，火灾始终是最大的隐患。据有关统计显示，我国有近 1/2 的学生不完全了解消防安全常识和火灾自防自救知识。火灾中死亡人员多为缺乏安全知识和缺少自我保护能力的人。在已查明的火灾原因中，90%以上是由违反消防法律法规、违反消防安全人为造成的。强化消防安全法制宣传教育，坚持宣传先行，教育推动，引导广大师生关注消防安全，参与消防工作，增强消防安全素质，改善消防安全环境，切实有效地促进学校消防安全工作的发展，提高逃生能力。

将消防安全宣传教育和消防安全知识内容纳入学校管理人员和教师在职培训课程中；要通过专题讲座、网络、广播、报刊等渠道，进行消防法律法规、防火灭火知识、火灾自救逃生知识和火灾案例宣传教育；组织学生到消防站参观体验、开展应急疏散演练、进行经常性的安全用电用火教育等，增强学生的消防安全意识。

要针对学生普遍使用"热得快"、电热毯，以及上课时电脑未关闭、电插板插座过多易发生火灾的情况，切实加强防火灾教育；经常开展安全大检查活动，坚持自查与互查相结合、日常查与突击查相结合、普遍查与抽查相结合、白天查与夜里查相结合，从源头上防范遏制火警，做到"防范于未然"。

背景链接：遇到火灾时，逃生的主要方式方法

> （1）熟悉环境法。不论办公、居家，还是在公共场所，都应注意熟悉逃生路线。
>
> （2）迅速撤离法。在熟悉环境的基础上，逃生行动要争分夺秒，火灾初期更要迅速撤离。
>
> （3）通道疏散法。在选择逃生路线时，优先选用疏散楼梯、消防电梯，室外疏散楼梯等逃生。
>
> （4）绳索滑行法。在通道全部被浓烟烈火封锁时，可以用结实的绳子，或者将窗帘、床单、被褥等撕成条，拧成绳，用水沾湿，并从窗口滑行逃生。
>
> （5）低层跳离法。如果被火困在二层内，在烟火威胁、万不得已的情况下，也可选择跳楼逃生。有条件的话，应先向外面扔一些棉被等柔软物品，以便"软着陆"。
>
> （6）暂时避难法。若无路可逃，可以利用设在电梯、走廊末端以及卫生间附近的避难间，躲避烟火的危害，以便赢得逃生的救援时机。
>
> （7）毛巾保护法。无论是在逃生还是在躲避时把毛巾、口罩、衣服等浸湿捂住口鼻，以防止吸入浓烟中毒。

案例：2009年11月某高校宿舍楼起火，楼内几间宿舍的学生被浓烟困在房内，无法逃离火场。由于该校比较重视消防演练，在火灾发生后学生曾展开自救，但由于水压的问题未能奏效。被困在宿舍的学生，曾试图逃生，但由于楼道内黑烟弥漫，没有贸然向外跑，而是将房门紧闭，并用湿毛巾将门缝堵住，还用脸盆往门上浇水，以防止烟气入内；然后跑上阳台呼救，等待救援。消防队员赶到后兵分两路：一路灭火，一路救人，这些学生被顺利救出。此次火灾没有造成人员伤亡，可以说平时的消防演练起到了至关重要的作用。

（四）抓好有心理问题学生的教育

据统计，大学生选择自杀方式几率最高的为跳楼，要认真开展心理健康教育，帮助大学生树立积极的人生态度，正确对待自己、他人和社会，正确对待挫折和荣誉，增强克服困难、承受挫折的能力，珍爱生命，关心集体，悦纳自己，善待他人。通常情况下当人的精神发生异常时，都会有一些预兆和信号。

背景链接：大学生心理问题的预兆和信号

（1）懒：这里的懒不是常态的懒，而是与其本人的一贯表现不相符合，一种病态的懒。表现为不愿自理生活，不更换衣服，不喜欢与人交谈，懒于参加一切社交活动。

（2）怪：指患者在语言、行为、生活习惯等方面有着明显改变，并伴随一些怪异现象发生。一些人甚至出现了幻听等现象。

（3）呆：患者表现为反应迟钝、呆滞少动、动作缓慢、言语含糊不清。有的还经常坐着，站着或躺着，或足不出户。

（4）疑：是指患者毫无理由地认为同学等在背后说其坏话，或者对其有迫害行为。有的甚至认为他人嫉贤妒能，与他人结怨。

要做好大学生心理辅导和咨询工作，必须为大学生提供及时、有效、高质量的心理健康指导与服务，帮助他们化解心理压力，克服心理障碍，增强心理免疫力，优化心理素质。要建立心理健康档案，做好心理健康状况排摸。要建立危机事件心理援助机制，对患有严重心理障碍和心理疾病的学生，要做到早发现、早预防、早诊断、早干扰、早治疗，特别要关注家庭经济困难、言行异常、性格内向、父母离异、家庭发生重大变故、直系亲属有精神病史、本人有精神病史、遭受重大打击、考试成绩急剧下降、失恋、痴迷网络的学生，避免大学生自杀、自残和伤害他人事件的发生。

大学生心理问题的产生，主要可分为以下几种原因。

（1）对所学专业不感兴趣。很多学生往往对自己所学的专业不感兴趣但又不能选择，或者没有充分估计所学专业的难度，在学习遇到困难时往往就失去了信心，产生了心理压力。

（2）不擅于沟通和处理人际关系。一些同学由于内向，不敢主动和同学交往，这些造成了他们的心理压力和人际交往的紧张、恐惧。

（3）生活自理和适应能力差。很多学生因是独生子女，从小受到溺爱，生活自理能力差，上大学后来到一个新的环境，一切都要靠自己，因此遇到一些困难后，往往会产生很大心理挫折。

（4）就业形势的严峻，也造成了同学们的心理压力。黯淡的就业前景和他们当初上大学时的美好憧憬，产生了很大反差，尤其对"毕业就等于失业"的同学来说，从一个象牙塔里的莘莘学子变成一个待业者，其心理压力可想而知。这也就是经常容易出现跳楼、自残、出走等事件的重要原因。

（5）家庭或经济问题。一些家庭不幸或者经济困难的学生一般会承受更多的心理压力，他们往往有一些自卑感，学习和生活中所产生的种种问题，往往会加剧心理问题。当其心理压力达到不能承受的阶段之时，就会导致厌世轻生或者危害他人的事件发生。

（五）抓好网络安全教育

随着网络技术的发展、网民数量的增加，网络舆论在社会生活中影响力正在与日俱增，互联网已成为高校校园信息的集散地、高校思想文化传播的主阵地、高校舆论事件的发源地和高校学生娱乐生活的休闲地，但同时网上也交替出现了一些消极、负面，甚至低俗、暴力、色情等有害信息，并引发赌博、诈骗等违法犯罪行为，在高校中产生恶劣影响。整治网络低俗之风，打击网络违法犯罪活动，净化网络环境，加强对网络的管理，维护虚拟社会的安全稳定已经是当前一项刻不容缓而又艰巨异常的重要任务。

网络技术的发展使诈骗活动也得到升级，很多诈骗活动利用高科技手段，让人们疲于应付，防不胜防。现在的电信诈骗呈现出了四个特点：一是诈骗团伙的窝点往往设在高档社区；二是诈骗团伙呈现公司化、集团化管理；三是作案手段更趋隐蔽；四是诈骗手段逐步升级，手段层出不穷。还未踏入社会涉世未深的大学生，容易往往成为诈骗案件的受害者。因此高校必须加强对学生的防诈骗教育。

背景链接：公安部公布的网络和电信诈骗及网络专家所列的网络诈骗典型

（1）转账诈骗。以商场消费银行卡转账为名诈骗，采用网通4006、移动4007电话捆绑功能，拨打诈骗电话，诱惑群众到ATM取款机上转账实施诈骗活动。

（2）恫吓诈骗。编造被害人子女被绑架进行诈骗，期间甚至还模仿孩子被殴打的哭声，利用事主的惊慌心理从而骗取受害人转汇资金。

（3）电话诈骗。以电话欠费为手段实施诈骗，犯罪分子通过网通路由可以任意设置号码，包括电信局邮局等部门。这样使被害人信以为真，将款项存入到犯罪分子指定账户，再被犯罪分子迅速提走。

（4）中奖诈骗。一些骗子冒充一些大公司的名义，通过QQ、淘宝旺旺等向用户传播中奖信息，引导用户进入相似度很高的假网页，再诱骗其汇款或转账。

（5）诱惑诈骗。多以顾问、对账、低价等内容，诱骗用户进入"钓鱼"网站，引诱用户填写金融账号和密码，继而盗窃用户资金。

（6）伪造诈骗。黑客通过制作假网站，伪造网络店铺、商品和网银页面，并诱使用户点击进行诈骗，一旦用户误入，黑客即展开行骗。

（7）支付诈骗。支付欺诈，登录网银阶段最有可能遭遇的是黑客利用木马进行键盘记录和屏幕记录，帮助黑客记录用户的账号并将其每一步操作都记录下来。

（8）盗号诈骗。通过用户在浏览网页或下载软件过程中安装木马，批量盗取用户的银行账号和密码，通过针对性"钓鱼"的方法，令用户防不胜防。

防范上面所列的诈骗手段，应该做到"三不一要"。

一是不轻信：就是不要轻信电话里、网络上的中奖信息等，要及时挂掉电话，不回复信息不给诈骗分子进一步展开圈套的机会。

二是不透露：就是要筑牢自己的心理防线，不要因小利而透露自己和家人的身份信息、存款、银行卡等。

三是不转账：了解银行卡常识，保证自己的资金安全，不向陌生人汇款、转账。

一要：就是要及时报案，一旦自己上当受骗后或听到亲戚朋友被骗，立即向公安机关报案，提供骗子的账号、联系电话等，以便公安机关破案。

（六）抓好恋爱群体的教育

对于大学生来说，他们离开家乡，失去了和家人朝夕相处的机会，在感情上会倍感孤独，渴望有异性的关爱来弥补自己情感上的空虚。处在青春期的大学生，生理发育基本成熟，对情感需要和异性接触的渴望是一种普遍现象。但是，由于大学生心理并不成熟，有的还没有形成正确的恋爱观，在恋爱过程中经常会出现这样那样的问题，尤其是在两个人感情出现危机时，往往会导致一些不理智行为的出现。一些大学生的恋爱动机并不是出于爱情本身，而是为弥补内心的空虚，同时伴有摆脱孤独或随大流的从众心理，个别学生因失恋导致苦闷、消极，甚至绝望和报复杀人。

案例1：2009年9月7日中午11时06分，一名年轻男子闯入某师范学院17栋女生宿舍730室，用菜刀将3名学生砍成重伤，随后纵身从7楼顶跳下。赶到的医护人员证实，跳楼者已经死亡。

据当地警方调查，跳楼者石某，22岁，十堰市郧县人，在江苏泰州打工。去年，石某与该校08级中文系学生杨某在火车上相遇，两人随后发展成恋爱关系。几天前，石送女友来校报到，与杨发生矛盾。警方说，石某因此怀恨在心，最终一时冲动酿成悲剧。

案例2：某年情人节，某市有两所高校，同一天有两名学生跳楼自杀，一男一女，男生跳楼主要因为女生不爱他，在电脑上留下遗书写道：我这辈子不能与你在一起，我下辈子也要跟你在一起。写好后从6楼跳下，造成终身残疾；另一所学校女生，其跳楼是因为自身怕别人不要她，也落得终身残疾的结果。两名学生的一时冲动给两个家庭带来了无尽的痛苦。

案例3：某高校一女生因拒绝前男友的纠缠发生争执，被刺中5刀，经医院抢救无效死亡，犯罪嫌疑人当场自杀未遂，此事件给双方家庭带来巨大的痛苦。男方已造成终身伤残，又要赔偿经济损失，还要受到法律制裁，真是一失足而成千古恨。

面对大学生的情感需求，学校既不能不闻不管不问，也不能单纯去堵，而是要进行教育和引导，应教育引导学生树立正确的婚恋观，正确处理好男女之间的情感问题。正确的婚恋是对对方负责的，面对失恋要自我调节好，千万不能丧失理智，更不要走极端。由于网络的虚拟性、隐匿性，要教育和引导学生不要轻易相信网恋，更不要轻率地与网友见面，以免被骗钱劫色，造成轻则失财失身、重则丧命的严重后果。

大学生青春健康教育已经成为高校教育不可回避的课题，这也是高校思想政治教育的必然要求，是高校德育教育工作不可或缺的有机部分，同时也是保障高校安全稳定和谐发展的重要基石。加强大学生青春健康教育，应做好以下几方面工作。

（1）成立青春健康教育机构。组织由学校分管学生工作领导做负责人，学工部、心理健康指导中心、各学院学管人员以及市级健康教育师资组成的教育机构，为青春健康教育提供组织保障、经费保障和业务保障。

（2）做好调查分析工作。对大学生进行问卷调查，了解学生对青春健康知识的了解程度和态度，以及他们所关注的青春健康教育问题，以提高青春健康教育的针对性和实效性。

（3）开展系统的健康教育。开展教育形式多样，教育内容丰富多彩，教育氛围轻松活泼的课堂教育活动，用组织参与式互动教学法，让学生对所学的知识能够深入、清楚地了解。同时采用专家讲座和同伴辅导教育相结合的方式，帮助他们树立正确的恋爱观和婚育观。

（七）抓好交通安全教育

目前我国高校交通安全教育还很不到位，学生交通安全知识非常欠缺，造成高校学生频频遭遇交通事故。高校必须加强对学生交通安全知识和交通安全法规的教育，学校要明确责任、落实任务，尤其要重视双休日、节假日期间对学生的交通安全教育。

背景链接：我国交通安全情况统计数据

> 根据中国交通部公路交通安全工程研究中心的资料，中国道路交通伤害死亡人数和死亡率均居世界前列，每年因交通事故所造成的经济损失达数百亿元。我国汽车拥有量仅占全示的 1.9%，但每年因道路交通事故死亡的人数却在 10 万人左右，相当于每年发生 1.5 次汶川地震，成为世界上因交通死亡人数最多的国家之一，此外我国平均每年还有 48 万人在交通事故中受伤，即每 1 分钟都会有一人因为交通事故而伤残，每 5 分钟就有一人丧生车轮，平均每年直接经济损失约 28 亿元。（资料来源：中国银河绿十字公众应急救援服务系统《2010 年中国意外伤害情况综述》）

案例 1：2007 年 1 月 22 日，某学校寒假已经开始，所有学生都已离校回家。傍晚，学校突然接到一位学生家长来电，报称机电专业 3062 班陈××同学车祸死亡。为此，学校马上组织分院书记和班主任前往陈××同学家探望。

据了解，2007 年 1 月 22 日下午五时左右，寒假休息在家的一年级机电专业 3062 班学生陈××同学，邀请了几个高中同学来其家中相聚。由于陈××

同学住在鄞州东吴镇上山塘村，没有直达的公交车到其家，因此他的2位同学下车后，由陈××同学用两轮摩托送同学回家。在鄞县大道由西往东行驶，当路经鄞州区宝童附近的宝瞻公路的一个隧洞时，为了超越前面一辆正在行驶的拖拉机，陈××同学加速从左侧超越，不巧摩托车被拖拉机后位挂钩挂倒翻车。由于惯性，陈××同学头部撞在拖拉机尾部，造成颅内大面积出血，在送往医院途中死亡，另外2位同学，一位手臂骨折，一位头部受轻伤。交警部门现场勘察，发现陈××同学属于严重违反交通规则，既不戴头盔，又属于无证驾驶，应负交通事故全责。正因为陈××同学属于无证驾驶，保险公司也不予办理赔偿手续。

这是一件让人心痛的交通事故，给陈××同学父母造成了难以弥补的身心创伤。在为陈××同学惋惜的同时，我们也感受到加强学生交通安全教育的重要性。从陈××同学安全事件来看，至少存在3个问题：其一，学生的交通安全知识不够，法规意识不是很强；其二，学生在心理上存在安全侥幸心理；其三，学生的家长也存在交通安全知识的盲区，看之任之，缺少安全教育的引导。

目前，无证驾驶摩托车、电瓶车现象较为普遍，特别是无证驾驶电瓶车现象更多。这说明人们的交通法规意识不强，存在着较多的安全隐患，交通安全教育任重道远。一些同学认为，驾驶摩托车、电瓶车就像骑自行车一样，驾驶的技术难度不大，一般不会出现安全问题，在心理上存在侥幸心理，他们不仅无证驾驶，而且也不戴头盔，这种现象不仅违法交通规则，而且也是很危险的。

案例2： 某校一女生与其他同学上街。因掉队喊叫同学，听到同学回应后不顾一切朝马路对面跑去，此时，一辆大卡车飞驰而来，从她身上碾压过去。终因伤势过重，不治身亡。事故经交警部门认定：该名女生违规横穿马路（不是斑马线），负主要责任；卡车驾驶员车速过快，刹车不及时负次要责任。

案例3： 某高校女生结伴饭后散步，走在后面一女生被飞驰而来的汽车撞伤。头颅被撞裂，脑浆流出，幸亏有一警车路过，被送往部队医院进行抢救。女生住院三个月，保住了生命，却落成了终身残疾，给家庭和本人带来了无尽的痛苦。

（八）抓好食品卫生安全教育

要从维护校园良好的市场经营秩序、维护校园的公平正义、维护校园稳定和社会稳定、保护广大师生身体健康的安全出发，抓好食品安全教育，拒绝社会外卖人员进入校园。由于进校外卖多是无资质的无证摊贩，饭菜卫生质量不容乐观。个别摊贩为牟取暴利，使用劣质食用油甚至地沟油，严重危害师生的身体健康。

无证摊贩进校外卖的危害

● 冲击正当学校经营户的经营

● 造成了大量白色垃圾

● 增加了学校后勤管理成本

● 影响了学生的身体健康和安全

● 引发了校外无证摊贩与学校的矛盾

● 造成了校园交通事故隐患

● 蔓延了学生懒散的不良风气

● 增加了校园的安全隐患

做好拒绝无证摊贩进校外卖工作，各部门必须协同配合，整体联动。

（1）宣传部门要加大舆论宣传力度，提高师生对无证摊贩进校外卖危害性的认识，确保不再预订外卖。

（2）社区中心、宿管员要在每个公寓楼张贴宣传标语，宣传无证摊贩和进校外卖的危害。

（3）后勤公司要管理好生活区，防止无证摊贩翻墙外卖。

（4）后勤部门的宿管员要禁止外卖进入学生公寓宿舍楼。

（5）学生处、社区中心禁止学生参加未经许可的经营性活动，严肃处理学生在组织外卖活动中的盈利行为。

（6）各学院要召开学生主题班会进行学习讨论，统一思想，提高认识认识。

（7）后勤部门、后勤公司要督促食堂经营户饭菜质量，确保价廉物美，吸引学生到食堂就餐。

（8）学生处、社区中心、后勤公司要明确禁止学生在寝室吃饭。

（9）保卫部门要加强校园大门的管理，严禁无证摊贩和进校外卖。

（10）保卫处要督促保安人员在就餐时间加强在生活区的巡逻。

（九）抓好重大活动和重点时段的安全教育

要抓好重大活动预警，对举办数百人以上特别是千人以上的大型群体性活动，一定要事先进行报告，获得批准。同时要深入细致做好工作，防止群体性踩塌事件和其他意外事件的发生。要抓好重点时段的预警，围绕全国、省、市"两会"时、各级党代会时、学校开学初期、学生毕业离校时、新生入学时、放假前、考试前后、季节交替前后，以及五一、五四、六四、一二·九等重要时段，有计划有重点有针对性地抓好维稳工作。

（十）抓好管理安全教育

高校的内部管理是一个系统工程，它包括教学、科研、组织、人事、宣传、行政、学生工作、保卫、后勤等方面。各个方面的管理都是这个系统工程的重要一环，无论哪个环节出问题，均可能成为学校突发事件的导火索。

要加强对高校实验室易燃、易爆、剧毒、致病微生物、麻醉品和放射性物质等危险品的管理。加强对寒暑假期校园公共场所和设施的管理，对假期不开放的场所和设施要予以封闭并定期巡查，确需开放的场所和设施要确保安全运行。要加强对各类考试、命题、推先、评优、入党、参军、实习、就业等工作环节的管理，特别是对涉及每一个学生利益的考试，严防考试前试题泄露、考试时试卷拿错、考试后人情打分，严格实行"阳光工程"，确保公平、公正。要加强春季传染病的监测和防控，严密关注学生的身体健康状况，防止传染病疫情的发生。只有在平常加强管理中，努力消除突发事件的各种诱因，才能切实维护高校稳定。

要加强对学生非法持有管制刀具的收缴和管理工作。学生持有非法管制刀具是引发校园违法犯罪，直接影响校园安全稳定的重要诱因之一。要通过各种途径加强教育，让广大学生充分认识到什么是管制刀具，非法持有管制刀具的危害性和收缴管制刀具的意义；各院系组织自下而上的收缴工作，并将收缴的刀具统一上交；校综治办组织保卫处、学生处、团委等单位，分时分批，对学生宿舍进行检查，把管制刀具的清理工作落到实处。

三、教育要求

思想政治教育工作要讲新话、实话、真话，不讲人云亦云的旧话、照本宣科的套话、口是心非的假话。

（一）要"防患于未然"，不违规使用电器

热得快、电水壶、电热毯都是隐患。在已查明的火灾原因中，90%以上是由违反消防法律法规、违反消防安全人为造成的。要针对学生普遍使用"热得快"、电热毯，以及上课时电脑未关闭、电插板插座过多易发生火灾的情况，切实加强防火灾教育，经常开展安全大检查活动，坚持自查与互查相结合、日常查与突击查相结合、普遍查与抽查相结合、白天查与夜里查相结合，从源头上防范遏制火警。

案例1：2001年12月17日，四川某大学一研究生宿舍发生火灾，失火原因为台灯使用时间过长引燃床单。

案例2：2002年11月6日，西安某大学学生宿舍失火，原因是使用电炉做饭，跳出的明火点燃地上报纸造成火灾。

案例3：2003年9月12日，北京某大学学生宿舍发生火灾，是由于使用"热得快"烧水所致。

（二）要提高警惕，不粗心大意

学生在平时生活中要做到以下几点。

（1）要关好窗户、锁好门，养成随手关窗、随手关门的良好习惯。

（2）要保管好自己的钥匙，不能随便借给他人或乱丢乱放，以防人复制或伺机作案。

（3）要遵守宿舍管理规定，宿舍不留宿外来人员。

（4）要妥善保管现金、贵重物品，不要随意放置在桌上、床上等显眼的位置。

（5）要做好手提电脑的防盗措施，不要抱侥幸心理。

（6）要在就寝时关好门窗，不要开门开窗就寝。

被盗事件

案例：（自盗）2007年4月27日（恰逢周末）下午1时许，金××伙同校外身份不明无业人员，经2次踩点后，趁院内×楼211寝室同学不在之机，从该室卫生间窗户翻窗入内，盗窃同班同学的手提电脑一台，价值7000余元，旋即离开学校，将窃得的手提电脑以1000元的价格出售于电脑市场，自己分得赃款700元。金××自2005年入学以来，乘同学不备，多次顺手牵羊，将同学们放在桌子上、床上等处的财物窃为己有，先后伙同他人盗窃同学的手机5部，价值5000余元。

被骗事件

案例：2010年10月23日下午4点左右，一名类似大学生的女性进入浙江某学院女生所住的11号楼312寝室，该女生自称原是××学院大三的学生，现是某公司经销商，为了提高学妹的自主创业能力，来给大家批发海飞丝品牌的洗发水和沐浴露等产品，供同学们销售，做得好还可以加学分，一名屠××同学对此人说的话最感兴趣，并决定要进货六箱，（这是起购数量），并交付了1800元，当从校大门外提货回到寝室后，与真洗发水一比较，才知上当受骗了。再到学校大门去见人，早已不见人影，这时才知"学姐"原来是骗子。

被抢事件

案例：2005 年 2 月的一天，某高校学生董某和女朋友学生王某，吃完晚饭后，从学校出来，到本校高教园区的绿化带里去玩。走的是一条小路，经过了一座桥，坐在一条小河旁。聊着聊着，到了晚上 10 时左右，从他们后面走来 4 个男人，把他们围在当中，其中 2 个人好像还带着刀之类的东西，叫他们拿出手机和钱，并吓唬他们："如果不识相，叫你们放点血。"被迫之下，男学生只得拿出了一只诺基亚 3100 深蓝色彩屏手机和仅有的 250 元钱。2 人把手机卡还给了他，抢了钱和手机后，4 人分两路朝不同的方向逃了。当时他们吓呆了，清醒后，虽大声叫唤被抢了，但 4 人已逃得不知去向。

（三）要谨慎交友，不轻易与网友见面

由于网络的虚拟性、隐匿性，要教育引导学生不要轻率与网友见面，以免被人骗钱劫色，造成轻则失财失身、重则丧命的后果。

案例：某高校 1 名男同学，在网上结识了 1 位大学女生，2 人网上聊得十分投机，大有相见恨晚之感。当年暑假这位女大学生突然来到该校与男生见面，在男同学这里吃住玩了半月有余，将男同学勤工俭学积攒的 3500 元花得所剩无几。后来这位女生突然离去，从此杳无音信。不久，校保卫部门接到某市公安局的一份通缉才发现，原来这位女学生根本不是什么大学生，而是 1 名在逃罪犯。

（四）要学会自我保护，不轻信他（生）人

大学生由于社会经验不足，明辨是非能力不强，思想比较单纯，在与不熟人交往中要有自我保护意识，在不了解对方底细情况下不要轻易相信对方，如一定要与不熟悉人见面，也要告诉老师和同学，发现情况不对要想方设法离开，或寻求老师和同学帮助，避免受到伤害和发生恶性后果。

案例 1：某高校的一个女生，认识了一个男子。该男子自称在某市某县公安局工作，此女生就过去见面，并到一风景区游玩，并一起去宾馆开房间。后来才知道这一男子是一个骗子，最终，该女生跳河自杀。

案例 2：蔡某，女，某高校成教学院，信管专业学生。2002 年 5 月 21 日，她与 2 名同学一同前往某建筑公司应聘，经面试，蔡某被录用，并被告知 5 月 29 日去上班。5 月 26 日晚 8 点多，蔡某接到该公司经理王某电话，要求去陪唱歌，蔡心存疑虑，提出可否带同学同往，王坚持只要蔡一人去，8 点半左右，王开车来学校门口接蔡。为防不测，离校前蔡请另外 2 个同学晚上务必给她打电话。

王把蔡带到某酒店3楼包厢，这是包厢内已坐了4男4女。王执意要蔡陪他们喝酒、跳舞，蔡说不会，但王还是让蔡喝了6杯酒。蔡因酒量不好，渐渐感到体力不支，多次催王送她回学校，王不为所动。晚上10时10分许，蔡想以上厕所的名义脱身，王才说送她回去。在返回途中，蔡的同学打来传呼，蔡借王的手机告诉同学正在返回学校途中，话音未完，王夺过手机告诉蔡的同学"她晚上不回去了"，并将手机关机。随后王将神志模糊的蔡带到某饭店1017房间，对蔡某施暴。后因蔡某本人的反抗和同学的及时赶到，王才没有得逞。

（五）要保持理性，不参加聚众斗殴、起哄

大学生正处于风华正茂、意气风发的青春年少时期，在处理事情时容易意气用事，一旦遇到一些小矛盾、小问题就有可能引发打架斗殴事件，甚至出现打群架，造成重大人身伤亡。对学校造成了恶劣影响，对学生家庭和学生自身也造成很大危害。

案例1：某年某月的一天中午，张××在教室休息。王××想听音乐，音量较大，影响张××休息，张要求王音量调小一点，王不肯调，张××走到讲台，把音量调低，王××认为音量低了效果不好，走上去又把音量入放大。如此两个来回，张××上来给王××一个巴掌，又把音量调低，当时王××没有反应。到第二天中午，王××纠集了社会上的几个小混混来到校园外，要把张××叫去说清楚。到了校外，动手就打。结果，张××头颈被割了一刀。王××被警方以故意伤害罪被逮捕，赔款张××医药费31000元。

案例2：2010年4月7日晚6点半左右，某高校江安校区某学生宿舍内，经济学院2008级同班同寝室两名本科男生发生争执，其中一男生陈某用手中水果刀伤及另一男生王某右侧颈动脉血管。现场救治的医生做紧急处理后送往医院抢救，但伤者终因失血过多抢救无效死亡。

（六）要明辨是非，不参加非法宗教活动

西方一些国家利用宗教对抗和削弱马克思主义的意识形态。美国前国务卿舒尔茨明确说过：从宗教信仰到政治行动只有一小步距离。所以西方敌对势力对我一直封锁技术、经济，但从来不封锁宗教，并一直利用宗教反华，如支持达赖喇嘛谋求西藏独立，鼓动"法轮功"邪教分子闹事。

当代大学生应该高度重视邪教可能带来的严重危害，认清"法轮功"等邪教组织反科学、反社会、反人类、反政府的本质，提高识别和防范形形色色邪教的能力。要发挥思想政治理论课在教育引导学生正确认识和对待宗教问题上的主渠道作用，在师生中加强马克思主义无神论、宗教观和党的宗教政策教育，揭露境外敌对势力以宗教为名进行渗透、颠覆和破坏活动，揭露其与我争夺青年一代的反动图谋，提高大学生抵御宗教渗透的意识和能力。

严禁在高校教育教学活动中传播宗教，严禁在校园举行宗教活动，严禁在高校成立宗教团体和组织，严禁学生参加非法宗教组织和非法宗教聚会活动。

个别高校学生存在参与外来人口非法宗教聚会现象。一是近年来外来人口非法宗教聚会趋增，组织者大多集中在外来人口聚集、出租房密集的城郊结合部；二是外来人口非法宗教活动有向同乡高校学生渗透趋势；三是讲道人员素质高低不一，容易使参与人员迷失方向、走上不健康或非法的宗教信仰道路。

背景链接1：邪教的基本特征

（1）打着宗教、科学的幌子编造歪理邪说；（2）神化邪教头子，进行精神控制；（3）建立地下组织，进行非法活动；（4）不择手段地骗敛钱财；（5）反对政府，仇视社会；（6）宣扬"末日来临"。

背景链接2：对大学生信教问题的观点

（1）人人有信仰的自由；（2）学校是育人的地方，而不是传教之地；（3）禁止在校内从事任何传教活动；（4）要到政府指定场所活动；（5）决不能在校园周边任何场所从事非法宗教活动。

案例：某高校发生散发"法轮功"光盘案。2002年2月11日下午4时左右，在某高校学生宿舍门口，一位35岁左右，身穿淡绿色上衣，中等身材，圆脸，讲南方口音普通话的妇女，提着手提包，向学生打听该校艺术系有无某老师，当学生回答没有时，她从口袋里拿出1盒普通光盘送给学生。该生拿到宿舍的电脑上播放后，发现是"法轮功"人员就天安门事件讲明"真相"的"法轮功"宣传光盘，就及时上交给学校保卫处，该处立即向公安局报告。

（七）要树立正确的恋爱观，不轻率地谈恋爱

大学生处于青春懵懂时期，对大学生活充满的憧憬与希望；对大学里美好的爱情更是充满了向往与期待，拥有一份美好的爱情，是很多学生一入学就许下的一个愿望。但是大学生由于心智发育并不成熟完善，不懂得如何处理与异性的关系，在高校中经常发生因感情问题而产生的各种问题。很多学生谈恋爱并不是因为爱情本身，很多时候都是为了恋爱而恋爱，甚至是因攀比心理而恋爱。这种恋爱观是对自己的不负责，更是对别人的不负责，这种合得来就好、合不来就散的恋爱观是青年学生不成熟的表现。大学生应当树立正确的恋爱

观，对恋爱抱有一颗平常心，而不必急于追求。要本着对己对人负责的精神，来寻找自己的爱情，切不能丧失理智，轻率与人恋爱。

（八）要学会避险，不在夜间独自一人外出

社会治安环境复杂，学校又多处于城乡结合部，一个人夜间外出，特别是女生外出不安全。夜间外出要结伴而行，要尽量走明亮、行人较多的大道。不要单独在偏僻、阴暗的林间小道上行走，避开无人之地。尽量不找陌生人带路，发现有人尾随时，要保持冷静，改变原定路线，朝人多、光线亮的地方走去。

案例1：2004年8月5日晚8时30分左右，某学院学生陈某（女）从市区回学校。在思源路上，陈某拿出手机，边走边打电话。与同学聊得正起劲时，突然从公园旁边蹿出4个身份不明的人，抢走了她的手机，得逞后迅速逃跑，消失在夜幕中。

案例2：2007年3月30日晚上，某市一高校学生申某去看望住在××村的好朋友。当时天色渐暗，路上十分空旷。申某一个人走在去××村的路上，远远看见有2辆摩托车迎面骑过来，车速很快。摩托车越骑越近，骑车的是2个年轻小伙子，穿着很像混混。申某一点也没多想，但是正当摩托车快接近申某的时候，忽然有一只手伸过来，申某感觉好像被撞了一下，等她回过神来，才发现自己的包被刚才那2个人抢去了。她大声疾呼："抢劫！"但四周空旷，路上没有一个行人经过。

（九）要提高自控能力，不沉迷于网络

随着网络时代的到来，网络对人们生活的影响越来越大。网络就像是一把"双刃剑"，在方便了人民生活的同时，也给人们生活带来了一些负面影响。对于缺少自制能力的学生来说，网络危害尤为严重。很多大学生整天沉迷于网络的虚拟世界，造成学业荒废，甚至影响到学生的身心健康。很多学生把自己的业余时间全部投入到网络游戏中，甚至逃课打游戏。他们这样无节制的上网，打乱了正常的作息习惯，严重危害大学生的身心健康。由于长期沉迷于网络，生活非常自闭，造成了他们对现实世界的恐惧，开始不适应现实生活。这也给社会、家庭造成了严重危害。

案例1：某高职院校的大一学生×××，是2005级留级生，学习成绩一般，并经常旷课、逃学。开学第一天，班主任点名时就不见他的影子，同寝室的同学说他上网去了。第二天上课，任课教师向班主任反映，他没去上课。班主任去网吧找到他，同他谈心，了解到他旷课的原因是沉溺于网络。由于经常上网，学习成绩差，导致了留级。但留级后，他依然热衷于上网，并经常旷课逃学。班主任多次对他进行批评教育，耐心劝导，并多次通知其家长进行配合教育，而且他本人也多次写下保证书，但结果还是一切照旧。他告诉班主任，如果有几个小时不上网，他就会变得焦躁不安，不可抑制的想上网，时刻担心自己错过了什么，甚至晚上做梦也是关于网络。他一上网就会忘记一切，变得废寝忘食。早上起床后，情绪低落、思维迟缓、头昏眼花，双手偶尔颤抖和食欲不振。他性格孤僻，不喜欢与他人交往。

（十）要热爱生命，不自寻短见

生命的独特性表现在其唯一性、不可逆转性，一旦丧失就永远不可挽回。近年来大学生自杀、他杀事件也有上升趋势。

人世间最宝贵的是生命，生命对每个人来说只有一次，生命是一切活动和价值的源泉，离开了生命一切都无从谈起。人的生命是一切社会活动和事业的基本体，是大学生成才的基础，大学生在大学期间一旦失去生命，不但个人的生命价值得不到体现，社会、学校、家庭都将付出沉重的代价。大学生要认真体会生命的伟大之处，体验生命的美好，感受生命的来之不易，从而拥有一颗珍惜生命的美好心灵。现在一些大学生缺少正确的生命观，面对社会挫折时，往往想不开、抱怨社会不公，甚至做出极端的事情——自杀或者杀害他人。高校要引导大学生认识生命的不可替代性和不可逆转性，从而更加珍视生命；引导大学生认识生命的脆弱性和一维性，从而更加敬畏生命；引导大学生认识生命的社会性，从而更加尊重生命；引导大学生认识生命的有限性，从而更加善待生命；引导大学生认识生命的本质，从而创造更大的生命价值。大学生要活出每天的风采，追求完美的人生。不能一遇到困难和挫折就自寻短见，结束生命。在南京燕子矶的险要处有一石碑，正面写着几个大字"想一想，死不得"，碑的后面则刻着几行小字："人生在世，酸甜苦辣寻常事，人在遇到困难时，要想得开，看得远。人生为一大事而来，应当完成一件大事而去。你年纪轻轻，有国当报，有民当爱，岂可轻死。死有重于泰山，轻于鸿毛。与其为个人的事投江而死，何不为乡村教育，为三万万五千万同胞做一件有意义的事呢？"

案例1：某高校文秘专业学生裘某，因厌世，于凌晨4点在宿舍楼过道走廊跳楼自杀。该生喜欢尼采、叔本华、三毛等的文章，平时思想古怪。在留给父母、老师和同学的遗书中，她把自己比作是一只蚂蚁，觉得人活着没有意义。

案例2：章××，女，大三学生，学习用功，非常聪明，成绩很好。但是，该生性格内向、孤僻，不善言语，不会处事，很少与人交往。大三学业日益繁重，章某经常上课注意力无法集中，脑子一片空白，考试压力增大，自信心逐步减弱。考虑到如今工作难找，自己长相一般，身材不好，担心以后的日子会很糟糕，整天意志消沉，郁郁寡欢。有一次，她与室友发生了争执，很受刺激。她将该事向其男友倾诉，她男友觉得她是小题大做，并不理解她，于是她觉得自己一无是处，没人看得起她。某日，她独自离校出走，在一栋高层住宅小区跳楼自杀。

做到珍爱生命，是对己负责，对人负责，对家庭负素，对社会负责。

从自身讲，大学生在大学期间一旦失去生命，从小学中学至大学期间长达一二十年的努力和艰辛将付诸东流，自身多少美好的希望、理想、追求以及对家人老师的承诺将断送。

从家庭讲，大学生在大学期间一旦失去了生命，家庭就会面临破碎，家长就会面临中年丧子的痛苦，就会毁灭了他们心中多少美好的梦、美好的期待。

从社会讲，大学生在大学期间一旦失去了生命，给国家、社会带来了重大损失。国与国之间的竞争是人才的竞争，我国在新世纪要将人力资源大国转变成人才资源强国，要培养越来越多的大学生。大学生是先进生产力的代表，掌握先进的文化知识，走上社会就要为国家为社会作出贡献。我们一定要从生命的层面来理解安全的重要性。

背景链接：大学生自杀倾向调查

1999年，北京师范大学纪宏教授在1378名大学新生中做过一份调查，结果显示：偶尔有自杀想法的学生占调查总人数的25%，经常有此想法的占7%。2004年有人对来自成都某高校的2004级研究生自杀倾向进行问卷调查：该校被访问的1560名研究生中，有1人表现出严重的自杀倾向，同时有9人存在中度自杀倾向。北京联合大学信息学院02级学生程小龙在北京联合大学、对外经贸大学、北京中医药大学和北京化工大学发放了200张问卷，调查大学生自杀状况，在收回的189份有效问卷中，有近1/3的被调查者承认自己曾有过自杀念头。而据北京高校大学生心理素质研究课题组的报告显示：有超过60%的大学生存在中度以上的心理问题，并且这一数字还在继续上升，大学生中常见的心理障碍有抑郁、焦虑、强迫症、人际关系敏感、睡眠障碍、网络及游戏成瘾、物质滥用等。2004年，华中科技大学社会学系陈志霞等人运用"自杀态度调查问卷"，采取分层抽样方式，对1010名大学生的自杀意念与自杀态度进行调查，结果发现有过轻生念头的学生占10.7%。

本章小结

高校突发事件应对的思想教育

教育背景	思想政治教育面临的挑战	●全球化发展带来的挑战 ●市场化发展带来的挑战 ●信息化发展带来的挑战 ●灌输化教育面临的挑战
	大学生思想政治现状分析	●"六强"凸现主流向上 ●"六弱"体现思想偏差 ●六个最为关注的问题
教育内容		●抓好核心价值体系教育 ●抓好自然灾害安全教育 ●抓好消防安全教育。 ●抓好心理问题学生教育 ●抓好网络安全教育 ●抓好恋爱群体的教育 ●抓好交通安全教育 ●抓好重大活动和重点时段的安全教育 ●抓好管理安全教育
教育要求		●要"防患于未然",不违规使用电器 ●要提高警惕,不粗心大意 ●要谨慎交友,不轻易与网友见面 ●要学会自我保护,不轻信他(生)人 ●要保持理性,不参加聚众斗殴、起哄 ●要明辨是非,不参加非法宗教活动 ●要树立正确的恋爱观,不轻率谈恋爱 ●要学会避险,不在夜间独自一人外出 ●要提高自控能力,不沉迷于网络 ●要热爱生命,不要想不开自杀

第八章

高校突发事件应对的保障体系

高校安全稳定工作：

不是小事，而是大事；

不是上级的事，而是自己的事；

不是一时的事，而是长远的事。

——作者的话

一、组织保障

（一）建立健全高校突发事件组织领导机构

要建立健全集中统一、反应快捷、运转高效、坚强有力的指挥机构，要建立由市委办、市府办、市教育局、市公安、市综治、市卫生、市文化等成员单位组成的领导小组，所有参加的成员单位领导必须是各单位的"一把手"，而不是现在实际实施过程中的副职负责制。要从做好突发事件应对出发，进一步构建上下贯通、内外衔接、协调运行的工作格局。各部门必须牢固树立"一盘棋"思想，发挥各部门的职能优势，做到整体联动，不失信、不错位、不越位，形成应对危机的合力机制，确保一旦有事，能够有效组织、快速反应、高效运转，共同应对和处置突发事件。处置突发事件和稳定工作方面的程序和步骤是院系领导→学校党政领导→市委教育工委和市公安局领导→市高校工作领导小组和市政法委领导→市委市府党政主要领导。

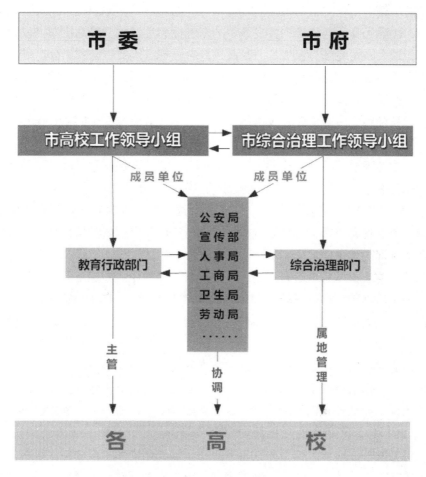

图 8 - 1 高校突发事件预警管理体制

（二）建立健全高校突发事件基层组织建设

古语云：欲流之远，必先浚其源；欲树之高，必先固其根。抓基层，才能强根固本；抓基层，就是抓大事，抓全局。高校要建立健全应对突发事件领导机构，各二级分院和保卫、学工、宣传、团委、后勤等相关部门参加，由学校党政一把手任组长，做到主要领导亲自抓，分管领导具体抓，其他领导配合抓，各部门共同抓，一级抓一级，层层抓落实，形成多层次、多形式、分工明确、职责清晰的学校维稳工作网络。一是高校应急管理组织要进院系，按照"谁分管、谁负责"的原则，层层分解任务，层层落实责任，将维稳工作部署落实到每个基层单位，落实到每个岗位。二是高校应急管理组织要进班级。班级是高校教学工作的最前沿，要把突发事件的应对工作做到每一个班，每一个学生，让学生真切地认识到突发事件的影响性和危害性，提高应对突发事件的能力，最大限度地减少损失。三是高校应急管理组织要进公寓。公寓是学生的日常生活与学习的重要场所，学生集中程度高，公寓的安全不仅关系到学生的人身财产安全，而且关系到学校正常的教育和生活秩序，学生公寓由于具有特殊性和复杂性，做好应急管理组织进公寓，是做好公寓安全的重要途径。

（三）建立健全高校突发事件考核问责机制

学校各级干部特别是领导干部，要树立科学的发展观和正确的政绩观，树立"生命高于一切"、"稳定压倒一切"、"责任大于一切"的思想，切实担负起"保一方平安"的政治责任。领导有职就有权，有权就有责，有责就要负责，出了事就要担责，这是职责所系，更是法律要求。要严格落实从上到下的一把手负责制和责任追究制度，明确每一项工作的责任人、目标任务、完成时限和基本要求，形成事事有人干，件件有着落的格局。要建立和完善科学规范的考核评价机制，实行述职考评的业绩与"乌纱帽"挂钩，充分发挥考评的"镜子"、"尺子"、"鞭子"、"帽子"的作用，使各级干部在维稳工作中，头上有"紧箍咒"，心中有大目标，手里有"时间表"。对因领导不力、工作不落实，造成重大恶性案件、重大群体性事件和重大治安事故的，要严肃追究其责任。对工作出色的个人和部门要给予表扬和奖励，对工作不力的个人与部门要给予指出和批评，以提高广大教职工做好这一工作的积极性和责任感。

（四）建立健全高校突发事件工作落实机制

对突发事件应对工作，光进行部署还不够，还要抓工作的落实，任务部署了不等于工作就落实了。要有职能部门组织人员进行严格的督察，强化全程跟踪督查，彻底摸清不落实的"病灶"，找准不落实的"病因"，盯住不落实的事，查清不落实的人，开出治疗不落实的"处方"，对督查出来的问题要限期整改，确保各项工作任务落到实处。重点落实"八个有"，即有一套有效的安全教育工作制度；有每月一次的思想动态研判机制；有一套结合本校实际的高校突发事件的应对预案；有一套应对突发事件的方式和流程；有一套每月分析排摸、化解矛盾的工作机制；有一个集人防、物防、技防于一体的校园安全防范体系；有一套辅导员、信息员培训计划；有一套数据准确、要素完备、反映工作全面的维稳工作台账资料。

二、队伍保障

"工欲善其事，必先利其器。"做好突发事件应对工作，必须要加强队伍建设。

（一）要健全队伍，确保"有人做事"

一要健全专家队伍。在应对高校突发事件工作中，要建立健全专家咨询制度，充分听取他们的意见，发挥专家学者在高校突发事件应对工作中信息研判、决策咨询、专业救助、事后评估等各方面的重要作用。

二要健全专业队伍。学校要建立健全由学生处、保卫处和后勤职能部门等组成的高素质专业队伍，在应对突发事件中确保这支队伍在关键时刻拉得出、用得上，为应对和处置突发事件提供强有力的保障。

三要健全基层队伍。发挥高校辅导员、班主任在应对突发事件中的作用，高校辅导员、班主任作为教师队伍的重要组成部分，最能及时掌握第一手信息，最能把握学生的思想情绪，最能了解学生的要求，最能贴近学生的情感。高校要认真落实中央和省委关于加强辅导员建设的各项政策，像重视业务学术骨干那样重视辅导员的选拔培养，像关心业务学术骨干那样关心辅导员的成长，最大限度地调动他们的积极性和主动性，要教育辅导员认清使命，加强专业修养，提高自身素质，努力成为大学生的挚友，学生工作的能手，思想政治教育的专家。

高校辅导员队伍在思想政治教育工作中的作用有以下几个方面。

（1）摄像头：高校辅导员与学生接触，接触面广，时间长，对学生情况掌握和了解最多，能及时捕捉到学生的信息，准确把握学生的思想动向。

（2）预防针：预防为主，教育为本。辅导员要加强对学生的教育，提高他们的思想认识，做好各项工作，消除引发突发事件的诱因，为学生成长成才创造良好的育人环境。

（3）镇定剂：高校突发事件发生之后，辅导员要第一时间到达现场开展工作，迅速了解情况，掌握和稳定学会的情绪，做好学生工作，管好自己的人，牢牢控制事态的发展。

（4）润滑剂：高校辅导员在应对处置突发事件的过程中，要讲究艺术，因案施策，既不能样样依学生，也不能和学生闹对立矛盾，而是晓之以理，动之以情，有效化解矛盾，为事件的及时、合理的解决创造条件。

（5）创可贴：突发事件过后，学生作为主体会受到影响，往往会产生心理问题，影响学生的情绪，产生不安定因素；高校辅导员要及时对这部分学生的心理做好辅导和沟通，防止出现新的意外。

（6）定海针：辅导员要成为学生"精神上的领袖"，突发事件发生后，要通过自身的言行给学生传递积极的信号，帮助他们树立信心。

（7）主心骨：辅导员是与学生接触最密切的人，也是学生最信任的人。面对高校突发事件，辅导员要冷静沉着，处置得当，引导的好，控制有力，使自己成为学生的主心骨。

（8）发令枪：高校辅导员平常要对学生有爱，要关爱学生，树立威信，在突发事件发生后，辅导员要充分运用自己的权利和威信，只要一声令下，学生能够听从指挥。

（9）缓冲器：在高校发生群体性冲突事件中，辅导员的特殊地位，往往能起到承上启下、协调左右的作用，维系并妥善处置好上下左右关系，起到缓冲器的作用。

（10）减压阀：由于辅导员是与学生最接近、最亲近的人，也最易得到学生的信任，一遇到突发事件，特别是政治性的群体性事件，辅导员在学生中往往能起到表达学生利益诉求、发泄不满情绪的减压阀作用。

（二）要加强学习，确保"有效做事"

加强学习，是提升思想政治教育的基础，也是做好应对突发事件工作的前提，新形势下要加强大学生思想政治教育，首要的任务就是要抓学习。有人说，大学的天空写满了"学"字，一小时为"学时"，半年为"学期"，一年为"学年"，教师叫"学者"，同学间叫"学哥"、"学妹"。学生钱为学所花，时为学所用。学习需要时间。富兰克林说，"时者，金也"。时间是一个最稀缺的元素，时间是无法积累的，它的供应是有限的，要挤时间学。天下第一等好事是读书，我们广大干部教师要对学生进行理想信念教育、安全法制教育、心理健康教育、挫折教育、谦让教育以及当前要开展的防毒品、防恐反恐等各种各样教育，需要包罗万象的知识，不一定很专，但必须要有一定的知识面。现在有些党员干部教师与学生对话的能力都很弱，特别是面对一"网"打尽的高科技社会，我们必须充分利用高科技，充分利用互联网开展思想政治教育和安全稳定工作。如现在学生习惯于用QQ群聊天。我们要掌握和运用这方面的技术，利用论坛和QQ群与学生聊天，掌握学生思想动态，并加以正确引导。只要学生喜欢运用高科技的形式，辅导员就要学会。这需要我们去追求新的知识，获得比学生更多的新知识，这样才能去教育他们，才有说服力。因此，勤学习是我们工作的第一需要。要把我们担负的工作作为一门学问来做，作为一项事业来做，作为一项追求来做，认真研究，以研究来推动工作，以研究来提升工作。

（三）要深入基层，确保"务实做事"

要沉到大学生中去，要融入到大学生当中去。有多个理由要求我们必须沉下去。第一，沉下去是和大学生交朋友、及时掌握信息的需要。有的信息需要到班干部和骨干学生中去了解，有的信息需要通过和广大学生交朋友才能了解；我们不仅要和少数骨干交朋友，而且要和广大学生交朋友，贴近学生的情感，了解学生的需求。有的干部教师不注意和广大学生交朋友，有时发生的事情，学校领导知道了，班主任辅导员自己还不知道。第二，沉下去是了解、发现和弘扬大学生感人事迹的需要。洪战辉式的大学生有不少，有许多自强不息、不畏艰辛、勇挑重担、勤奋学习、立志成才的先进典型。第三，沉下去是了解和掌握大学生先进思想的需要。大学生当中拥有着许多健康向上、取之不尽的思想养料，需要我们去认真吸取。第四，沉下去是了解、发现和解决大学生困难的需要。大学生中存在的学习困难、经济困难、情感困难、人际交往困难，需要我们去了解，需要我们去关爱，需要我们去解决，使学生思想上解惑，经济上解困，文化上解渴，心理上解压。

（四）要服务学生，确保"多做好事"

学生是学校的主体，没有学生，哪有教师。现在社会的一个重要理念就是服务第一，你服务得越多越好，说明你越有价值，越有水平。国外大学对学生的服务非常重视，在新生开学前的暑假里，只要该学生到学校的距离是2小时以内，学校就把这些学生叫到学校熟悉环境，了解每人的情况，根据个人的特长，需要换专业的，就尽可能满足学生的需求，真正做到以人为本。学校要转变观念，加强管理，还要创造条件。那种"你属我管，我就是管你的"认识是落后的。不能把学生看作消极的被管理对象，而是要为学生的发展提供充分的发展环境。美国原哈佛大学校长陆登廷说，最令哈佛大学骄傲的，不是培养了6个总统，培养了36个诺贝尔奖获得者，而是为每个学生提供了良好的充分的发展环境。我们要为学生成长成才服务，要体现爱心、责任心。课程设计要有利于培养学生的创新能力，为学生的发展服务。服务学生最起码要掌握三条：第一，要把学生的名字和人对上号，这点看起来很简单，真做起来很难，要努力去做；第二，要有学生和学生家庭的电话，一旦有突发事件能及时联系到人，并要把自己的号码告诉学生家长，保证家长有事能及时联系到学校；第三，要慎重处理犯错误的学生，要坚持以思想教育从严，组织处理从宽的原则，对犯错误学生如从严处理，把他推向社会，有可能毁了他的一生，也有可能使他从此仇恨社会，我们要从关爱学生出发，处理学生一定要慎重、慎重再慎重。

三、投入保障

要健全高校突发事件应急处置的投入保障机制，主要做好四个方面投入保障工作。

（一）要舍得在用人上投入，凸显人防抓落实

在"人防"工作上要做到三个"确保"。

第一，要确保人防队伍数量足。数量充足的人防队伍是高校安全稳定工作做好的基础和保证。现代高校学生人数一般达万人，又是一校多区，加之校园周边环境复杂，保卫校园的任务十分艰巨。保卫处的力量配备要与担负的工作任务相适应，人员配备不够，工作必然应付，不可能把工作做深、做细、做实，工作成效不可能明显，长期工作不到位，必然在安全稳定上出问题。

第二，要确保保卫人员素质高。高校安全保卫人员整体素质不高，职业荣誉感缺失，专业技能水平低下。要严格按照相关要求，配足、配齐校园安全保卫机构和专职保卫干部，做到保卫干部专职化，保安人员专业化，聘请有资质的专业保卫人员担任门卫工作。

第三，要确保保卫处长水平高。面对上万人学校和面临的严峻复杂的安全稳定形势挑战，必须配备高素质的人担任保卫处长。配强保卫处长、维稳办主任，确保保卫机构、维稳机构有权威有能力沟通上下左右，协调方方面面。对保卫处长的要求必须符合"三会一有"的条件："会写"，能好写出高水平的工作计划、工作总结和专题材料；"会讲"，能有条不紊地向各部门、各分院布置工作，向广大学生进行安全教育；"会做"，能把上级布置的安全稳定工作结合学校实际做好、做实、做到位，并做出特色。"一有"，就是要有责任心，能发现问题、并能提出解决问题的对策。这"三会一有"的条件缺一不可。只有配备了具备上述条件的人担任保卫处长，学校安全稳定的工作基础才会扎实。

（二）要舍得在物防上投入，凸显物防抓巩固

要防不测，保安全，就必须加强安全防范。物防是传统的防范手段，是安全防范的基础。物防是指通过对一些重点部门、重点场所按照一些必要的安全防范设施，改善防范条件。物防可以起到人防的辅助作用。一般说，安全防范设施牢固程度越高，安全作用就越大，安全系数就越高。按照物防抓巩固的要求，高校要着力加强物防建设，扎实做好基础防范工作，特别要加强对重点实

验室、财务室、办公室、教学楼、计算机房、图书馆、食堂、危险品仓储室，以及水电油气、通讯系统等重要部位、重要部门、重点场所的物防工作，严格落实铁门、铁窗、铁橱的要求，同时加强对物防设施的管理和维修，确保避免因物防不到位而发生事故和案件。

（三）要舍得在技防上投入，凸显技防抓提高

由于科学技术日新月异，不法分子的作案手段也越来越高明。这就必须运用现代科技，加强技防力量。技防就是要把现代科学技术应用到学校的安全保卫工作中。如可监视系统，它通过遥感摄像机及其辅助设备直接观看监控场所的情况，并通过图像记录下来，为日后处理提供了重要依据。又如，学校在安全防范中要采用门禁系统、入侵报警系统、巡更系统、求助报警系统、消防报警系统、机动车出入管理系统等多种高科技手段。这些现代科技设施具有全天候、全方位、灵敏度高、视野开阔、稳定性好的优点，弥补了传统人防、物防的不足，提高了校园防范能力和工作效率，威慑和制止了非法入侵盗窃等形式犯罪的发生，有效维护师生的人身、财物安全和学校的财产安全，及时准确地处置治安事件和突发事件，确保了学校的安全稳定。

长期以来，一些在技防设施上投入不足，甚至存在一些侥幸心理，认为能省就省，舍不得投入，结果造成一些学生公寓起码的消防设施无法保证，有的灭火器长期未更换，紧急安全指示灯没有，没有紧急疏散通道等。高校要拨出专项资金加强技防工作：第一，要安装阻性负载限电器或安装智能用电管理系统，使违章电器根本无法使用；第二，要在学生宿舍过道安装监控设备，防止电脑等学生财物失窃；第三，安装自动报警装置，当发生火灾、偷盗等事件时可及时报警，给学生紧急救护和逃生留有充足时间，救灾的及时性也可减少损失甚至避免损失。

（四）要舍得在经费上投入，凸显保障抓投入

高校作为一个重要的社会子系统，政府应当充分考虑高校的应急需求，把应对高校突发事件纳入政府管理之中，建立突发事件应对公共基金，做到经费预算制度化，一旦高校发生突发事件，政府就可按照高校的应急需求，下拨物资和提供资金的援助，确保高校有应急经费使用；高校应当建立突发事件的风险防范基金，用于对高校应急队伍的培训和应急设备设施的配置，既要保证有资金可用，同时又要保证资金用得好、有效益。

本章小结

高校突发事件应对的保障体系

组织保障	●要建立健全高校突发事件组织领导小组 ●要建立健全高校突发事件基层组织建设 ●要建立健全高校突发事件考核问责机制 ●要建立健全高校突发事件工作落实机制
队伍保障	●要健全队伍，确保"有人做事" ●要加强学习，确保"有效做事" ●要深入基层，确保"务实做事" ●要服务学生，确保"多做好事"
投入保障	●要舍得在用人上投入，凸显人防抓落实 ●要舍得在物防上投入，凸显物防抓巩固 ●要舍得在技防上投入，凸显技防抓提高 ●要舍得在经费上投入，凸显保障抓投入

附录一

文　件

附录1　中华人民共和国突发事件应对法

第一章　总　则

第一条　为了预防和减少突发事件的发生，控制、减轻和消除突发事件引起的严重社会危害，规范突发事件应对活动，保护人民生命财产安全，维护国家安全、公共安全、环境安全和社会秩序，制定本法。

第二条　突发事件的预防与应急准备、监测与预警、应急处置与救援、事后恢复与重建等应对活动，适用本法。

第三条　本法所称突发事件，是指突然发生，造成或者可能造成严重社会危害，需要采取应急处置措施予以应对的自然灾害、事故灾难、公共卫生事件和社会安全事件。

按照社会危害程度、影响范围等因素，自然灾害、事故灾难、公共卫生事件分为特别重大、重大、较大和一般四级。法律、行政法规或者国务院另有规定的，从其规定。

突发事件的分级标准由国务院或者国务院确定的部门制定。

第四条　国家建立统一领导、综合协调、分类管理、分级负责、属地管理为主的预警及应对处置体制。

第五条　突发事件应对工作实行预防为主、预防与应急相结合的原则。国家建立重大突发事件风险评估体系，对可能发生的突发事件进行综合性评估，减少重大突发事件的发生，最大限度地减轻重大突发事件的影响。

第六条　国家建立有效的社会动员机制，增强全民的公共安全和防范风险的意识，提高全社会的避险救助能力。

第七条　县级人民政府对本行政区域内突发事件的应对工作负责；涉及两个以上行政区域的，由有关行政区域共同的上一级人民政府负责，或者由各有关行政区域的上一级人民政府共同负责。

突发事件发生后，发生地县级人民政府应当立即采取措施控制事态发展，组织开展应急救援和处置工作，并立即向上一级人民政府报告，必要时可以越级上报。

突发事件发生地县级人民政府不能消除或者不能有效控制突发事件引起的严重社会危害的，应当及时向上级人民政府报告。上级人民政府应当及时采取措施，统一领导应急处置工作。

法律、行政法规规定由国务院有关部门对突发事件的应对工作负责的，从其规定；地方人民政府应当积极配合并提供必要的支持。

第八条　国务院在总理领导下研究、决定和部署特别重大突发事件的应对工作；根据实际需要，设立国家突发事件应急指挥机构，负责突发事件应对工作；必要时，国务院可以派出工作组指导有关工作。

县级以上地方各级人民政府设立由本级人民政府主要负责人、相关部门负责人、驻当地中国人民解放军和中国人民武装警察部队有关负责人组成的突发事件应急指挥机构，统一领导、协调本级人民政府各有关部门和下级人民政府开展突发事件应对工作；根据实际需要，设立相关类别突发事件应急指挥机构，组织、协调、指挥突发事件应对工作。

上级人民政府主管部门应当在各自职责范围内，指导、协助下级人民政府及其相应部门做好有关突发事件的应对工作。

第九条　国务院和县级以上地方各级人民政府是突发事件应对工作的行政领导机关，其办事机构及具体职责由国务院规定。

第十条　有关人民政府及其部门作出的应对突发事件的决定、命令，应当及时公布。

第十一条　有关人民政府及其部门采取的应对突发事件的措施，应当与突发事件可能造成的社会危害的性质、程度和范围相适应；有多种措施可供选择的，应当选择有利于最大程度地保护公民、法人和其他组织权益的措施。

公民、法人和其他组织有义务参与突发事件应对工作。

第十二条　有关人民政府及其部门为应对突发事件，可以征用单位和个人的财产。被征用的财产在使用完毕或者突发事件应急处置工作结束后，应当及时返还。财产被征用或者征用后毁损、灭失的，应当给予补偿。

第十三条　因采取突发事件应对措施，诉讼、行政复议、仲裁活动不能正常进行的，适用有关时效中止和程序中止的规定，但法律另有规定的除外。

第十四条　中国人民解放军、中国人民武装警察部队和民兵组织依照本法和其他有关法律、行政法规、军事法规的规定以及国务院、中央军事委员会的命令，参加突发事件的应急救援和处置工作。

第十五条　中华人民共和国政府在突发事件的预防、监测与预警、应急处置与救援、事后恢复与重建等方面，同外国政府和有关国际组织开展合作与交流。

第十六条　县级以上人民政府作出应对突发事件的决定、命令，应当报本级人民代表大会常务委员会备案；突发事件应急处置工作结束后，应当向本级人民代表大会常务委员会作出专项工作报告。

第二章　预防与应急准备

第十七条　国家建立健全突发事件应急预案体系。

国务院制定国家突发事件总体应急预案，组织制定国家突发事件专项应急预案；国务院有关部门根据各自的职责和国务院相关应急预案，制定国家突发事件部门应急预案。

地方各级人民政府和县级以上地方各级人民政府有关部门根据有关法律、法规、规章、上级人民政府及其有关部门的应急预案以及本地区的实际情况，制定相应的突发事件应急预案。

应急预案制定机关应当根据实际需要和情势变化，适时修订应急预案。应急预案的制定、修订程序由国务院规定。

第十八条　应急预案应当根据本法和其他有关法律、法规的规定，针对突发事件的性质、特点和可能造成的社会危害，具体规定突发事件预警及应对处置工作的组织指挥体系与职责和突发事件的预防与预警机制、处置程序、应急保障措施以及事后恢复与重建措施等内容。

第十九条　城乡规划应当符合预防、处置突发事件的需要，统筹安排应对突发事件所必需的设备和基础设施建设，合理确定应急避难场所。

第二十条　县级人民政府应当对本行政区域内容易引发自然灾害、事故灾难和公共卫生事件的危险源、危险区域进行调查、登记、风险评估，定期进行检查、监控，并责令有关单位采取安全防范措施。

省级和设区的市级人民政府应当对本行政区域内容易引发特别重大、重大突发事件的危险源、危险区域进行调查、登记、风险评估，组织进行检查、监控，并责令有关单位采取安全防范措施。

县级以上地方各级人民政府按照本法规定登记的危险源、危险区域，应当按照国家规定及时向社会公布。

第二十一条　县级人民政府及其有关部门、乡级人民政府、街道办事处、居民委员会、村民委员会应当及时调解处理可能引发社会安全事件的矛盾纠纷。

第二十二条　所有单位应当建立健全安全管理制度，定期检查本单位各项安全防范措施的落实情况，及时消除事故隐患；掌握并及时处理本单位存在的可能引发社会安全事件的问题，防止矛盾激化和事态扩大；对本单位可能发生的突发事件和采取安全防范措施的情况，应当按照规定及时向所在地人民政府或者人民政府有关部门报告。

第二十三条　矿山、建筑施工单位和易燃易爆物品、危险化学品、放射性物品等危险物品的生产、经营、储运、使用单位，应当制定具体应急预案，并对生产经营场所、有危险物品的建筑物、构筑物及周边环境开展隐患排查，及时采取措施消除隐患，防止发生突发事件。

第二十四条　公共交通工具、公共场所和其他人员密集场所的经营单位或者管理单位应当制定具体应急预案，为交通工具和有关场所配备报警装置和必要的应急救援设备、设施，注明其使用方法，并显著标明安全撤离的通道、路线，保证安全通道、出口的畅通。

有关单位应当定期检测、维护其报警装置和应急救援设备、设施，使其处于良好状态，确保正常使用。

第二十五条　县级以上人民政府应当建立健全突发事件预警及应对处置培训制度，对人民政府及其有关部门负有处置突发事件职责的工作人员定期进行培训。

第二十六条　县级以上人民政府应当整合应急资源，建立或者确定综合性应急救援队伍。人民政府有关部门可以根据实际需要设立专业应急救援队伍。

县级以上人民政府及其有关部门可以建立由成年志愿者组成的应急救援队伍。单位应当建立由本单位职工组成的专职或者兼职应急救援队伍。

县级以上人民政府应当加强专业应急救援队伍与非专业应急救援队伍的合作，联合培训、联合演练，提高合成应急、协同应急的能力。

第二十七条　国务院有关部门、县级以上地方各级人民政府及其有关部门、有关单位应当为专业应急救援人员购买人身意外伤害保险，配备必要的防护装备和器材，减少应急救援人员的人身风险。

第二十八条　中国人民解放军、中国人民武装警察部队和民兵组织应当有计划地组织开展应急救援的专门训练。

第二十九条　县级人民政府及其有关部门、乡级人民政府、街道办事处应当组织开展应急知识的宣传普及活动和必要的应急演练。

居民委员会、村民委员会、企业事业单位应当根据所在地人民政府的要求，结合各自的实际情况，开展有关突发事件应急知识的宣传普及活动和必要的应急演练。

新闻媒体应当无偿开展突发事件预防与应急、自救与互救知识的公益宣传。

第三十条　各级各类学校应当把应急知识教育纳入教学内容，对学生进行应急知识教育，培养学生的安全意识和自救与互救能力。

教育主管部门应当对学校开展应急知识教育进行指导和监督。

第三十一条　国务院和县级以上地方各级人民政府应当采取财政措施，保障突发事件应对工作所需经费。

第三十二条　国家建立健全应急物资储备保障制度，完善重要应急物资的监管、生产、储备、调拨和紧急配送体系。

设区的市级以上人民政府和突发事件易发、多发地区的县级人民政府应当建立应急救援物资、生活必需品和应急处置装备的储备制度。

县级以上地方各级人民政府应当根据本地区的实际情况，与有关企业签订协议，保障应急救援物资、生活必需品和应急处置装备的生产、供给。

第三十三条　国家建立健全应急通信保障体系，完善公用通信网，建立有线与无线相结合、基础电信网络与机动通信系统相配套的应急通信系统，确保突发事件应对工作的通信畅通。

第三十四条　国家鼓励公民、法人和其他组织为人民政府应对突发事件工作提供物资、资金、技术支持和捐赠。

第三十五条　国家发展保险事业，建立国家财政支持的巨灾风险保险体系，并鼓励单位和公民参加保险。

第三十六条　国家鼓励、扶持具备相应条件的教学科研机构培养预警及应对处置专门人才，鼓励、扶持教学科研机构和有关企业研究开发用于突发事件预防、监测、预警、应急处置与救援的新技术、新设备和新工具。

第三章　监测与预警

第三十七条　国务院建立全国统一的突发事件信息系统。

县级以上地方各级人民政府应当建立或者确定本地区统一的突发事件信息系统，汇集、储存、分析、传输有关突发事件的信息，并与上级人民政府及其有关部门、下级人民政府及其有关部门、专业机构和监测网点的突发事件信息系统实现互联互通，加强跨部门、跨地区的信息交流与情报合作。

第三十八条　县级以上人民政府及其有关部门、专业机构应当通过多种途径收集突发事件信息。

县级人民政府应当在居民委员会、村民委员会和有关单位建立专职或者兼职信息报告员制度。

获悉突发事件信息的公民、法人或者其他组织，应当立即向所在地人民政府、有关主管部门或者指定的专业机构报告。

第三十九条　地方各级人民政府应当按照国家有关规定向上级人民政府报送突发事件信息。县级以上人民政府有关主管部门应当向本级人民政府相关部门通报突发事件信息。专业机构、监测网点和信息报告员应当及时向所在地人民政府及其有关主管部门报告突发事件信息。

有关单位和人员报送、报告突发事件信息，应当做到及时、客观、真实，不得迟报、谎报、瞒报、漏报。

第四十条　县级以上地方各级人民政府应当及时汇总分析突发事件隐患和预警信息，必要时组织相关部门、专业技术人员、专家学者进行会商，对发生突发事件的可能性及其可能造成的影响进行评估；认为可能发生重大或者特别重大突发事件的，应当立即向上级人民政府报告，并向上级人民政府有关部门、当地驻军和可能受到危害的毗邻或者相关地区的人民政府通报。

第四十一条　国家建立健全突发事件监测制度。

县级以上人民政府及其有关部门应当根据自然灾害、事故灾难和公共卫生事件的种类和特点，建立健全基础信息数据库，完善监测网络，划分监测区域，确定监测点，明确监测项目，提供必要的设备、设施，配备专职或者兼职人员，对可能发生的突发事件进行监测。

第四十二条　国家建立健全突发事件预警制度。

可以预警的自然灾害、事故灾难和公共卫生事件的预警级别，按照突发事件发生的紧急程度、发展势态和可能造成的危害程度分为一级、二级、三级和四级，分别用红色、橙色、黄色和蓝色标示，一级为最高级别。

预警级别的划分标准由国务院或者国务院确定的部门制定。

第四十三条 可以预警的自然灾害、事故灾难或者公共卫生事件即将发生或者发生的可能性增大时，县级以上地方各级人民政府应当根据有关法律、行政法规和国务院规定的权限和程序，发布相应级别的警报，决定并宣布有关地区进入预警期，同时向上一级人民政府报告，必要时可以越级上报，并向当地驻军和可能受到危害的毗邻或者相关地区的人民政府通报。

第四十四条 发布三级、四级警报，宣布进入预警期后，县级以上地方各级人民政府应当根据即将发生的突发事件的特点和可能造成的危害，采取下列措施：

（一）启动应急预案；

（二）责令有关部门、专业机构、监测网点和负有特定职责的人员及时收集、报告有关信息，向社会公布反映突发事件信息的渠道，加强对突发事件发生、发展情况的监测、预报和预警工作；

（三）组织有关部门和机构、专业技术人员、有关专家学者，随时对突发事件信息进行分析评估，预测发生突发事件可能性的大小、影响范围和强度以及可能发生的突发事件的级别；

（四）定时向社会发布与公众有关的突发事件预测信息和分析评估结果，并对相关信息的报道工作进行管理；

（五）及时按照有关规定向社会发布可能受到突发事件危害的警告，宣传避免、减轻危害的常识，公布咨询电话。

第四十五条 发布一级、二级警报，宣布进入预警期后，县级以上地方各级人民政府除采取本法第四十四条规定的措施外，还应当针对即将发生的突发事件的特点和可能造成的危害，采取下列一项或者多项措施：

（一）责令应急救援队伍、负有特定职责的人员进入待命状态，并动员后备人员做好参加应急救援和处置工作的准备；

（二）调集应急救援所需物资、设备、工具，准备应急设施和避难场所，并确保其处于良好状态、随时可以投入正常使用；

（三）加强对重点单位、重要部位和重要基础设施的安全保卫，维护社会治安秩序；

（四）采取必要措施，确保交通、通信、供水、排水、供电、供气、供热等公共设施的安全和正常运行；

（五）及时向社会发布有关采取特定措施避免或者减轻危害的建议、劝告；

（六）转移、疏散或者撤离易受突发事件危害的人员并予以妥善安置，转移重要财产；

（七）关闭或者限制使用易受突发事件危害的场所，控制或者限制容易导致危害扩大的公共场所的活动；

（八）法律、法规、规章规定的其他必要的防范性、保护性措施。

第四十六条　对即将发生或者已经发生的社会安全事件，县级以上地方各级人民政府及其有关主管部门应当按照规定向上一级人民政府及其有关主管部门报告，必要时可以越级上报。

第四十七条　发布突发事件警报的人民政府应当根据事态的发展，按照有关规定适时调整预警级别并重新发布。

有事实证明不可能发生突发事件或者危险已经解除的，发布警报的人民政府应当立即宣布解除警报，终止预警期，并解除已经采取的有关措施。

第四章　应急处置与救援

第四十八条　突发事件发生后，履行统一领导职责或者组织处置突发事件的人民政府应当针对其性质、特点和危害程度，立即组织有关部门，调动应急救援队伍和社会力量，依照本章的规定和有关法律、法规、规章的规定采取应急处置措施。

第四十九条　自然灾害、事故灾难或者公共卫生事件发生后，履行统一领导职责的人民政府可以采取下列一项或者多项应急处置措施：

（一）组织营救和救治受害人员，疏散、撤离并妥善安置受到威胁的人员以及采取其他救助措施；

（二）迅速控制危险源，标明危险区域，封锁危险场所，划定警戒区，实行交通管制以及其他控制措施；

（三）立即抢修被损坏的交通、通信、供水、排水、供电、供气、供热等公共设施，向受到危害的人员提供避难场所和生活必需品，实施医疗救护和卫生防疫以及其他保障措施；

（四）禁止或者限制使用有关设备、设施，关闭或者限制使用有关场所，中止人员密集的活动或者可能导致危害扩大的生产经营活动以及采取其他保护措施；

（五）启用本级人民政府设置的财政预备费和储备的应急救援物资，必要时调用其他急需物资、设备、设施、工具；

（六）组织公民参加应急救援和处置工作，要求具有特定专长的人员提供服务；

（七）保障食品、饮用水、燃料等基本生活必需品的供应；

（八）依法从严惩处囤积居奇、哄抬物价、制假售假等扰乱市场秩序的行为，稳定市场价格，维护市场秩序；

（九）依法从严惩处哄抢财物、干扰破坏应急处置工作等扰乱社会秩序的行为，维护社会治安；

（十）采取防止发生次生、衍生事件的必要措施。

第五十条　社会安全事件发生后，组织处置工作的人民政府应当立即组织有关部门并由公安机关针对事件的性质和特点，依照有关法律、行政法规和国家其他有关规定，采取下列一项或者多项应急处置措施：

（一）强制隔离使用器械相互对抗或者以暴力行为参与冲突的当事人，妥善解决现场纠纷和争端，控制事态发展；

（二）对特定区域内的建筑物、交通工具、设备、设施以及燃料、燃气、电力、水的供应进行控制；

（三）封锁有关场所、道路，查验现场人员的身份证件，限制有关公共场所内的活动；

（四）加强对易受冲击的核心机关和单位的警卫，在国家机关、军事机关、国家通讯社、广播电台、电视台、外国驻华使领馆等单位附近设置临时警戒线；

（五）法律、行政法规和国务院规定的其他必要措施。

严重危害社会治安秩序的事件发生时，公安机关应当立即依法出动警力，根据现场情况依法采取相应的强制性措施，尽快使社会秩序恢复正常。

第五十一条　发生突发事件，严重影响国民经济正常运行时，国务院或者国务院授权的有关主管部门可以采取保障、控制等必要的应急措施，保障人民群众的基本生活需要，最大限度地减轻突发事件的影响。

第五十二条　履行统一领导职责或者组织处置突发事件的人民政府，必要时可以向单位和个人征用应急救援所需设备、设施、场地、交通工具和其他物资，请求其他地方人民政府提供人力、物力、财力或者技术支援，要求生产、供应生活必需品和应急救援物资的企业组织生产、保证供给，要求提供医疗、交通等公共服务的组织提供相应的服务。

履行统一领导职责或者组织处置突发事件的人民政府，应当组织协调运输经营单位，优先运送处置突发事件所需物资、设备、工具、应急救援人员和受到突发事件危害的人员。

第五十三条 履行统一领导职责或者组织处置突发事件的人民政府，应当按照有关规定统一、准确、及时发布有关突发事件事态发展和应急处置工作的信息。

第五十四条 任何单位和个人不得编造、传播有关突发事件事态发展或者应急处置工作的虚假信息。

第五十五条 突发事件发生地的居民委员会、村民委员会和其他组织应当按照当地人民政府的决定、命令，进行宣传动员，组织群众开展自救和互救，协助维护社会秩序。

第五十六条 受到自然灾害危害或者发生事故灾难、公共卫生事件的单位，应当立即组织本单位应急救援队伍和工作人员营救受害人员，疏散、撤离、安置受到威胁的人员，控制危险源，标明危险区域，封锁危险场所，并采取其他防止危害扩大的必要措施，同时向所在地县级人民政府报告；对因本单位的问题引发的或者主体是本单位人员的社会安全事件，有关单位应当按照规定上报情况，并迅速派出负责人赶赴现场开展劝解、疏导工作。

突发事件发生地的其他单位应当服从人民政府发布的决定、命令，配合人民政府采取的应急处置措施，做好本单位的应急救援工作，并积极组织人员参加所在地的应急救援和处置工作。

第五十七条 突发事件发生地的公民应当服从人民政府、居民委员会、村民委员会或者所属单位的指挥和安排，配合人民政府采取的应急处置措施，积极参加应急救援工作，协助维护社会秩序。

第五章 事后恢复与重建

第五十八条 突发事件的威胁和危害得到控制或者消除后，履行统一领导职责或者组织处置突发事件的人民政府应当停止执行依照本法规定采取的应急处置措施，同时采取或者继续实施必要措施，防止发生自然灾害、事故灾难、公共卫生事件的次生、衍生事件或者重新引发社会安全事件。

第五十九条 突发事件应急处置工作结束后，履行统一领导职责的人民政府应当立即组织对突发事件造成的损失进行评估，组织受影响地区尽快恢复生产、生活、工作和社会秩序，制定恢复重建计划，并向上一级人民政府报告。

受突发事件影响地区的人民政府应当及时组织和协调公安、交通、铁路、民航、邮电、建设等有关部门恢复社会治安秩序，尽快修复被损坏的交通、通信、供水、排水、供电、供气、供热等公共设施。

第六十条　受突发事件影响地区的人民政府开展恢复重建工作需要上一级人民政府支持的，可以向上一级人民政府提出请求。上一级人民政府应当根据受影响地区遭受的损失和实际情况，提供资金、物资支持和技术指导，组织其他地区提供资金、物资和人力支援。

第六十一条　国务院根据受突发事件影响地区遭受损失的情况，制定扶持该地区有关行业发展的优惠政策。

受突发事件影响地区的人民政府应当根据本地区遭受损失的情况，制定救助、补偿、抚慰、抚恤、安置等善后工作计划并组织实施，妥善解决因处置突发事件引发的矛盾和纠纷。

公民参加应急救援工作或者协助维护社会秩序期间，其在本单位的工资待遇和福利不变；表现突出、成绩显著的，由县级以上人民政府给予表彰或者奖励。

县级以上人民政府对在应急救援工作中伤亡的人员依法给予抚恤。

第六十二条　履行统一领导职责的人民政府应当及时查明突发事件的发生经过和原因，总结突发事件应急处置工作的经验教训，制定改进措施，并向上一级人民政府提出报告。

第六章　法律责任

第六十三条　地方各级人民政府和县级以上各级人民政府有关部门违反本法规定，不履行法定职责的，由其上级行政机关或者监察机关责令改正；有下列情形之一的，根据情节对直接负责的主管人员和其他直接责任人员依法给予处分：

（一）未按规定采取预防措施，导致发生突发事件，或者未采取必要的防范措施，导致发生次生、衍生事件的；

（二）迟报、谎报、瞒报、漏报有关突发事件的信息，或者通报、报送、公布虚假信息，造成后果的；

（三）未按规定及时发布突发事件警报、采取预警期的措施，导致损害发生的；

（四）未按规定及时采取措施处置突发事件或者处置不当，造成后果的；

（五）不服从上级人民政府对突发事件应急处置工作的统一领导、指挥和协调的；

（六）未及时组织开展生产自救、恢复重建等善后工作的；

（七）截留、挪用、私分或者变相私分应急救援资金、物资的；

（八）不及时归还征用的单位和个人的财产，或者对被征用财产的单位和个人不按规定给予补偿的。

第六十四条　有关单位有下列情形之一的，由所在地履行统一领导职责的人民政府责令停产停业，暂扣或者吊销许可证或者营业执照，并处五万元以上二十万元以下的罚款；构成违反治安管理行为的，由公安机关依法给予处罚：

（一）未按规定采取预防措施，导致发生严重突发事件的；

（二）未及时消除已发现的可能引发突发事件的隐患，导致发生严重突发事件的；

（三）未做好应急设备、设施日常维护、检测工作，导致发生严重突发事件或者突发事件危害扩大的；

（四）突发事件发生后，不及时组织开展应急救援工作，造成严重后果的。

前款规定的行为，其他法律、行政法规规定由人民政府有关部门依法决定处罚的，从其规定。

第六十五条　违反本法规定，编造并传播有关突发事件事态发展或者应急处置工作的虚假信息，或者明知是有关突发事件事态发展或者应急处置工作的虚假信息而进行传播的，责令改正，给予警告；造成严重后果的，依法暂停其业务活动或者吊销其执业许可证；负有直接责任的人员是国家工作人员的，还应当对其依法给予处分；构成违反治安管理行为的，由公安机关依法给予处罚。

第六十六条　单位或者个人违反本法规定，不服从所在地人民政府及其有关部门发布的决定、命令或者不配合其依法采取的措施，构成违反治安管理行为的，由公安机关依法给予处罚。

第六十七条　单位或者个人违反本法规定，导致突发事件发生或者危害扩大，给他人人身、财产造成损害的，应当依法承担民事责任。

第六十八条　违反本法规定，构成犯罪的，依法追究刑事责任。

第七章 附 则

第六十九条 发生特别重大突发事件，对人民生命财产安全、国家安全、公共安全、环境安全或者社会秩序构成重大威胁，采取本法和其他有关法律、法规、规章规定的应急处置措施不能消除或者有效控制、减轻其严重社会危害，需要进入紧急状态的，由全国人民代表大会常务委员会或者国务院依照宪法和其他有关法律规定的权限和程序决定。

紧急状态期间采取的非常措施，依照有关法律规定执行或者由全国人民代表大会常务委员会另行规定。

第七十条 本法自 2007 年 11 月 1 日起施行。

附录 2　国家突发公共事件总体应急预案

（国务院 2006 年 1 月 8 日发布）

1. 总则

1.1　编制目的

提高政府保障公共安全和处置突发公共事件的能力，最大程度地预防和减少突发公共事件及其造成的损害，保障公众的生命财产安全，维护国家安全和社会稳定，促进经济社会全面、协调、可持续发展。

1.2　编制依据

依据宪法及有关法律、行政法规，制定本预案。

1.3　分类分级

本预案所称突发公共事件是指突然发生，造成或者可能造成重大人员伤亡、财产损失、生态环境破坏和严重社会危害，危及公共安全的紧急事件。

根据突发公共事件的发生过程、性质和机理，突发公共事件主要分为以下四类：

（1）自然灾害。主要包括水旱灾害，气象灾害，地震灾害，地质灾害，海洋灾害，生物灾害和森林草原火灾等。

（2）事故灾难。主要包括工矿商贸等企业的各类安全事故，交通运输事故，公共设施和设备事故，环境污染和生态破坏事件等。

（3）公共卫生事件。主要包括传染病疫情，群体性不明原因疾病，食品安全和职业危害，动物疫情，以及其他严重影响公众健康和生命安全的事件。

（4）社会安全事件。主要包括恐怖袭击事件，经济安全事件和涉外突发事件等。

各类突发公共事件按照其性质、严重程度、可控性和影响范围等因素，一般分为四级：Ⅰ级（特别重大）、Ⅱ级（重大）、Ⅲ级（较大）和Ⅳ级（一般）。

1.4　适用范围

本预案适用于涉及跨省级行政区划的，或超出事发地省级人民政府处置能力的特别重大突发公共事件应对工作。

本预案指导全国的突发公共事件应对工作。

1.5　工作原则

（1）以人为本，减少危害。切实履行政府的社会管理和公共服务职能，把保障公众健康和生命财产安全作为首要任务，最大程度地减少突发公共事件及其造成的人员伤亡和危害。

（2）居安思危，预防为主。高度重视公共安全工作，常抓不懈，防患于未然。增强忧患意识，坚持预防与应急相结合，常态与非常态相结合，做好应对突发公共事件的各项准备工作。

（3）统一领导，分级负责。在党中央、国务院的统一领导下，建立健全分类管理、分级负责，条块结合、属地管理为主的预警及应对处置体制，在各级党委领导下，实行行政领导责任制，充分发挥专业应急指挥机构的作用。

（4）依法规范，加强管理。依据有关法律和行政法规，加强预警及应对处置，维护公众的合法权益，使应对突发公共事件的工作规范化、制度化、法制化。

（5）快速反应，协同应对。加强以属地管理为主的应急处置队伍建设，建立联动协调制度，充分动员和发挥乡镇、社区、企事业单位、社会团体和志愿者队伍的作用，依靠公众力量，形成统一指挥、反应灵敏、功能齐全、协调有序、运转高效的预警及应对处置机制。

（6）依靠科技，提高素质。加强公共安全科学研究和技术开发，采用先进的监测、预测、预警、预防和应急处置技术及设施，充分发挥专家队伍和专业人员的作用，提高应对突发公共事件的科技水平和指挥能力，避免发生次生、衍生事件；加强宣传和培训教育工作，提高公众自救、互救和应对各类突发公共事件的综合素质。

1.6　应急预案体系

全国突发公共事件应急预案体系包括：

（1）突发公共事件总体应急预案。总体应急预案是全国应急预案体系的总纲，是国务院应对特别重大突发公共事件的规范性文件。

（2）突发公共事件专项应急预案。专项应急预案主要是国务院及其有关部门为应对某一类型或某几种类型突发公共事件而制定的应急预案。

（3）突发公共事件部门应急预案。部门应急预案是国务院有关部门根据总体应急预案、专项应急预案和部门职责为应对突发公共事件制定的预案。

（4）突发公共事件地方应急预案。具体包括：省级人民政府的突发公共事件总体应急预案、专项应急预案和部门应急预案；各市（地）、县（市）人民政府及其基层政权组织的突发公共事件应急预案。上述预案在省级人民政府的领导下，按照分类管理、分级负责的原则，由地方人民政府及其有关部门分别制定。

（5）企事业单位根据有关法律法规制定的应急预案。

（6）举办大型会展和文化体育等重大活动，主办单位应当制定应急预案。

各类预案将根据实际情况变化不断补充、完善。

2. 组织体系

2.1 领导机构

国务院是突发公共事件预警及应对处置工作的最高行政领导机构。在国务院总理领导下，由国务院常务会议和国家相关突发公共事件应急指挥机构（以下简称相关应急指挥机构）负责突发公共事件的预警及应对处置工作；必要时，派出国务院工作组指导有关工作。

2.2 办事机构

国务院办公厅设国务院预警及应对处置办公室，履行值守应急、信息汇总和综合协调职责，发挥运转枢纽作用。

2.3 工作机构

国务院有关部门依据有关法律、行政法规和各自的职责，负责相关类别突发公共事件的预警及应对处置工作。具体负责相关类别的突发公共事件专项和部门应急预案的起草与实施，贯彻落实国务院有关决定事项。

2.4 地方机构

地方各级人民政府是本行政区域突发公共事件预警及应对处置工作的行政领导机构，负责本行政区域各类突发公共事件的应对工作。

2.5 专家组

国务院和各预警及应对处置机构建立各类专业人才库，可以根据实际需要聘请有关专家组成专家组，为预警及应对处置提供决策建议，必要时参加突发公共事件的应急处置工作。

3. 运行机制

3.1 预测与预警

各地区、各部门要针对各种可能发生的突发公共事件，完善预测预警机制，建立预测预警系统，开展风险分析，做到早发现、早报告、早处置。

3.1.1　预警级别和发布

根据预测分析结果，对可能发生和可以预警的突发公共事件进行预警。预警级别依据突发公共事件可能造成的危害程度、紧急程度和发展势态，一般划分为四级：Ⅰ级（特别严重）、Ⅱ级（严重）、Ⅲ级（较重）和Ⅳ级（一般），依次用红色、橙色、黄色和蓝色表示。

预警信息包括突发公共事件的类别、预警级别、起始时间、可能影响范围、警示事项、应采取的措施和发布机关等。

预警信息的发布、调整和解除可通过广播、电视、报刊、通信、信息网络、警报器、宣传车或组织人员逐户通知等方式进行，对老、幼、病、残、孕等特殊人群以及学校等特殊场所和警报盲区应当采取有针对性的公告方式。

3.2　应急处置

3.2.1　信息报告

特别重大或者重大突发公共事件发生后，各地区、各部门要立即报告，最迟不得超过 4 小时，同时通报有关地区和部门。应急处置过程中，要及时续报有关情况。

3.2.2　先期处置

突发公共事件发生后，事发地的省级人民政府或者国务院有关部门在报告特别重大、重大突发公共事件信息的同时，要根据职责和规定的权限启动相关应急预案，及时、有效地进行处置，控制事态。

在境外发生涉及中国公民和机构的突发事件，我驻外使领馆、国务院有关部门和有关地方人民政府要采取措施控制事态发展，组织开展应急救援工作。

3.2.3　应急响应

对于先期处置未能有效控制事态的特别重大突发公共事件，要及时启动相关预案，由国务院相关应急指挥机构或国务院工作组统一指挥或指导有关地区、部门开展处置工作。

现场应急指挥机构负责现场的应急处置工作。

需要多个国务院相关部门共同参与处置的突发公共事件，由该类突发公共事件的业务主管部门牵头，其他部门予以协助。

3.2.4　应急结束

特别重大突发公共事件应急处置工作结束，或者相关危险因素消除后，现场应急指挥机构予以撤销。

3.3 恢复与重建

3.3.1 善后处置

要积极稳妥、深入细致地做好善后处置工作。对突发公共事件中的伤亡人员、应急处置工作人员，以及紧急调集、征用有关单位及个人的物资，要按照规定给予抚恤、补助或补偿，并提供心理及司法援助。有关部门要做好疫病防治和环境污染消除工作。保险监管机构督促有关保险机构及时做好有关单位和个人损失的理赔工作。

3.3.2 调查与评估

要对特别重大突发公共事件的起因、性质、影响、责任、经验教训和恢复重建等问题进行调查评估。

3.3.3 恢复重建

根据受灾地区恢复重建计划组织实施恢复重建工作。

3.4 信息发布

突发公共事件的信息发布应当及时、准确、客观、全面。事件发生的第一时间要向社会发布简要信息，随后发布初步核实情况、政府应对措施和公众防范措施等，并根据事件处置情况做好后续发布工作。信息发布形式主要包括授权发布、散发新闻稿、组织报道、接受记者采访、举行新闻发布会等。

4. 应急保障

各有关部门要按照职责分工和相关预案做好突发公共事件的应对工作，同时根据总体预案切实做好应对突发公共事件的人力、物力、财力、交通运输、医疗卫生及通信保障等工作，保证应急救援工作的需要和灾区群众的基本生活，以及恢复重建工作的顺利进行。

4.1 人力资源

公安（消防）、医疗卫生、地震救援、海上搜救、矿山救护、森林消防、防洪抢险、核与辐射、环境监控、危险化学品事故救援、铁路事故、民航事故、基础信息网络和重要信息系统事故处置，以及水、电、油、气等工程抢险救援队伍是应急救援的专业队伍和骨干力量。地方各级人民政府和有关部门、单位要加强应急救援队伍的业务培训和应急演练，建立联动协调机制，提高装备水平；动员社会团体、企事业单位以及志愿者等各种社会力量参与应急救援工作；增进国际间的交流与合作。要加强以乡镇和社区为单位的公众应急能力建设，发挥其在应对突发公共事件中的重要作用。

中国人民解放军和中国人民武装警察部队是处置突发公共事件的骨干和突击力量，按照有关规定参加应急处置工作。

4.2　财力保障

要保证所需突发公共事件应急准备和救援工作资金。对受突发公共事件影响较大的行业、企事业单位和个人要及时研究提出相应的补偿或救助政策。要对突发公共事件财政应急保障资金的使用和效果进行监管和评估。

鼓励自然人、法人或者其他组织（包括国际组织）按照《中华人民共和国公益事业捐赠法》等有关法律、法规的规定进行捐赠和援助。

4.3　物资保障

要建立健全应急物资监测网络、预警体系和应急物资生产、储备、调拨及紧急配送体系，完善应急工作程序，确保应急所需物资和生活用品的及时供应，并加强对物资储备的监督管理，及时予以补充和更新。

地方各级人民政府应根据有关法律、法规和应急预案的规定，做好物资储备工作。

4.4　基本生活保障

要做好受灾群众的基本生活保障工作，确保灾区群众有饭吃、有水喝、有衣穿、有住处、有病能得到及时医治。

4.5　医疗卫生保障

卫生部门负责组建医疗卫生应急专业技术队伍，根据需要及时赴现场开展医疗救治、疾病预防控制等卫生应急工作。及时为受灾地区提供药品、器械等卫生和医疗设备。必要时，组织动员红十字会等社会卫生力量参与医疗卫生救助工作。

4.6　交通运输保障

要保证紧急情况下应急交通工具的优先安排、优先调度、优先放行，确保运输安全畅通；要依法建立紧急情况社会交通运输工具的征用程序，确保抢险救灾物资和人员能够及时、安全送达。

根据应急处置需要，对现场及相关通道实行交通管制，开设应急救援"绿色通道"，保证应急救援工作的顺利开展。

4.7　治安维护

要加强对重点地区、重点场所、重点人群、重要物资和设备的安全保护，依法严厉打击违法犯罪活动。必要时，依法采取有效管制措施，控制事态，维护社会秩序。

4.8 人员防护

要指定或建立与人口密度、城市规模相适应的应急避险场所，完善紧急疏散管理办法和程序，明确各级责任人，确保在紧急情况下公众安全、有序的转移或疏散。

要采取必要的防护措施，严格按照程序开展应急救援工作，确保人员安全。

4.9 通信保障

建立健全应急通信、应急广播电视保障工作体系，完善公用通信网，建立有线和无线相结合、基础电信网络与机动通信系统相配套的应急通信系统，确保通信畅通。

4.10 公共设施

有关部门要按照职责分工，分别负责煤、电、油、气、水的供给，以及废水、废气、固体废弃物等有害物质的监测和处理。

4.11 科技支撑

要积极开展公共安全领域的科学研究；加大公共安全监测、预测、预警、预防和应急处置技术研发的投入，不断改进技术装备，建立健全公共安全应急技术平台，提高我国公共安全科技水平；注意发挥企业在公共安全领域的研发作用。

5. 监督管理

5.1 预案演练

各地区、各部门要结合实际，有计划、有重点地组织有关部门对相关预案进行演练。

5.2 宣传和培训

宣传、教育、文化、广电、新闻出版等有关部门要通过图书、报刊、音像制品和电子出版物、广播、电视、网络等，广泛宣传应急法律法规和预防、避险、自救、互救、减灾等常识，增强公众的忧患意识、社会责任意识和自救、互救能力。各有关方面要有计划地对应急救援和管理人员进行培训，提高其专业技能。

5.3 责任与奖惩

突发公共事件应急处置工作实行责任追究制。

对突发公共事件预警及应对处置工作中做出突出贡献的先进集体和个人要

给予表彰和奖励。对迟报、谎报、瞒报和漏报突发公共事件重要情况或者预警及应对处置工作中有其他失职、渎职行为的，依法对有关责任人给予行政处分；构成犯罪的，依法追究刑事责任。

6. 附则

6.1 预案管理

根据实际情况的变化，及时修订本预案。本预案自发布之日起实施。

附录 3　国家特别重大、重大突发公共事件分级标准

根据有关法律、法规并结合实际，特制定本标准，作为各地区、各部门报送特别重大、重大突发公共事件信息的标准和按照突发公共事件总体应急预案、专项应急预案规定进行分级处置的依据。

一、自然灾害类

（一）水旱灾害。特别重大水旱灾害包括：

1. 一个流域发生特大洪水，或多个流域同时发生大水；

2. 大江大河干流重要河段堤防发生决口；

3. 重点大型水库发生垮堤；

4. 洪水造成铁路繁忙干线、国家高速公路网和主要航道中断，48 小时无法恢复通行；

5. 多个省（区、市）发生特大干旱；

6. 多个大城市发生极度干旱。

重大水旱灾害包括：

1. 一个流域或其部分区域发生大洪水；

2. 大江大河干流一般河段及主要支流堤防发生决口或出现重大险情；

3. 数省（区、市）多个市（地）发生严重洪涝灾害；

4. 一般大中型水库发生垮坝或出现对下游安全造成直接影响的重大险情；

5. 洪水造成铁路干线、国家高速公路网和航道通行中断，24 小时无法恢复通行；

6. 数省（区、市）多个市（地）发生严重干旱，或一省（区、市）发生特大干旱；

7. 多个大城市发生严重干旱，或大中城市发生极度干旱。

（二）气象灾害。

特别重大气象灾害包括：

1. 特大暴雨、大雪、龙卷风、沙尘暴、台风等极端天气气候事件影响重要城市和 50 平方公里以上较大区域，造成 30 人以上死亡，或 5000 万元以上经济损失的气象灾害；

2. 一个或多个省（区、市）范围内将出现极端天气气候事件或极强灾害性天气过程，并会造成特大人员伤亡和巨大经济损失的气象灾害；

3. 在其它国家和地区发生的可能对我国经济社会产生重大影响的极端天气气候事件。

重大气象灾害包括：

1. 暴雨、冰雹、龙卷风、大雪、寒潮、沙尘暴、大风和台风等造成 10 人以上、30 人以下死亡，或 1000 万元以上、5000 万元以下经济损失的气象灾害；

2. 对社会、经济及群众生产生活等造成严重影响的高温、热浪、干热风、干旱、大雾、低温、霜冻、雷电、冰雹、雪崩等气候灾害；

3. 因各种气象原因，造成机场、港口、国家高速公路网线路连续封闭 12 小时以上的。

（三）地震灾害。

特别重大地震灾害包括：

1. 造成 300 人以上死亡，直接经济损失占该省（区、市）上年国内生产总值 1% 以上的地震；

2. 发生在人口较密集地区 7.0 级以上地震。

重大地震灾害包括：

1. 造成 50 人以上、300 人以下死亡，或造成一定经济损失的地震；

2. 发生在首都圈、长江和珠江三角洲等人口密集地区 4.0 级以上地震；

3. 发生在国内其它地区（含港澳台地区）5.0 级以上地震；

4. 发生在周边国家 6.5 级以上，其它国家和地区 7.0 级以上地震（无人地区和海域除外）；

5. 国内震级未达到上述标准但造成重大经济损失和人员伤亡损失或严重影响的地震。

（四）地质灾害。

特别重大地质灾害包括：

1. 因山体崩塌、滑坡、泥石流、地面塌陷、地裂缝等灾害造成 30 人以上死亡，或直接经济损失 1000 万元以上的地质灾害；

2. 受地质灾害威胁，需转移人数在 1000 人以上，或潜在可能造成的经济损失在 1 亿元以上的灾害险情；

3. 因地质灾害造成大江大河支流被阻断，严重影响群众生命财产安全。

重大地质灾害包括：

1. 因山体崩塌、滑坡、泥石流、地面塌陷、地裂缝等灾害造成 10 人以上、30 人以下死亡，或因灾害造成直接经济损失 500 万元以上、1000 万元以下的地质灾害；

2. 受地质灾害威胁需转移人数在 500 人以上、1000 人以下，或潜在经济损失 5000 万元以上、1 亿元以下的灾害险情；

3. 造成铁路繁忙干线、国家高速公路网线路、民航和航道中断，或严重威胁群众生命财产安全、有重大社会影响的地质灾害。

（五）海洋灾害。

特别重大海洋灾害包括：

1. 风暴潮、巨浪、海啸、赤潮、海冰等造成 30 人以上死亡，或 5000 万元以上经济损失的海洋灾害；

2. 对沿海重要城市或者 50 平方公里以上较大区域经济、社会和群众生产、生活等造成特别严重影响的海洋灾害。

重大海洋灾害包括：

1. 风暴潮、巨浪、海啸、赤潮、海冰等造成 10 人以上、30 人以下死亡，或 1000 万元以上、5000 万元以下经济损失的海洋灾害；

2. 对沿海经济、社会和群众生产、生活等造成严重影响的海洋灾害；

3. 对大型海上工程设施等造成重大损坏，或严重破坏海洋生态环境的海洋灾害。

（六）生物灾害。

特别重大生物灾害包括：

在 2 个以上省（区、市）病虫鼠草等有害生物暴发流行，或新传入我国的有害生物在 2 个以上省（区、市）内发生，或在 1 个省（区、市）内 2 个以上市（地）发生，对农业和林业造成巨大危害的生物灾害。

重大生物灾害包括：

1. 因蝗虫、稻飞虱、水稻螟虫、小麦条锈病、草地螟、草原毛虫、松毛虫、杨树食叶害虫和蛀干类害虫等大面积成灾并造成严重经济损失的生物灾害；

2. 新传入我国的有害生物发生、流行，对农业和林业生产等造成严重威胁的生物灾害。

（七）森林草原火灾。

特别重大森林草原火灾包括：

1. 受害森林面积超过 1000 公顷、火场仍未得到有效控制或受害草原面积

8000 公顷以上、明火尚未扑灭的火灾；

2. 造成 30 人以上死亡或造成重大影响和财产损失的森林火灾，造成 10 人以上死亡，或伤亡 20 人以上的草原火灾；

3. 距重要军事目标和大型军工、危险化学品生产企业不足 1 公里的森林草原火灾；

4. 严重威胁或烧毁城镇、居民地、重要设施和原始森林的或需要国家支援的森林草原火灾。

重大森林草原火灾包括：

1. 连续燃烧超过 72 小时没有得到控制的森林火灾，或距我国界 5 公里以内的国外草原燃烧面积蔓延 500 公里以上，或连续燃烧 120 小时没有得到控制的草原火灾；

2. 受害森林面积超过 300 公顷以上、1000 公顷以下或受害草原面积 2000 公顷以上，8000 公顷以下的火灾；

3. 造成 10 人以上、30 人以下死亡的森林火灾，或者造成 3 人以上、10 人以下死亡的草原火灾；

4. 威胁居民地、重要设施和原始森林，或位于省（区、市）交界地区，危险性较大的森林草原火灾。

二、事故灾难类

（一）安全事故。

特别重大安全事故包括：

1. 造成 30 人以上死亡（含失踪），或危及 30 人以上生命安全，或 1 亿元以上直接经济损失，或 100 人以上中毒（重伤），或需要紧急转移安置 10 万人以上的安全事故；

2. 国内外民用运输航空器在我国境内发生的，或我民用运输航空器在境外发生的坠机、撞机或紧急迫降等情况导致的特别重大飞行事故；

3. 危及 30 人以上生命安全的水上突发事件，或水上保安事件，或单船 10000 吨以上国内外民用运输船舶在我境内发生碰撞、触礁、火灾等对船舶及人员生命安全以及港口设施安全造成严重威胁的水上突发事件；

4. 铁路繁忙干线、国家高速公路网线路遭受破坏，造成行车中断，经抢修 48 小时内无法恢复通车；

5. 重要港口瘫痪或遭受灾难性损失，长江干线或黑龙江界河航道发生断航 24 小时以上；

6. 造成区域电网减供负荷达到事故前总负荷的 30% 以上，或造成重要政治、经济中心城市减供负荷达到事故前总负荷的 50% 以上；或因重要发电厂、变电站、输变电设备遭受毁灭性破坏或打击，造成区域电网大面积停电，减供负荷达到事故前的 20% 以上，对区域电网、跨区域电网安全稳定运行构成严重威胁；

7. 多省通信故障或大面积骨干网中断、通信枢纽遭到破坏等造成严重影响的事故；

8. 因自然灾害等不可抗拒的原因导致支付、清算系统国家处理中心发生故障或因人为破坏，造成整个支付、清算系统瘫痪的事故；

9. 城市 5 万户以上居民供气或供水连续停止 48 小时以上的事故；

10. 造成特别重大影响或损失的特种设备事故；

11. 大型集会和游园等群体性活动中，因拥挤、踩踏等造成 30 人以上死亡事故。

重大安全事故包括：

1. 造成 10 人以上、30 人以下死亡（含失踪），或危及 10 人以上、30 人以下生命安全，或直接经济损失 5000 万元以上、1 亿元以下的事故，或 50 人以上、100 人以下中毒（重伤），或需紧急转移安置 5 万人以上、10 万人以下事故；

2. 国内外民用运输航空器在我国境内，或我民用运输航空器在境外发生重大飞行事故；

3. 危及 10 人以上、30 人以下生命安全的水上突发事件或水上保安事件；3000 吨以上、10000 吨以下的非客船、非危险化学品船发生碰撞、触礁、火灾等对船舶及人员生命安全造成威胁的水上突发事件；

4. 铁路繁忙干线、国家高速公路网线路遭受破坏，或因灾严重损毁，造成通行中断，经抢修 24 小时内无法恢复通车；

5. 重要港口遭受严重损坏，长江干线或黑龙江界河等重要航道断航 12 小时以上、24 小时以内；

6. 造成跨区电网或区域电网减供负荷达到事故前总负荷的 10% 以上、30% 以下，或造成重要政治、经济中心城市减供负荷达到事故前总负荷的 20% 以上、50% 以下；

7. 造成重大影响和损失的通信、信息网络、特种设备事故和城市轨道、道路交通、大中城市供水、燃气设施供应中断，或造成 3 万户以上居民停水、停气 24 小时以上的事故；

8. 大型集会和游园等群体性活动中，因拥挤、踩踏等造成 10 人以上、30 人以下死亡的事故；

9. 其它一些无法量化但性质严重，对社会稳定、对经济建设造成重大影响的事故。

（二）环境污染和生态破坏事故。

特别重大环境污染和生态破坏事故包括：

1. 发生 30 人以上死亡，或 100 人以上中毒（重伤），或因环境事件需疏散、转移群众 5 万人以上，或直接经济损失 1000 万元以上，或区域生态功能严重丧失，或濒危物种生存环境遭到严重污染，或因环境污染使当地正常的经济、社会秩序受到严重影响，或 1、2 类放射源失控造成大范围严重辐射污染后果的；

2. 因环境污染造成重要城市主要水源地取水中断的污染事故；

3. 因危险化学品（含剧毒品）生产和贮运中发生泄漏，严重影响人民群众生产、生活的污染事故；

4. 核设施发生需要进入场外应急的严重核事故，或事故辐射后果可能影响邻省和境外的，或按照"国际核事件分级（INES）标准"3 级以上的核事件；

5. 高致病病毒、细菌等微生物在实验室研究过程中造成的特大污染事故；

6. 转基因生物对人类、动物、植物、微生物和生态系统构成严重威胁，或造成高度侵袭性、传染性、转移性、致病性和破坏性的灾害；

7. 台湾省和周边国家核设施中发生的按照"国际核事件分级（INES）标准"属于 4 级以上的核事故；

8. 盗伐、滥伐、聚众哄抢森林、林木数量达 5000 立方米（幼树 25 万株）以上事件，毁林开垦、乱占林地、非法改变林地用途属防护林和特种用途林林地 1500 亩以上，属其它林地 3000 亩以上的事件。

重大环境污染和生态破坏事故包括：

1. 发生 10 人以上、30 人以下死亡，或 50 人以上、100 人以下中毒，或区域生态功能部分丧失或濒危物种生存环境受到污染；或因环境污染使当地经济、社会活动受到较大影响，疏散转移群众 1 万人以上、5 万人以下的；或 1、2 类放射源丢失、被盗或失控；

2. 因环境污染造成重要河流、湖泊、水库及沿海水域大面积污染，或县级以上城镇水源地取水中断的污染事故；

3. 盗伐、滥伐、聚众哄抢森林、林木数量达 1000～5000 立方米（幼树 5 万～25 万株）的事件，毁林开垦、乱占林地、非法改变林地用途属防护林和特种用途林林地 500～1500 亩，属其它林地 1000～3000 亩的事件；

4. 对国家级自然保护区和风景名胜区造成重大直接经济损失的环境污染事故，或资源开发造成严重环境污染和生态破坏，可能导致主要保护对象或其栖息地遭受毁灭性破坏，或直接威胁当地群众生产、生活和游客安全的事故；

5. 由于自然、生物、人为因素造成国家重点保护野生动（植）物种群大批死亡或可能造成物种灭绝事件；

6. 核设备和铀矿冶炼设施发生的，达到进入场区应急状态标准；

7. 进口再生原料严重环保超标和进口货物严重核辐射超标或含有爆炸物品的事件；

8. 非法倾倒、埋藏剧毒危险废物事件。

三、公共卫生事件类

（一）公共卫生事件。

特别重大公共卫生事件包括：

1. 肺鼠疫、肺炭疽在大、中城市发生，疫情有扩散趋势；或肺鼠疫、肺炭疽疫情波及 2 个以上的省份，并有进一步扩散趋势；

2. 发生传染性非典型肺炎、人感染高致病性禽流感病例，疫情有扩散趋势；

3. 涉及多个省份的群体性不明原因疾病，并有扩散趋势；

4. 发生新传染病，或我国尚未发现的传染病发生或传入，并有扩散趋势；或发现我国已消灭传染病重新流行；

5. 发生烈性病菌株、毒株、致病因子等丢失事件；

6. 对 2 个以上省（区、市）造成严重威胁，并有进一步扩散趋势的特别重大食品安全事故；

7. 周边以及与我国通航的国家和地区发生特大传染病疫情，并出现输入性病例，严重危及我国公共卫生安全的事件；

8. 发生跨地区（香港、澳门、台湾）、跨国食品安全事故，造成特别严重社会影响的；

9. 其它危害特别严重的突发公共卫生事件。

重大公共卫生事件包括：

1. 在 1 个县（市）范围内，1 个平均潜伏期内发生 5 例以上肺鼠疫、肺炭疽病例，或相关联的疫情波及 2 个以上的县（市）；

2. 腺鼠疫发生流行，在 1 个市（地）范围内，1 个平均潜伏期内多点连续发病 20 例以上，或流行范围波及 2 个以上市（地）；

3. 发生传染性非典型肺炎、人感染高致病性禽流感疑似病例；

4. 霍乱在 1 个市（地）范围内流行，1 周内发病 30 例以上；或疫情波及 2 个以上市（地），有扩散趋势；

5. 乙类、丙类传染病疫情波及 2 个以上县（市），1 周内发病水平超过前 5 年同期平均发病水平 2 倍以上；

6. 我国尚未发现的传染病发生或传入，尚未造成扩散；

7. 发生群体性不明原因疾病，扩散到县（市）以外地区；

8. 发生重大医源性感染事件；

9. 预防接种或群体性用药出现人员死亡事件；

10. 对 1 个省（区、市）内 2 个以上市（地）造成危害的重大食品安全事故；

11. 一次食物中毒人数超过 100 人并出现死亡病例，或出现 10 例以上死亡病例；

12. 一次发生急性职业中毒 50 人以上，或死亡 5 人以上；

13. 境内外隐匿运输、邮寄烈性生物病原体、生物毒素造成我境内人员感染或死亡的；

14. 其它危害严重的重大突发公共卫生事件。

（二）动物疫情。

特别重大动物疫情包括：

1. 高致病性禽流感在 21 日内，相邻省份有 10 个以上县（市）发生疫情；或在 1 个省（区、市）内有 20 个以上县（市）发生或 10 个以上县（市）连片发生疫情；或在数省内呈多发态势；

2. 口蹄疫在 14 日内，5 个以上省份发生严重疫情，且疫区连片；

3. 动物暴发疯牛病等人畜共患病感染到人，并继续大面积扩散蔓延。

重大动物疫情包括：

1. 高致病性禽流感在 21 日内，1 个省（区、市）内有 2 个以上市（地）发生疫情，或在 1 个省（区、市）内有 20 个以上疫点或 5 个以上、10 个以下县（市）连片发生疫情；

2. 口蹄疫在 14 日内，在 1 个省（区、市）内有 2 个以上相邻市（地）或 5 个以上县（市）发生疫情，或有新的口蹄疫亚型出现并发生疫情；

3. 在 1 个平均潜伏期内，20 个以上县（市）发生猪瘟、新城疫疫情，或疫点数达到 30 个以上；

4. 在我国已消灭的牛瘟、牛肺疫等又有发生，或我国尚未发生的疯牛病、非洲猪瘟、非洲马瘟等疫病传入或发生；

5. 在 1 个平均潜伏期内，布鲁氏菌病、结核病、狂犬病、炭疽等二类动物疫病呈暴发流行，波及 3 个以上地（市），或其中的人畜共患病发生感染人的病例，并有继续扩散趋势。

四、社会安全事件类

（一）群体性事件。

特别重大群体性事件包括：

1. 一次参与人数 5000 人以上，严重影响社会稳定的事件；

2. 冲击、围攻县级以上党政军机关和要害部门，打、砸、抢、烧乡镇以上党政军机关事件；

3. 参与人员对抗性特征突出，已发生大规模的打、砸、抢、烧等违法犯罪行为；

4. 阻断铁路繁忙干线、国道、高速公路和重要交通枢纽、城市交通 8 小时停运，或阻挠、妨碍国家重点建设工程施工，造成 24 小时以上停工事件；

5. 造成 10 人以上死亡或 30 人以上受伤，严重危害社会稳定的事件；

6. 高校内聚集事件失控，并未经批准走出校门进行大规模游行、集会、绝食、静坐、请愿等行为，引发不同地区连锁反应，严重影响社会稳定；

7. 参与人数 500 人以上，或造成重大人员伤亡的群体性械斗、冲突事件；

8. 参与人数在 10 人以上的暴狱事件；

9. 出现全国范围或跨省（区、市），或跨行业的严重影响社会稳定的互动性连锁反应；

10. 其它视情况需要作为特别重大群体性事件对待的事件。

重大群体性事件包括：

1. 参与人数在 1000 人以上，5000 人以下，影响较大的非法集会游行示威、上访请愿、聚众闹事、罢工（市、课）等，或人数不多但涉及面广和有可能进京的非法集会和集体上访事件；

2. 造成 3 人以上、10 人以下死亡，或 10 人以上、30 人以下受伤群体性事件；

3. 高校校园网上出现大范围串联、煽动和蛊惑信息，校内聚集规模迅速扩大并出现多校串联聚集趋势，学校正常教育教学秩序受到严重影响甚至瘫痪，或因高校统一招生试题泄密引发的群体性事件；

4. 参与人数 200 人以上、500 人以下，或造成较大人员伤亡的群体性械斗、冲突事件；

5. 涉及境内外宗教组织背景的大型非法宗教活动，或因民族宗教问题引发的严重影响民族团结的群体性事件；

6. 因土地、矿产、水资源、森林、草原、水域等权属争议和环境污染、生态破坏引发的，造成严重后果的群体性事件；

7. 已出现跨省（区、市）或行业影响社会稳定的连锁反应，或造成了较严重的危害和损失，事态仍可能进一步扩大和升级；

8. 其它视情况需要作为重大群体性事件对待的事件。

（二）金融突发事件。

特别重大金融突发事件包括：

1. 具有全国性影响且涉及本地区银行业金融机构的突发事件；

2. 金融行业已出现或将要出现连锁反应，需要各有关部门协同配合共同处置的金融突发事件；

3. 国际上出现的，已经影响或极有可能影响国内宏观金融稳定的金融突发事件。

重大金融突发事件包括：

1. 对金融行业造成影响，但未造成全国性影响的金融突发事件；

2. 所涉及省（区、市）监管部门不能单独应对，需进行跨省（区、市）或跨部门协调的金融突发事件。

（三）涉外突发事件。

特别重大涉外突发事件包括：

1. 一次造成 30 人以上死亡或 100 人以上伤亡的境外涉我及境内涉外事件；

2. 造成我境外国家利益、机构和人员安全及财产重大损失，造成境内外国驻华外交机构、其它机构和人员安全及重大财产损失，并具有重大政治和社会影响的涉外事件；

3. 有关国家、地区发生特别重大突发事件，需要迅速撤离我驻外机构和人员、撤侨的涉外事件。

重大涉外突发事件包括：

1. 一次事件造成 10 人以上、30 人以下死亡，或 50 人以上、100 人以下伤亡的境外涉我及境内涉外事件；

2. 造成或可能造成我境外国家利益、机构和人员安全及较大财产损失，造成或可能造成外国驻华外交机构、其它机构和人员安全及财产较大损失，并具有较大政治和社会影响的涉外事件；

3. 有关国家、地区发生重大突发事件，需要尽快撤离我驻外部分机构和人员、部分撤侨的涉外事件。

（四）影响市场稳定的突发事件。

特别重大突发事件包括：

1. 2 个以上省（区、市）出现群众大量集中抢购、粮食脱销断档、价格大幅度上涨等粮食市场急剧波动的状况，以及超过省级人民政府处置能力和国务院认为需要按照国家级粮食应急状态来对待的情况；在直辖市发生重要生活必需品市场异常波动供应短缺；

2. 在 2 个以上省会城市或计划单列市发生重要生活必需品市场异常波动，供应短缺；

3. 在相邻省份的相邻区域有 2 个以上市（地）发生重要生活必需品市场异常波动，供应短缺；

4. 在数个省（区、市）内呈多发态势的重要生活必需的市场异常波动，供应短缺。

重大突发事件包括：

1. 在 1 个省（区、市）较大范围或省会等大中城市出现粮食市场急剧波动状况；

2. 在 1 个省会城市或计划单列市发生重要生活必需品市场异常波动，供应短缺；

3. 在 1 个省（区、市）内 2 个以上市（地）发生重要生活必需品市场异常波动，供应短缺。

（五）恐怖袭击事件。

1. 利用生物制剂、化学毒剂进行大规模袭击或攻击生产、贮存、运输生化毒物设施、工具的；

2. 利用核爆炸、核辐射进行袭击或攻击核设施、核材料装运工具的；

3. 利用爆炸手段，袭击党政军首脑机关、警卫现场、城市标志性建筑物、公众聚集场所、国家重要基础设施、主要军事设施、民生设施、航空器的；

4. 劫持航空器、轮船、火车等公共交通工具，造成严重危害后果的；

5. 袭击、劫持警卫对象、国内外重要知名人士及大规模袭击、劫持平民，造成重大影响和危害的；

6. 袭击外国驻华使领馆、国际组织驻华代表机构及其人员寓所等重要、敏感涉外场所的；

7. 大规模攻击国家机关、军队或民用计算机信息系统，构成重大危害的。

（六）刑事案件。

特别重大刑事案件包括：

1. 一次造成 10 人以上死亡的杀人、爆炸、纵火、毒气、投放危险物质和邮寄危险物品等案件，或在公共场所造成 6 人以上死亡的案件，或采取绑架、劫持人质等手段，造成恶劣社会影响或可能造成严重后果的案件；

2. 抢劫金融机构或运钞车，盗窃金融机构现金 100 万元以上的案件；

3. 在国内发生的劫持民用运输航空器、客轮和货轮等，或国内运输航空器、客轮和货轮等在境外被劫持案件；

4. 抢劫、走私、盗窃军（警）用枪械 10 支以上的案件；

5. 危害性大的放射性材料或数量特大的炸药或雷管被盗、丢失案件；

6. 走私危害性大的放射性材料，走私固体废物达 100 吨以上的案件；

7. 制服毒品（海洛因、冰毒）20 公斤以上案件；

8. 盗窃、出卖、泄露及丢失国家秘密资料等可能造成严重后果的案件；

9. 攻击和破坏计算机网络、卫星通信、广播电视传输系统等，并对社会稳定造成特大影响的信息安全案件；

10. 在我国境内发生的涉外、涉港澳台侨重大刑事案件。

重大刑事案件包括：

1. 一次造成公共场所 3 人以上死亡，或学校内发生的造成人员伤亡、危害严重的杀人、爆炸、纵火、毒气、绑架、劫持人质和投入危险物质案件；

2. 劫持现金 50 万元以上或财物价值 200 万元以上，盗窃现金 100 万元以上的或财物价值 300 万元以上，或抢劫金融机构或运钞车，盗窃金融机构现金 30 万元以上的案件；

3. 有组织团伙性制售假劣药品、医疗器械和有毒有害食品，对人体健康和生命安全造成威胁的案件；

4. 案值数额在 2000 万元以上的走私、骗汇、逃汇、洗钱、金融诈骗案、增值税发票及其它票证案，面值在 200 万元以上的制贩假币案件；

5. 因假劣种子、化肥、农药等农用生产资料造成大面积绝收、减产的坑农案件;

6. 非法猎捕、采集国家重点保护野生动植物和破坏物种资源致使物种或种群面临灭绝危险的重大案件;

7. 重大制贩毒品(海洛因、冰毒)案件;

8. 涉及50人以上,或者偷渡人员较多,且有人员伤亡,在国际上造成一定影响的偷渡案件。

对一些比较敏感或发生在敏感地区、敏感时间,或可能演化为特别重大、重大突发公共事件的信息报送和分级处理,不受上述标准限制。

附录4 突发事件应急演练指南

1 总则

根据《中华人民共和国突发事件应对法》、《国家突发公共事件总体应急预案》和国务院有关规定，为加强对应急演练工作的指导，促进应急演练规范、安全、节约、有序地开展，制定本指南。

1.1 应急演练定义

应急演练是指各级人民政府及其部门、企事业单位、社会团体等（以下统称演练组织单位）组织相关单位及人员，依据有关应急预案，模拟应对突发事件的活动。

1.2 应急演练目的

（1）检验预案。通过开展应急演练，查找应急预案中存在的问题，进而完善应急预案，提高应急预案的实用性和可操作性。

（2）完善准备。通过开展应急演练，检查应对突发事件所需应急队伍、物资、装备、技术等方面的准备情况，发现不足及时予以调整补充，做好应急准备工作。

（3）锻炼队伍。通过开展应急演练，增强演练组织单位、参与单位和人员等对应急预案的熟悉程序，提高其应急处置能力。

（4）磨合机制。通过开展应急演练，进一步明确相关单位和人员的职责任务，理顺工作关系，完善应急机制。

（5）科普宣教。通过开展应急演练，普及应急知识，提高公众风险防范意识和自救互救等灾害应对能力。

1.3 应急演练原则

（1）结合实际，合理定位。紧密结合预警及应对处置工作实际，明确演练目的，根据资源条件确定演练方式和规模。

（2）着眼实战、讲求实效。以提高应急指挥人员的指挥协调能力、应急队伍的实战能力为着眼点。重视对演练效果及组织工作的评估、考核、总结推广好经验，及时整改存在问题。

（3）精心组织、确保安全。围绕演练目的，精心策划演练内容，科学设计演练方案，周密组织演练活动，制订并严格遵守有关安全措施，确保演练参与人员及演练装备设施的安全。

（4）统筹规划、厉行节约。统筹规划应急演练活动，适当开展跨地区、跨部门、跨行业的综合性演练，充分利用现有资源，努力提高应急演练效益。

1.4 应急演练分类

（1）按组织形式划分，应急演练可分为桌面演练和实战演练。

①桌面演练。桌面演练是指参演人员利用地图、沙盘、流程图、计算机模拟、视频会议等辅助手段，针对事先假定的演练情景，讨论和推演应急决策及现场处置的过程，从而促进相关人员掌握应急预案中所规定的职责和程序，提高指挥决策和协同配合能力。桌面演练通常在室内完成。

②实战演练。实战演练是指参演人员利用应急处置涉及的设备和物资，针对事先设置的突发事件情景及其后续的发展情景，通过实际决策、行动和操作，完成真实应急响应的过程，从而检验和提高相关人员的临场组织指挥、队伍调动、应急处置技能和后勤保障等应急能力。实战演练通常要在特定场所完成。

（2）按内容划分，应急演练可分为单项演练和综合演练。

①单项演练。单项演练是指涉及应急预案中特定应急响应功能或现场处置方案中一系列应急响应功能的演练活动。注重针对一个或少数几个参与单位（岗位）的特定环节和功能进行检验。

②综合演练。综合演练是指涉及应急预案中多项或全部应急响应功能的演练活动。注重对多个环节和功能进行检验，特别是对不同单位之间应急机制和联合应对能力的检验。

（3）按目的与作用划分，应急演练可分为检验性演练、示范性演练和研究性演练。

①检验性演练。检验性演练是指为检验应急预案的可行性、应急准备的充分性、应急机制的协调性及相关人员的应急处置能力而组织的演练。

②示范性演练。示范性演练是指为向观摩人员展示应急能力或提供示范教学，严格按照应急预案规定开展的表演性演练。

③研究性演练。研究性演练是指为研究和解决突发事件应急处置的重点、难点问题，试验新方案、新技术、新装备而组织的演练。

不同类型的演练相互组合，可以形成单项桌面演练、综合桌面演练、单项实战演练、综合实战演练、示范性单项演练、示范性综合演练等。

1.5　应急演练规划

演练组织单位要根据实际情况，并依据相关法律法规和应急预案的规定，制订年度应急演练规划，按照"先单项后综合、先桌面后实战、循序渐进、时空有序"等原则，合理规划应急演练的频次、规模、形式、时间、地点等。

2　应急演练组织机构

演练应在相关预案确定的应急领导机构或指挥机构领导下组织开展。演练组织单位要成立由相关单位领导组成的演练领导小组，通常下设策划部、保障部和评估组；对于不同类型和规模的演练活动，其组织机构和职能可以适当调整。根据需要，可成立现场指挥部。

2.1　演练领导小组

演练领导小组负责应急演练活动全过程的组织领导，审批决定演练的重大事项。演练领导小组组长一般由演练组织单位或其上线单位的负责人担任；副组长一般由演练组织单位或主要协办单位负责人担任；小组其他成员一般由各演练参与单位相关负责人担任。在演练实施阶段，演练领导小组组长、副组长通常分别担任演练总指挥、副总指挥。

2.2　策划部

策划部负责应急演练策划、演练方案设计、演练实施的组织协调、演练评估总结等工作。策划部设总策划、副总策划，下设文案组、协调组、控制组、宣传组等。

（1）总策划。总策划是演练准备、演练实施、演练总结等阶段各项工作的主要组织者，一般由演练组织单位具有应急演练组织经验和突发事件应急处置经验的人员担任；副总策划协助总策划开展工作，一般由演练组织单位或参与单位的有关人员担任。

（2）文案组。在总策划的直接领导下，负责制定演练计划、设计演练方案、编写演练总结报告以及演练文档归档与备案等；其他成员应具有一定的演练组织经验和突发事件应急处置经验。

（3）协调组。负责与演练涉及的相关单位以及本单位有关部门之间的沟通协调，其成员一般为演练组织单位及参与单位的行政、外事等部门人员。

（4）控制组。在演练实施过程中，在总策划的直接指挥下，负责向演练人员传送各类控制消息，引导应急演练进程按计划进行。其成员最好有一定的演练经验，也可以从文案组和协调组抽调，常称为演练控制人员。

（5）宣传组。负责编制演练宣传方案，整理演练信息、组织新闻媒体和开展新闻发布等。其成员一般是演练组织单位及参与单位宣传部门人员。

2.3 保障部

保障部负责调集演练所需物资装备，购置和制作演练模型、道具、场景，准备演练场地，维持演练现场秩序，保障运动车辆，保障人员生活和安全保卫等。其成员一般是演练组织单位及参与单位后勤、财务、办公等部门人员，常称为后勤保障人员。

2.4 评估组

评估组负责设计演练评估方案和演练评估报告，对演练准备、组织、实施及其安全事项进行全过程、全方位评估，及时向演练领导小组、策划部和保障部提出意见、建议。其成员一般是预警及应对处置专家、具有一定演练评估经验和突发事件应急处置经验专业人员，常称为演练评估人员。评估组可由上级部门组织，也可由演练组织单位自行组织。

2.5 参演队伍和人员

参演队伍包括应急预案规定的有关预警及应对处置部门（单位）工作人员、各类专兼职应急救援队伍以及志愿者队伍等。

参演人员承担具体演练任务，针对模拟事件场景作出应急响应行动，有时也可使用模拟人员替代未现场参加演练的单位人员，或模拟事故的发生过程，如释放烟雾、模拟泄漏等。

3 应急演练准备

3.1 制定演练计划

演练计划由文案组编制，经策划部审查后报演练领导小组批准。主要内容包括：

（1）确定演练目的，明确举办应急演练的原因、演练要解决的问题和期望达到的效果等。

（2）分析演练需求，在对事先设定事件的风险及应急预案进行认真分析的基础上，确定需调整的演练人员、需锻炼的技能、需检验的设备、需完善的应急处置流程和需进一步明确的职责等。

（3）确定演练范围，根据演练需求、经费、资源和时间等条件的限制，确定演练事件类型、等级、地域、参演机构及人数、演练方式等。演练需求和演练范围往往互为影响。

（4）安排演练准备与实施的日程计划，包括各种演练文件编写与审定的期限、物资器材准备的期限、演练实施的日期等。

（5）编制演练经费预算，明确演练经费筹措渠道。

3.2　设计演练方案

演练方案由文案组编写，通过评审后由演练领导小组批准，必要时还需报有关主管单位同意并备案。主要内容包括：

3.2.1　确定演练目标

演练目标是需完成的主要演练任务及其达到的效果，一般说明"由谁在什么条件下完成什么任务，依据什么标准，取得什么效果"。演练目标应简单、具体、可量化、可实现。一次演练一般有若干项演练目标，每项演练目标都要在演练方案中有相应的事件和演练活动予在实现，并在演练评估中有相应的评估项目判断该目标的实现情况。

3.2.2　设计演练情景与实施步骤

演练情景要为演练活动提供初始条件，还要通过一系列的情景事件引导演练活动继续，直至演练完成。演练情景包括演练场景概述和演练场景清单。

（1）演练场景概述。要对每一处演练场景的概要说明，主要说明事件类别、发生的时间地点、发展速度、强度与危险性、受影响范围、人员和物资分布、已造成的损失、后续发展预测、气象及其他环境条件等。

（2）演练场景清单。要明确演练过程中各场景的时间顺序列表和空间分布情况。演练场景之间的逻辑关联依赖于事件发展规律、控制消息和演练人员收到控制消息后应采取的行动。

3.2.3　设计评估标准与方案

演练评估是通过观察、体验和记录演练活动，比较演练实际效果与目标之间的差异，总结演练成效和不足的过程。演练评估应对演练目标为基础。每项演练目标都要设计合理的评估项目方法、标准。根据演练目标的不同，可以用选择项（如：是/否判断，多项选择）、主观评分（如：1—差、3—合格、5—优秀）、定量测量（如：响应时间、被困人数、获救人数）等方法进行评估。

为便于演练评估操作，通常事先设计好评估表格，包括演练目标、评估方法、评价标准和相关记录项等。有条件时还可以采用专业评估软件等工具。

3.2.4　编写演练方案文件

演练方案文件是指导演练实施的详细工作文件。根据演练类别和规模的不同，演练方案可以编为一个或多个文件。编为多个文件时可包括演练人员手册、演练控制指南、演练评估指南、演练宣传方案、演练脚本等，分别发给相关人员。对涉密应急预案的演练或不宜公开的演练内容，还要制订保密措施。

（1）演练人员手册。内容主要包括演练概述、组织机构、时间、地点、参演单位、演练目的、演练情景概述、演练现场标识、演练后勤保障、演练规则、安全注意事项、通信联系方式等，但不包括演练细节。演练人员手册可发放给所有参加演练的人员。

（2）演练控制指南。内容主要包括演练情景概述、演练事件清单、演练场景说明、参演人员及其位置、演练控制规则、控制人员组织结构与职责、通信联系方式等。演练控制指南主要供演练人员使用。

（3）演练评估指南。内容主要包括演练情景概述、演练事件清单、演练目标、演练场景说明、参演人员及其位置、评估人员组织结构与职责、评估人员位置、评估表格及相关工具、通信联系方式等。演练评估指南主要供演练评估人员使用。

（4）演练宣传方案。内容主要包括宣传目标、宣传方式、传播途径、主要任务及分工、技术支持、通信联系方式等。

（5）演练脚本，描述演练事件场景、处置行动、执行人员、指令与对白、视频背景与字幕、解说词等。

3.2.5　演练方案评审

对综合性较强、风险较大的应急演练，评估组要对文案制订的演练方案进行评审，确保演练方案科学可行，以确保应急演练工作的顺利进行。

3.3　演练动员与培训

在演练开始前要进行演练动员和培训，确保所有演练参与人员掌握演练规则，演练情景和各自在演练中的任务。

所有演练参与人员都要经过应急基本知识、演练基本概念、演练现场规则等方面的培训。对控制人员要进行岗位职责、演练过程控制和管理等方面的培训；对评估人员要进行岗位职责、演练评估方法、工具使用等方面的培训；对参演人员要进行应急预案、应急技能及个体防护装备使用等方面的培训。

3.4　应急演练保障

3.4.1　人员保障

演练参与人员一般包括演练领导小组、演练总指挥、总策划、文案人员、控制人员、评估人员、保障人员、参演人员、模拟人员等，有时还会有观摩人员等其他人员。在演练的准备过程中，演练组织单位和参与单位应合理安排工作，保证相关人员参与演练活动的时间；通过组织观摩学习和培训，提高演练人员素质和技能。

3.4.2　经费保障

演练组织单位每年要根据应急演练规划编制应急演练经费预算，纳入该单位的年度财政（财务）预算，并按照演练需要及时拨付经费。对经费使用情况进行监督检查，确保演练经费专款专用、节约高效。

3.4.3　场地保障

根据演练方式和内容，经现场勘察后选择合适的演练场地。桌面演练一般可选择会议室或应急指挥中心等；实战演练应选择与实际情况相似的地点，并根据需要调协指挥部、集结点、接待站、供应站、救护站、停车场等设施。演练场地应有足够的空间，良好的交通、生活、卫生和安全条件，尽量避免干扰公共生产生活。

3.4.4　物资和器材保障

根据需要，准备必要的演练材料、物资和器材，制作必要的模型设施等，主要包括：

（1）信息材料：主要包括应急预案和演练方案的纸质文本、演示文档、图表、地图、软件等。

（2）物资设备：主要包括各种应急抢险物资、特种装备、办公设备、录音摄像设备、信息显示设备等。

（3）通信器材：主要包括固定电话、移动电话、对讲机、海事电话、传真机、计算机、无线局域网、视频通信器材和其他配套器材，尽可能使用已有通信器材。

（4）演练情景模型：搭建必要的模拟场景及装备设施。

3.4.5　通信保障

应急演练过程中应急指挥机构、总策划、控制人员、参演人员、模拟人员等之间要有及时可靠的信息传递渠道。根据演练需要，可以采用多种公用或专用通信系统，必要时可组建演练专用通信与信息网络，确保演练控制信息的快速传递。

3.4.6　安全保障

演练组织单位要高度重视演练组织与实施全过程的安全保障工作。大型或高风险活动要按规定制定专门应急预案，采取预防措施，并对关键部位和环节可能出现的突发事件进行针对性演练。根据需要为演练人员配备个体防护装备，购买商业保险。对可能影响公众生活、易于引起公众误解和恐慌的应急演练，应提前向社会发布公告，告示演练内容、时间、地点和组织单位，并做好对方案，避免造成负面影响。

演练现场要有必要的安保措施，必要时对演练现场进行封闭或管制，保证演练安全进行。演练出现意外情况时，演练总指挥与其他领导小组成员会商后可提前终止演练。

4 应急演练实施

4.1 演练启动

演练正式启动前一般要举行简短仪式，由演练总指挥宣布演练开始并启动演练活动。

4.2 演练执行

4.2.1 演练指挥与行动

（1）演练总指挥负责演练实施全过程的指挥控制。当演练总指挥不兼任总策划时，一般由总指挥授权策划对演练全过程进行控制。

（2）按照演练方案要求，应急指挥机构指挥各参演队伍和人员，开展对模拟演练事件的应急处置行动，完成各项演练活动。

（3）演练控制人员应充分掌握演练方案，按总策划的要求，熟练发布控制信息，协调参演人员完成各项演练任务。

（4）参演人员根据控制消息和指令，按照演练方案规定的程序开展应急处置行动，完成各项演练活动。

（5）模拟人员按照演练方案要求，根据未参加演练的单位或人员的行动，并作出信息反馈。

4.2.2 演练过程控制

总策划负责按演练方案控制演练过程。

（1）桌面演练过程控制

在讨论式桌面演练中，演练活动主要是围绕对所提出问题进行讨论。由总策划以口头或书面形式，部署引入一个或若干个问题。参演人员根据应急预案及有关规定，讨论应采取的行动。

在角色扮演或推演式桌面演练中，由总策划按照演练方案发出控制消息，参演人员接收到事件信息后，通过角色扮演或模拟操作，完成应急处置活动。

（2）实战演练过程控制

在实战演练中，要通过传递控制消息来控制演练进程。总策划按照演练方案发出控制消息，控制人员向参演人员和模拟人员传递控制消息。参演人员和模拟人员接到到信息后，按照发生真实事件的应急处置程序，可根据应急行动方案，采取相应的应急处置行动。

控制消息可由人工传递，也可以用对讲机、电话、手机、传真机、网络等方式传送，或者通过特定的声音、标志、视频等呈现。演练过程中，控制人员应随时掌握演练进展情况，并向总策划报告演练中出现的各种问题。

4.2.3　演练解说

在演练实施过程中，演练组织单位可以安排专人对演练过程进行解说。解说内容一般包括演练背景描述、进程讲解、案例介绍、环境渲染等。对于有演练脚本的大型综合性示范演练，可按照脚本中的解说词进行讲解。

4.2.4　演练记录

演练实施过程中，一般要安排专门人员，采用文字、照片和音像等手段记录演练过程。文字记录一般可由评估人员完成，主要包括演练实际开始与结束时间、演练过程控制情况、各项演练活动中参演人员的表现、意外情况及其处置等内容，尤其要详细记录可能出现的人员"伤亡"（如进入"危险"场所而无安全防护，在规定的时间内不能完成疏散等）及财产"损失"等情况。

照片和音像记录可安排专业人员和宣传人员在不同现场、不同角度进行拍摄，尽可能全方位反映演练实施过程。

4.2.5　演练宣传报道

演练宣传组按照演练宣传方案作好演练宣传报道工作。认真做好信息采集、媒体组织、广播电视节目现场采编和播报等工作，扩大演练的宣传教育效果。对涉密应急演练要做好相关保密工作。

4.3　演练结束与终止

演练完毕，由总策划发出结束信号，演练总指挥宣布演练结束。演练结束后所有人员停止演练活动，按预定方案集合进行现场总结讲评或者组织疏散。保障部负责组织人员对演练场地进行清理和恢复。

演练实施过程中出现下列情况，经演练领导小组决定，由演练总指挥按照事先规定的程序和指令终止演练：（1）出现真实突发事件，需要参演人员参与应急处置时，要终止演练，使参演人员迅速回归其工作岗位，履行应急处置职责；（2）出现特殊或意外情况，短时间内不能妥善处置或解决时，可提前终止演练。

5 应急演练评估与总结

5.1 演练评估

演练评估是全面分析演练记录及相关资料的基础上，对比参演人员表现与演练目标要求，对演练活动及其组织过程作出客观评价，并编写演练评估报告的过程。所有应急演练活动都应进行演练评估。

演练结束后可通过组织评估会议、填写演练评价表和对参演人员进行访谈等方式，也可要求参演单位提供自我评估总结材料，进一步收集演练组织实施的情况。

演练评估报告的主要内容一般包括演练执行情况、预案的合理性与可操作性、应急指挥人员的指挥协调能力、参演人员的处置能力、演练所用设备装备的适用性、演练目标的实现情况、演练的成本效益分析、对完善预案的建议等。

5.2 演练总结

演练总结可分为现场总结和事后总结。

（1）现场总结。在演练的一个或所有阶段结束后，由演练总指挥、总策划、专家评估组长等在演练现场有针对性地进行讲评和总结。内容主要包括本阶段的演练目标、参演队伍及人员的表现、演练中暴露的问题、解决问题的办法等。

（2）事后总结。在演练结束后，由文案组根据演练记录、演练评估报告、应急预案、现场总结等材料，对演练进行系统和全面的总结，并形成演练总结报告。演练参与单位也可对本单位的演练情况进行总结。

演练总结报告的内容包括：演练目的，时间和地点，参演单位和人员，演练方案概要，发现的问题与原因，经验和教训，以及改进有关工作的建议等。

5.3 成果运用

对演练中暴露出来的问题，演练单位应当及时采取措施予以改进，包括修改完善应急预案、有针对性地加强应急人员的教育和培训、对应急物资装备有计划地更新等，并建立改进任务表，按规定时间对改进情况进行监督检查。

5.4 文件归档与备案

演练组织单位在演练结束后应将演练计划、演练方案、演练评估报告、演练总结报告等资料归档保存。

对于由上级有关部门布置或参与组织的演练，或者法律、法规、规章要求备案的演练，演练组织单位应当将相关资料报有关部门备案。

5.5 考核与奖惩

演练组织单位要注重对演练参与单位及人员进行考核。对在演练中表现突出的单位和个人，可给予表彰和奖励；对不按要求参加演练，或影响演练正常开展的，可给予相应批评。

6 附则

6.1 名词解释

（1）演练情景。指根据应急演练的目标要求，根据突发事件发生与演变的规律，事先假设的事件发生发展过程，一般从事件发生的时间、地点、状态特征、波及范围、周边环境、可能的后果以及随时间的演变进程等方面进行描述。

（2）应急响应功能。突发事件应急响应过程中需要完成的某些任务的集合，这些任务之间联系紧密，共同构成应急响应的一个功能模块。比较核心的应急响应功能包括：接警与信息报送、指挥与调度、警报与信息公告、应急通信、公共关系、事态监测与评估、警戒与治安、人群疏散与安置、人员搜救、医疗救护、生活救助、工程抢险、紧急运输、应急资源调配等。

（3）应急指挥机构。应急预案所规定的应急指挥协调机构，如现场指挥部等。

（4）演练参与人员。参与演练活动的各类人员的总称，主要分为以下几类：

演练领导小组：负责演练活动组织领导的临时性机构，一般包括组长、副组长、成员。

演练总指挥：负责演练实施过程的指挥控制，一般由演练领导小组组长或上级领导担任；副总指挥协助演练总指挥对演练实施过程进行控制。

总策划：负责组织演练准备与演练实施各项活动，在演练实施过程中在演练总指挥的授权下对演练过程进行控制；副总策划是总策划的助手，协助总策划开展工作。

文案人员：指负责演练计划和方案设计等文案工作人员。

评估人员：指负责观察和记录演练进展情况，对演练进行评估的专家或专业人员。

控制人员：指根据演练方案和现场情况，通过发布控制消息和指令，引导和控制应急演练进程的人员。

参演人员：指在应急演练活动中承担具体演练任务，需针对模拟事件场景作出应急响应行动的人员。

模拟人员：指演练过程中扮演、代替某些应急响应机构和服务部门，或模拟事件受害者的人们。

后勤保障人员：指在演练过程中提供安全警戒、物资装备、生活用品等后勤保障工作的人员。

观摩人员：指在观摩演练过程的其他各类人员。

（5）演练控制消息。指演练过程中向演练人员传递的事件信息，一般用于提示事件情景的出现和引导和控制演练进程。

（6）演练规划。指演练组织单位根据实际情况，依据相关法律法规和应急预案的规定，对一定时期内各类应急演练活动作出的总体计划安排，通常包括应急演练的频次、规模、形式、时间、地点等。

（7）演练计划。指对拟举行演练的基本构想和准备活动的初步安排，一般包括演练的目的、方式、时间、地点、日程安排、经费预算和保障措施等。

（8）演练方案。内容一般包括演练目标、演练情景、演练实施步骤、评估标准与方法、后勤保障、安全注意事项等。

（9）演练评估。由专业人员在全面分析演练记录及相关资料的基础上，对比参演人员表现与演练目标要求，对演练活动及其组织过程作出客观评价，并编写演练评估报告。

6.2 适用范围

本指南适用于各级、各类预警及应对处置领导机构组织开展突发事件应急演练时参考。并可结合本地区、本部门、本行业、本单位的实际情况制定具体的应急演练操作细则。

附录二

相关论文

附录1　提升高校应对突发事件能力的十大路径

摘　要：高校历来是人才培养的重要基地，也是突发事件的高发领域。高校的安全稳定事关人才培养和社会稳定。高校要坚持以人为本的教育理念，增强忧患意识，着力提升应对突发事件的能力，有效保障师生的生命财产安全，为大学生成长成才创造良好的育人环境，更好地维护高校稳定和社会稳定。

关键词：高校　突发事件　应对能力　路径

高校历来是人才培养的重要基地，也是近年来突发事件的高发领域。在全球化进程和社会转型日益加快之际，我国正处于人民内部矛盾的凸显期、恶性刑事案件的多发期和意识形态斗争的复杂期，影响高校安全稳定的突发事件的诱因大量存在。因此，提升高校应对突发事件的能力，既是做好教书育人工作的客观需要，也是维护安全稳定大局的紧迫任务。

一、强化"第一保障"，提高认识能力

安全稳定是教书育人的首要条件，是社会发展的"第一保障"。古语云"郡县治则天下安"，从一定角度讲，当今是"高校稳则社会定"。

高校的安全稳定，事关师生员工的生命财产，事关千家万户的幸福安康，事关高校和社会的和谐发展。从国际背景看，西强东弱的总体态势没有得到根本改变，不同社会意识形态的斗争仍然十分严峻。高校历来是各类文化思潮交流碰撞的地方，青年学生历来是各种势力渗透侵蚀的重点，校园已经成为各种思想文化较量的前沿。从国内情况看，人均 GDP 处在 1000 美元到 3000 美元的发展阶段，经济社会的转型加快了文化思想的传衍；改革开放的不断深入，使得一些深层矛盾相继暴露，社会热点问题和焦点问题持续骤增，这些因素势

必给高校的安全稳定带来不利影响。从高校自身看，高等教育大众化成就了高教大国的夙愿，但同时存在着"软件"方面未能跟进的状况；高等教育园区化实现了有限资源的充分利用，但同时存在着容易引发群体性事端的可能；高校后勤社会化解除了"学校办社会"的沉重负担，但同时存在着投资主体与消费主体的利益冲突；高等教育国际化促进了中西文化的交流吸纳，但同时存在着多元文化与不同价值观的相互碰撞。

面对这种严峻形势，我们要有忧患意识，提高思想认识，坚持安全稳定是"第一保障"的发展原则，把提升应对突发事件的能力当作重大问题来抓，努力做到"防患于未然"、"应对于其时"，切实维护好高校的安全稳定工作。

二、捕捉"第一信号"，提高判断能力

要特别关注突发事件前的"第一信号"，及时捕捉影响安全稳定的某些征兆，准确判明酿造不良事端的种种苗头。

社会燃烧理论的专家指出，社会系统从井然有序到杂乱无序，再到最终爆发重大突发性危机事件，其内在机理实质上是一个从量变到质变的过程，当形成危机的因素积累到一定程度，并在"导火线"的作用下，危机即会发生[①]。这无疑为关注"第一信号"、提高判断能力提供了理论依据。

要正确判断突发事件发生的"第一信号"，势必应当提高预防和应对突发事件的判断能力。事件发生前，能及时关注到种种"第一信号"，明确判断出是否会发生，何时会发生；事件发生时，要能快速判断出事件的性质、规模和演变的趋势，制定出切实可行的对策；事件发生后，要对参与者的思想情绪做出预测判断，注重对人们的心理行为进行跟踪分析，掌握其发展态势，并采取针对性措施。

当前，特别要注意某些特殊群体的心理行为，尤其要防止"社会病态人格"的形成。譬如对家庭经济困难、父母离异、学业困难、自卑孤僻、行为异常等学生，要加强教育疏导和心理咨询，谨防可能形成"依赖人格、戏剧人格、自恋人格、反社会人格、强迫人格、被动—攻击人格、分裂症人格、回避人格、边际人格、妄想人格、分裂人格等"[②]。云南大学学生马加爵，就是这类特殊群体中社会病态人格畸形发展的一个典型代表。由于未能及时察觉到他的"社会病态人格"形成时的种种迹象，任其恶性发展，最终坠入犯罪深渊。

三、抢抓"第一时间"，提高反应能力

力求在"第一时间"做出恰当处置，是高校应对突发事件的一条基本

准则。

突发事件具有来势急、影响大、扩散性强等特征，一旦发生，必须在最短时间内采取最有效的措施。一是反应快速迅捷。领导干部要靠前指挥，相关人员应立马到位，尽快开展工作，迅速向上级组织和新闻媒体通报情况，以便协调指挥，引导舆论。二是定性准确恰当。迅速弄清事实，查明原因，不能因为反应慢、行动迟，失去最佳工作时机，尤其要本着可散不可聚、可解不可结、可疏不可激的原则，做好解疑释惑、疏导教育工作。三是决策果断有力。在尽可能短的时间内统揽事件的全局，抓住关键，作出正确决策，采取有力举措，尽最大努力缓解、化解矛盾，防止事态扩大，这是关系事件处理成败的关键因素。

事实表明，决策人物面对突发事件的快速反应能力是至关重要的。如果在处置上麻木不仁，或者迟疑不决，那么，就是对犯罪行为的纵容，甚至引发严重后患。从美国发生"4·16"校园枪击案的过程来看，弗吉尼亚理工大学校方和警察反应迟缓，处置不力。枪手杀害2名学生后，校方和警察没有及时采取果断措施，没有及时组织学生立即疏散或撤离，导致两个小时后枪手又返回教学楼枪杀了30人③。因此，只有在突发事件发生的"第一时间"内迅速作出反应，才能将突发事件带来的损失降低到最低程度。

四、筑牢"第一防线"，提高化解能力

筑牢"第一防线"就是要防微杜渐，牢固构筑起预防突发事件的"万里长城"。

首先，要抓好基层应急预案的制订工作。按照职责清晰、简明扼要、操作性强的原则，各高校应督促基层制订出应急预案，形成校园内"横向到边、纵向到底"的预案体系，做到不管事情发生在哪个层面，都能沉着应对，妥善处置。

其次，要抓好不同群体的动态分析工作。尤其是在敏感时期，应及时做好信息收集、分析、归类和报送工作。对于某些特殊群体，应随时了解其所思所想，及时掌握思想动向，针对有可能引发不稳定隐患的可疑迹象，提出具体可行的应对策略。

再次，要抓好安全稳定隐患的排查工作。坚持分散排查与集中排查、全面排查与专项排查相结合的原则，落实到教学、科研、管理、生活等各个环节，深入到公寓、食堂、教室、实验室、图书馆等各种活动场所及重点部位，不留空白，不留死角。对排查出来的问题要定部门、定人员、定时间进行整改，做到从源头上化解矛盾。

此外，要抓好矛盾的疏导和化解工作。要对学生动之以情，晓之以理，知之以耻，明之以法，谨防弱势群体在得不到正当利益诉求时铤而走险。要敏锐抓住那些初露端倪的种种迹象，从偶然性中把握必然性；尽量把问题消除在萌芽，化解在基层，拦截在校内；力戒把简单问题复杂化、个别问题群体化、内部问题社会化、局部问题扩大化。切实做到关口前置，重心下移，触角延伸，筑牢维护校园安全稳定的"第一防线"。

五、把握"第一手段"，提高服务能力

理论的研究和实践的发展无不证明："教育就是服务"[④]。学校开展的一切工作，都是为社会、为学生、为家长提供教育服务。因此，提高优质服务能力，是维持高校安全稳定的"第一手段"。

学生是高校生存和发展的基础，学校教学、管理等各项工作都应树立为学生服务的思想，坚持以学生的成长、成才与成功为宗旨，急学生之所急，想学生之所想，解学生之所难，办学生之所盼，最大限度地把握"第一手段"，全心全意地提供令学生满意的优质服务。

一要服务于学生的学业需求。高校课程的特点是"多"而"杂"、"专业性强"、"内容非常广泛"[⑤]。但是，"知识改变命运"，青年学生的未来命运和灿烂前景首先要靠满足他们的"学业需求"去自我描绘。把学习的主动权、选择权和督促权交给学生，变"要我学"为"我要学"，变"逼我学"为"主动学"，变"被动学"为"自动学"，引导学生健康成长、自主成才和走向成功。

二要服务于学生的生活需求。把解决思想问题和解决实际问题结合起来，做好对家庭经济困难学生特别是特困学生的帮扶工作，确保没有一个学生因贫困而辍学，不能使学生因经济困难而对生活失去信心，继而成为引发突发事件的导火索和引爆点。

三要服务于学生的心理需求。认真开展心理健康教育，做好心理辅导和咨询工作，建立危机事件心理援助机制。特别要关注性格内向、言行异常、直系亲属或本人有精神病史、遭受重大打击以及失恋的学生，避免大学生自杀、自残和伤害他人的事件发生。

四要服务于学生的安全需求。抓好对大学生的人身安全、消防安全、交通安全和防骗、防盗、防劫等安全教育，树立起人人重视安全、时时注意安全、事事确保安全的思想，帮助学生提高安全防范能力。

五要服务于学生的就业需求。就业乃民生之本，谋职是发展之始。要认真做好学生的创业培训、就业指导、政策咨询、项目论证及跟踪辅导等工作，努力实现毕业生的充分就业，减少不稳定因素和群体性事件产生的"就业难"诱因。

六、关注"第一动力"，提高创新能力

创新是国家生生不息的灵魂，是民族进步的不竭源泉。创新是大学生成长、成才、成功的"第一动力"，也是不断开拓高校安全稳定工作新局面的必由之路。

面对复杂多变的新形势、快速发展的新情况、多元思想的新特点，坚持创新理念、提高创新能力，是睿智处理高校各种突发事件的核心和灵魂。

首先是观念创新。思想是行动的先导，是推进工作的内在动力。在预防和化解高校突发事件中，应注重为学校的改革发展服务，为学生的成长、成才、成功服务，为经济社会的繁荣进步服务。

其次是机制创新。要建立健全党委统一领导、党政齐抓共管、有关部门各司其责积极配合、全社会高度关注大力支持的体制机制，使预防和应对突发事件的工作，贯穿教育教学的全过程，落实到教书育人、管理育人、服务育人等各个环节中。

再次是方法创新。紧紧围绕当前热点、难点等问题，探索解决问题的新途径、新方法，寻求工作创新的突破点和增长点，真正体现以创新求突破，以创新求发展，以创新求提高，以工作的创新换取学校安全稳定的新局面。

七、做好"第一学问"，提高研究能力

突发事件的滋长酿成有其规律性，与经济社会的诸种因素也存在必然联系，应该发挥高校科研的专长和优势，把突发事件作为当前的"第一学问"来做，论证立项，深入探讨，切实提高高校的应对能力。

什么叫研究呢？美国高等教育家弗莱克斯纳认为，收集信息不是研究，收集大量的描述性材料不是研究，未经分析的和无法分析的材料，不管收集得多么巧妙，都构不成研究，报告不是研究，检查不是研究；研究"是个人独自作出的静悄悄的和艰苦的努力"⑥。我们应该弘扬这种严谨缜密、追求本真的科学研究精神。

当前预防和化解突发事件工作面临着许多亟待解决的新课题，譬如如何切实有效地做好大学生的安全教育？如何建立健全预防和应对突发事件的运行机

制？如何正确处理高校改革发展与稳定的关系等等，都需要进行认真研究。切实探明突发事件的前因后果，洞悉应急预案的理论依据，找到处置化解的有效措施等，把安全稳定的工作做得更加理智、扎实和自觉。

八、坚持"第一尺度"，提高绩效能力

"以人为本"是衡量高校安全稳定工作的"第一尺度"。突发事件的发生，往往会伤害到师生员工的切身利益，甚至危害到他们的生命安全。因此，应对突发事件的工作，体现了"以人为本"的科学发展观，具有丰富而又深刻的人文内涵，也是一项得人心、暖人心的重要"人心"工程。

前些年，高校比较注重盖大楼、买设备、扩生源等有形发展。其实，有形发展是"政绩"，内涵提升也是"政绩"。从"生命高于一切"的角度讲，抓安全，保稳定，做好应对突发事件的工作，确保师生生命财产安全，给师生营造一个安全稳定的良好环境，是高校工作的最大"政绩"。

当前，高校领导要致力于做好预防和应对突发事件工作，把维护师生员工的生命财产安全放在第一位，作为校园安全稳定工作的立足点、出发点和落脚点。从师生员工最现实、最直接、最切身的利益出发，从他们最关心、最盼望、最忧虑的问题入手，以深情的人文关怀和过硬的工作业绩，赢得师生员工的由衷拥戴，确保校园的永久平安。

九、落实"第一责任"，提高执行能力

提升突发事件的应对能力，保障师生生命财产安全，维护高校与社会稳定，是高校领导的"第一责任"。高校领导要认真贯彻落实上级的精神，把"第一责任"意识熔铸在思想深处，切实提高执行能力。

一是抓工作部署。党委书记、校长作为学校第一责任人，要切实全面地负起总责，对每年的安全稳定工作要亲自部署，要明确各单位、各部门的任务与职责，层层分解任务，层层明确责任，一级抓好一级。

二是抓工作调研。高校领导要经常深入基层进行调查研究。调研中不仅应坚持问需于师生，而且对存在问题的解决也应坚持问计于师生，亲自研究解决矛盾和隐患的对策措施。

三是抓工作落实。要注重分解和细化突发事件处置中的各项任务，切实抓好责任落实、制度落实、措施落实。要建立健全高校应对突发事件的领导责任制、工作责任制和责任追究制，对因领导不力、工作不落实，造成重大恶性案件、重大群体性事件和重大治安事故的，应严肃追究当事人及相关领导的责任。

十、讲求"第一效应",提高保障能力

教师威信的建立非常强调与学生见面的"第一效应"[⑦],应对突发事件的工作也应讲究"第一效应"。

灾害经济学研究表明,事前花一分钱做灾害预防,可以减少十分的灾害损失。美国著名管理学家戴维·奥斯本和特德·盖布勒认为,管理的目标是使用少量钱预防,而不是花大量钱治疗[⑧]。花钱买平安,舍得在预防上投入,是减轻灾害损失最经济、最有效的办法之一。

"技防"在预防和应对高校突发事件中具有不可替代的作用。"技防"设施具有全天候、全方位、灵敏度高、隐匿性强、视野开阔、多维动画等特点,能起到实时监控作用、事后查证作用、协同连网作用与反复重现作用,能够弥补传统人防、物防的不足,大大提高校园安全稳定的防范能力。

有鉴于此,高校要把"技防"建设纳入学校建设总规划。在对技防设施投入上,既要长远规划,又要立足当前;既要尽力而为,又要量力而行;既要统筹兼顾,又要突出重点;既要把握长远性目标与阶段性目标的统一,又要把握目标与过程的统一。要加大对电视监控、红外报警、无线通信、强光照明、消防设施、机动车辆技防设施的投入,形成完备有效的校园技防体系,有效维护校园的安全稳定。

参考文献:

①牛文元. 社会物理学与中国社会稳定预警系统 [J]. 中国科学院院刊, 2001, (1): 15~20.

②辞海(缩印本)[M]. 1999, 1930.

③http://news. sina. com. cn/w/2007-08-31/024612480580s. shtml.

④华长慧等. 教育就是服务——宁波构建区域服务型教育体系的理论与实践 [M]. 北京: 高等教育出版社, 2009.

⑤冯刚. 大学, 梦起飞的地方 [M]. 清华大学出版社, 2005, 10.

⑥弗莱克斯纳著, 徐辉等译. 现代大学论——英美德大学研究 [M]. 杭州: 浙江教育出版社, 1981, 108.

⑦喻立森. 论教师的威信 [J]. 教育评论, 1989 (3).

⑧金进喜. 论群体性突发事件预警机制的构建 [J]. 理论与改革, 2008, (2): 75~77.

(发表于:《教育研究》, 2010-2)

附录 2　发挥现代科技在建设和谐校园中的促进作用

摘　要：本文从科技的双刃剑这个特点出发，列举了科技在政治上、思想上、生活上、经济上、学业上等方面给高校稳定带来的负面影响，论证了科技在高校创安、育人、服务、管理、创业等方面所发挥的正面效应，分析了新形势下和谐校园建设对科技的重大迫切需求，提出了进一步发挥科技在和谐校园建设中促进作用的对策建议。

关键词：科技　高校稳定　和谐校园

和谐校园建设是贯彻和谐社会建设的必然要求，和谐校园建设是个整体推进的过程，是集学校改革、发展、管理、文化、科技等多维度的协调统一。其中，科技是和谐校园建设中的一个重要维度，我们要因势利导，充分发挥其在和谐校园建设方面的促进作用。

一、科技在和谐校园建设中的重要作用日益凸显

科技在和谐校园建设中的作用是多方面的，同时又需要着具体的界定。有的是通过利用现代化多媒体技术和网络技术等科技手段达到育人的目的，有的是通过电子监控、对讲机等科技手段达到科技创安的目的，有的是通过科技创造发明、科研成果转化为生产力达到服务经济社会的目的，有的是通过科技创造发明达到科技创业的目的等等。无论是利用科技载体的手段还是利用科研创造发明的成果都说明科技对学校的作用都是客观的、多方面的。具体来说，科技在和谐校园建设中的作用主要有以下五大方面。

一是体现在科技创安方面。科技创安就是把现代科技技术应用到学校的安全保卫工作中。如可监视系统，它通过遥感摄像机及其辅助设备直接观看监控场所的情况，并通过图像记录下来，为日后处理提供了重要依据，破解了作案人作案手段不断翻新、多样、不留痕迹以及被抓获后死不承认的问题。又如，学校在安全防范中还采用了门禁系统、入侵报警系统、巡更系统、求助报警系统、消防报警系统、机动车出入管理系统等高科技手段。这些现代科技设施具有全天候、全方位、灵敏度高、视野开阔、稳定性好的优点，弥补了传统人防、物防的不足，提高了校园防范能力和工作效率，威慑和制止了非法入侵盗窃等刑事犯罪的发生，有效维护师生的人身、财物和学校的财产安全，及时准确地处置治安事件和突发事件，确保了学校的安全稳定。

二是体现在科技育人方面。首先，提高了课堂教学的效能性。利用 PPT 等科技手段将投影、录像、VCD、计算机等引进课堂，使课堂教育具有形、声、光、色的特点，突破了"一个本、一支笔、一张图、一张嘴"的传统教育方式，加深了学生对课堂教育内容的理解，提高了教学效果。其次，增强了德育教育的可接受性。利用互联网获取最新德育信息，通过集文字、图片、声音、动画于一体的多媒体教育手段，使抽象的道理变成具体、形象、生动、直观的形式，大大增强了德育教育的可接受性。再次，提供了对话沟通上的及时性。利用计算机网络"人机对话"的功能，就学生关注的热点、难点问题进行探讨。这种"即时式"的思想政治教育工作起到直接、迅捷、互动的效果。此外，通过监控公共场所学生的日常行为和网络监控学生的课堂考试，促进学生自觉养成日常的文明行为习惯和诚信道德，等等，这些无一不说明高科技在综合育人上的效能。

三是体现在科技服务方面。首先，把科技研究新技术运用到产业。高校把自己研究的最新成果，投入到生产企业的实际应用，获得显著的经济效益，成为推动地方经济建设的一台名副其实的发动机。其次，用科技知识培训紧缺人才。高校根据社会需求，不断拓展人才培训项目，大力培养实用人才，对解决就业、满足地方经济社会发展对各类紧缺人才的需求作出了积极贡献。再次，利用科技知识为地方政府科学决策服务。高校学者对地方经济社会发展建设提出科学合理的建议，通过博士、教授下基层活动，利用科技知识为企业、农村、社区服务。

四是体现在科技管理方面。计算机和网络等现代科技广泛应用于高校的教学管理、科研管理、财务管理、人事管理、后勤管理、学生管理、社会服务管理等各项管理之中，形成高效能的管理模式，大大改变了以往人工操作数据不准、信息滞后的状况。如把计算机和网络通讯技术广泛应用于学校读书的参观采购、编目、检索、借阅等各个环节，极大提高了速度，方便了师生的学习。把计算机和网络通讯应用于科研设备管理，能及时了解科研设备资源的利用情况向社会企业和各部门公布设备资源，以提高闲置设备的利用率。利用短信群发平台，能及时通知每个学生以及学生家长，大大节约了时间，提高了管理效率和水准。

五是体现在科技创业方面。首先，高校把高新技术成果经过孵化实现商品化和产业化，如利用技术优势走上市融资的跨越式发展之路。其次，教师通过掌握的技术，创办高新技术企业，走科技创业的道路。再次，教师利用科研成果为企业提供技术服务。此外，学生参与教师的科研工作，在参与教师的科研过程中锻炼实践能力，提高创新创业能力，为其今后的职业发展作好准备。

二、把握和谐校园建设对科技的重大迫切需求

提高教学质量，迫切需要注入更多科技含量。当前高等教育发展已经从外延发展为主进入内涵发展为主，从量的扩张转变为质的提高的时期。过去在实施教育手段中因教材内容陈旧、信息量少、时代感不强以及科技含量不高等因素导致教育质量不高。要提高教学质量，一个重要途径就是要在教学中注入更多的科技含量，通过科技手段的进步，让学生在智能化、便捷化、形象化的学习中，有效地获取最新知识，以达到提高教学质量之目的。

强化服务社会，迫切需要提升科技服务水平。服务地方经济社会发展，不仅是高校对社会承担的责任，也是高校内在发展的动力。当前，我国社会的发展正处于经济体制转轨、社会结构转型、经济结构提升，城市功能转换的关键时期，保持经济"又好又快"发展，必须推动经济增长方式从要素驱动型向创新驱动型的根本转变，必须坚持走科技创新和人才强国之路。面对经济社会发展的需求，高校要主动融入经济建设主战场，围绕地方产业结构调整，充分发挥高校在人才、设备和科技等方面的优势，积极开展科技研发和创新，提高科技创新能力，着力提升高校对经济社会发展的贡献度，在服务和推进经济社会发展中实现自身新的攀登、提升和超越。

建设平安校园，迫切需要加强技防设施建设。随着社会的发展，生活质量的提高，"生命第一"、"平安是金"的观念日益深入人心，学生和家长以及社会各界对学校的安全工作提出了更高的要求，家长把子女在校的安全作为对学校的第一要求。针对当前一校多区、一区多校、同班不同学、同学不同班以及人员流动性大、校园周边环境复杂等状况，仅靠人防和物防是有局限性的，强化"科技创安"是必然的选择。"技防"覆盖面广，具有实时监控作用、事后查证作用和威慑作用，只有建立人防、物防和"技防"三位一体的防范体系，学校的安全才会有可靠的保证。

提升综合实力，迫切需要加强科技力量。当前全国各地都在加快科教事业的发展，把科技教育作为增强综合竞争力的核心要素，区域竞争已从过去争资金、争土地、争项目等"量的竞争"，转到争研发力量、争科技项目、争科研人才"质的竞争"。面对这种态势，迫切要求加快科技事业发展，提高经济增长的科技含量和知识含量，全面增强综合竞争力。为此，高校要从贯彻科学发展观的高度，大力推进科技创新和知识创新，实现教育科技和产业发展的成功

耦合，提高高校对经济社会发展的贡献度，进而不断提升学校的综合实力。

培养创新人才，迫切需要提高科技素养。大学生的科技素养是一个国家经济社会发展的重要维系，关系到一个民族的强弱和兴衰，关系到国家发展总战略的实现。我国要在21世纪激烈的国际竞争中处于主动地位，必须要提高大学生的整体科技素养。我们要从过去以学历文凭为中心转向以提高科技素养为中心，大力加强和提高大学生的科技素养，并要求大学生将科技素养转化为创新创业的能力，转化为创造物质财富的能力，为建设创新型国家作出应有的贡献。

三、进一步发挥科技在和谐校园建设中的促进作用

在思想上要坚持"三个充分认识"。一要充分认识依靠科技是高校建设人力资源强国始终要肩负的重任。科技是第一生产力，人才是第一资源。当今时代，科学技术已成为经济社会发展的决定性力量，成为综合国力竞争的最重要因素。高校必须把科技工作放在全局的战略位置，大力推进科技创新、教育创新和知识创新，为加快现代化建设提供强大的科技支撑和智力支持。二要充分认识依靠科技是建设创新型国家的需要。高校是国家创新体系的重要组成部分，高校要把依靠科技作为建设创新型学校和贯彻创新型国家的重要任务。三要充分认识依靠科技是高校服务经济社会发展的必然选择。高校发展的活力和生命力，关键在于服务经济社会发展的能力，高校作为落实国家中长期科学技术发展规划纲要的一个重要力量，作为整个社会创新的最重要源头之一，要自觉面向经济建设主战场，引领和支持现代化建设发展。

在服务地方经济社会发展中要实现"三个突破"。一要在提高学科建设主动对接区域经济社会发展上有新的突破。要针对地方经济发展的基础产业、支柱产业和重点产业的发展需要，积极主动调整学科设置，加快推动促进地方经济发展的主导产业、支柱产业发展的重点优势学科和紧缺专业建设，满足地方经济社会发展对人才的需求。二要在服务社会发挥"顶天立地"的作用上有新突破。"顶天"，就是学校的科研要为国家建设发展的需要服务，"立地"，就是学校的科研、科技要为地方经济社会发展的需要服务，着力解决国家和地方经济社会发展中的技术瓶颈问题。三要在科研成果的转化上有新突破。要充分利用网上技术市场，及时发布科研成果，积极寻求合作伙伴，推动科研成果的转化。积极推进学校与企业之间科研成果的交流洽谈，鼓励社会资源通过投资、参股等多种方式与高校共同组建推广、应用科研成果的经济实体，不断提高科研成果的转化能力。

在加大校企科技合作上要建立"三种机制"。一要建立共赢机制。高校在校企科技合作上要发挥自身作为科技源头的辐射作用，积极推动和参与科技成果向企业转化，以更好地发挥其服务社会功能。同时通过科技成果转化，进一步增强自身的科研能力和办学实力，实现产学研的结合，提高人才培养的质量。企业在校企合作中吸收了最新研究成果，达到了优先获得和使用技术成果的目的，提高了产品的科技含量，提升了企业在社会中的竞争力，获得了更多、更大的利润空间，从而增强了企业的可持续发展能力。二要建立资源共享机制。采取互换、互聘、联聘、兼职等各种形式，聘请社会、企业的高级技术管理人才到高校任教、授课、带学生。高校要充分依托研发园区、科技园区和各类工业园区的资源，与企业联办科研机构和重点实验室以及项目研发、科技攻关、咨询服务、人才培训等各种形式的合作。鼓励社会资源通过投资、参股等各种方式参与实验室建设，建立教师到企业挂职、兼职锻炼，帮助企业解决技术攻关，产品开发和新工艺推广中的难题。三要建立激励机制。在政治上，要对在科技创新中取得突出业绩的人员授予劳动模范等荣誉称号。在经济上，要根据贡献大小进行不同奖励和享受政府补贴。在职称上，要根据取得的业绩，在职称、技术职务评聘、考核给予倾斜。在课题上，对有突出贡献的人员要重点支持。

在科技创新人才培养上要实现"三个转变"。一要从知识能力提高向创新能力提高转变。大学不仅是传授知识，更重要的是传授本领。要注重创新创业教育，加强探究性学习。积极开展各类设计竞赛、技能竞赛和创业竞赛，突出实践环节的权重，强化学生的创新意识和创新实践能力的培养。学校、政府和各级部门，要支持大学生的创新项目，建设大学生创业基地，实现从注重知识传授向更加重视能力和素质培养的转变。二要从培养学生的求职者向岗位创造者转变。高校不仅要培养就业岗位的竞争者，更要培养就业岗位的创造者。培养学生的一技之长，帮助每个学生发现自己的才能，点燃创新创业之火，培养团结合作的精神。三要从注意人才培养统一规格向坚持人才培养个性化方向转变。要改变以往人才培养过分注重统一规格、统一标准的做法，充分重视学生个体发展的需求，把学习选择权和成才选择权交给学生，将过去老师教什么学生学什么转变为学生学什么老师教什么，充分调动学生学习的积极性。

在提高科技支撑的长效机制上要坚持"三个体系"。一要健全组织领导体系，学校要把依靠科技支撑促进和谐校园建设放在重要位置，作为落实科学发展观和建设创新型学校的重要内容，真正把依靠科技支撑作为促进和谐校园建设和推进学校又快又好发展的手段。二要建立健全督查考评体系，基于科技在学校的作用是多方面的，应逐渐建立和完善对学校在科技育人、科技服务等方面的督查考评，作为考评学校办学质量和水平的重要内容。三要健全投入保障体系，要从上级要求和学校实际出发，加大对科技创安、教育设施、科研设备等经费的投入，及时进行技术改造和更新，确保满足科技创安、科技育人、科技管理等方面的需求，并对教师进行科研和课题研究的经费予以支持。

参考文献：

1. 周济：《大学发展与科学发展》，《中国高等教育》，2007 年第 5 期。

2. 谢焕忠：《新形势下高校科技工作面临的机遇挑战与对策》，《中国高等教育》，2006 年第 10 期。

（发表于：《中国高等教育》，2008 - 11）

附录3 构建和谐校园的十个着力点

构建和谐校园是贯彻科学发展观的内在要求，是构建和谐社会的重要组成部分，是推动学校更快、更好发展的重要条件，是育人环境的重要保障。构建和谐校园是个系统工程，也是个永恒的主题，需要我们作出不懈努力。

1. 以发展促和谐。发展是硬道理，是构建和谐社会的首要任务。在当今社会发展加快，情况复杂多变，竞争日趋激烈，内外压力加大的新情况下，唯有发展才能凝聚人心，唯有发展才能增加竞争力，唯有发展才能有效化解各种矛盾，唯有发展才能最大化实现广大干部教师经济政治文化利益。在发展问题上任何等、靠、要、拖的思想和做法，只能失去发展良机，最终殆害发展。我们必须自觉按照科学发展观的要求，紧紧抓住发展主题，更新发展观念，丰富发展内涵，开拓发展思路，破解发展难题，突出发展重点，凝聚发展力量，协调各方利益，推进学校又快又好地发展。

2. 以质量促和谐。质量是高校永恒的主题，是立校之本，办学之基，强校之源，抓质量是贯彻科学发展观和办人民满意教育的具体体现。高校在经历近年来的跨越式发展后，影响高等教育质量的一些深层次矛盾逐渐显现，提高高等教育质量的重要性越来越突出，在当前和今后高校的发展必须着重提升内涵发展，坚持走质量立校、特色兴校的路子，采取一切有效措施，大力培养适应地方经济社会发展需求，特别是产业发展急需的技能型实用人才，为经济社会发展提供强有力的人才支撑和智力支持。

3. 以德育促和谐。以育人为中心，牢固树立"学校教育，育人为本，德智体美，德育为先"的思想观念，按照胡锦涛总书记提出的"八荣八耻"的要求，把德育为先落实到引导大学生坚定理想信念之魂，立牢民族精神之根，夯实道德规范之基，增强全面发展之能，促进大学生思想政治素质、科学文化素质和身心健康素质全面协调发展，成为对社会和人民的有用人才。进一步加强和改进大学生思想政治教育，积极探索大学生思想政治教育的有效途径，着力解决大学生成长成才中的实际困难，把育人融入学校建设的各个方面，贯穿于教育教学的各个环节，巩固和发展和谐校园建设的思想基础和精神支撑。

4. 以创新促和谐。创新是人类社会发展永不枯竭的动力，是人类文明进步的本质特征，是促进生产力质的飞跃的强大力量。知识经济的兴起，特别是国家实施自主创新的战略需求，要求大学必须将创新作为学校发展新的驱动力。高校作为知识创新和人才培养的重要基地，要始终把创新特别是自主创新作为推进学校发展的战略基点，作为提升学校竞争力的首要选择，作为学校领导肩负的第一责任。要坚持创新为魂，着力推进理念创新、体制创新和服务创新，激发各方创新活力，寻求创新的突破点和生长点，大力营造创新氛围，充分发挥大学在建设创新型国家中的生力军作用。

5. 以管理促和谐。科学规范的管理能够加快学校建设和发展，提高学校办学效率，提升学校办学水平。学校越发展，人数越增多，财力越增加，就越要加强管理。一要坚持人本管理，体现人性化，一切管理都要符合师生的根本利益，符合学生成长成才的需要。二要坚持科学管理，遵循学校发展规律和学生成长成才的规律，促进管理效益的提高。三要坚持依法管理，建立健全各项规章制度，严格照章办事，做到言之有据，行之有规。四要坚持民主管理，充分听取师生的意见，广泛调动各方面积极性。五要坚持教育与管理相结合，把思想政治教育融入高校管理之中，建立自律与他律、激励与约束有机结合的长效工作机制，以管理育人，以管理促和谐。

6. 以改革促和谐。改革是发展的根本动力。高校在实现历史性跨越的背景下，面对时代发展以及学校自身发展遇到的一系列新问题，必须通过进一步改革来解决。改革要把握好"四个坚持"。一要坚持改革方向的坚定性。要毫不动摇地坚持改革，向深化改革要发展空间，使发展获得更大的推力。二要坚持改革决策的科学性。要在一些主要领域和关键环节，实现改革的新突破，同时要抓好改革措施出台的时机、力度和节奏。三要坚持改革举措的协调性。要针对市场条件下利益分化、价值多元、矛盾复杂、风险加大的情况，坚持积极稳妥，统筹协调，有效调控，综合配套，使改革兼顾到多方面利益，真正得到广大教师的拥护和支持。四要坚持改革利益的普惠性。紧紧抓住利益调节这个关键，着力解决好师生最关心、最直接、最现实的利益问题，最大程度释放广大教师的活力，把改革发展的成果惠及广大师生。

7. 以文化促和谐。校园文化对大学生思想观念、价值取向和行为方式有着潜移默化的深刻影响，具有重要的育人功能。要围绕努力建设体现社会主义特点、时代特征和学校特色的校园文化，不断满足大学生日益增长的精神文化需求的目标，大力弘扬先进文化、传统文化、学术文化和创业文化，精心组织校园文化活动，加快建设校园文化设施，有效整合校园文化资源，不断加强校园网络管理，积极开展校园周边环境综合整治，努力营造有利于大学生健康成长的良好育人社会氛围，用和谐美好的校园环境陶冶大学生思想道德情操。

8. 以制度促和谐。邓小平说："制度带有根本性，制度好可以使坏人无法任意横行，制度不好可以使好人无法充分做事。"要以科学发展观为指导，建立和完善管理、利益矛盾、预警、危机处理和反腐防腐等制度机制，为构建和谐校园提供根本的保障。加强制度机制建设，一是要充分调研，集中民智，以体现科学性，避免缺陷化，这是制度得以执行的基础；二是要实要管用，以体现可操作性，避免形式化，这是制度得以执行的关键；三是要及时修订完善，不断适应快速发展的新形势，以体现先进性，避免滞后化，这是制度得以执行的重要条件。

9. 以稳定促和谐。维护校园稳定，是建设和谐校园的重要基础，是推进高校改革发展的前提和基础，也是加强和改进大学生思想政治教育的基本要求。要建立分工明确、职责明晰、网络健全、措施有力的高校维护稳定工作体系。要针对学生因经济压力、学业压力、就业压力加大，心理健康问题日益突出，以及社会上不法之徒侵害学生治安事件时有发生的新情况，把确保师生生命财产安全作为校园安全稳定工作的重中之重，建立健全各种预警和应急机制，定期排查和消除各类安全隐患，提高应对突发事件的处置能力，做到守土有责，守土有方，守土有效，确保学校的和谐稳定。

10. 以服务促和谐。首先，高校要为地方经济发展服务，要紧贴地方经济发展的需求，加强对人才的培养，重视产学研的结合，提高科技成果的转化力，力求使高校的科技成果在市场上形成产品，让高校的科技人才在市场上实现价值，使高校在服务地方经济发展中，赢得地方对学校的支持，推进学校与地方的良性互动发展。其次，要注重服务创新，发挥高校的人才优势和资源优势，为地方提供培训服务，为地方政府重大决策提供咨询服务。再次，高校要为学生成长成才服务，要坚持以学生成长成才为中心，认真研究学生发展的规律性，为学生的成长发展提供先进的教育、管理和服务，切实解决大学生求知之需、生活之需、精神之需和发展之需，努力为大学生健康成长创造有利条件和良好环境。

（发表于：《中国高等教育》，2006 – 13/14）

附录4 建立高教园区管理体系研究

摘　要： 高教园区是我市高等教育发展的一个亮点。但是，对它的管理又没有现成的经验。本文对高教园区面临的高校发展快速化、园区学校集约化、办学种类多元化、教育资源共享化、后勤服务社会化、校园信息网络化、教育时空开放化、周边环境复杂化、素质差异扩大化等新情况新问题进行了深入分析，探讨了加强高教园区管理的目的意义和需要确立的理念，提出了建立高教园区管理体系的对策和措施，以及需要强化的工作着力点。

关键词： 高教园区　统筹　管理体系

一、高教园区管理问题的提出

建设高教园区，是宁波市委、市政府贯彻落实中央科教兴国发展战略和第三次全国教育工作会议精神的一项重要举措。1999年6月，党中央、国务院召开了第三次全国教育工作会议，强调要大力加强高等教育。同年9月，宁波市委市政府召开全市科教兴市大会，做出实现科教兴市"一号工程"的重要决策，并把建设宁波高教园区作为实现"一号工程"的重中之重。

建设高教园区是加快宁波自身发展的内在要求。改革开放以后，宁波经济迅速发展，1998年宁波城市综合实力在全国219个地级以上城市中位居第27位，经济实力达到中等发达国家水平。但是与经济发展和社会进步相比，宁波高等教育起步较迟，发展较慢，落后于全国同类城市，薄弱的高教基础制约了宁波经济和社会的可持续发展。

建设高教园区，是满足宁波人民接受高等教育的强烈愿望和要求的需要。1998年，全市高等教育入学率只有8.8%，1995年为10.5%，落后于同类城市。随着经济的发展，宁波高等教育的供需矛盾十分突出，富裕起来的宁波人民对发展高等教育的要求日益迫切。

1999年9月，率全国之先，宁波市委市政府决策建设市高教园区。2002年底，投资38亿，占地6500亩的高教园区南区已基本建成，园区内已有7所学校入住，在校生人数已达到4万人。高教园区的建设有力地促进了我市高等教育的发展，加快了高等教育大众化进程，推动了区域经济的发展，提高了城市的品位，加快了宁波城市化现代化的步伐。在高教园区南区基本建成的基础上，投入30多亿，占地6000亩的高教园区北区建设已顺利启动。高教园区北区全部建成，将有 6 所学校入住。届时，全市入住高教园区的学校将达到 13 所。

高教园区是新生事物，如何对高教园区进行管理是个全新的课题，有的地方由于管理工作没有及时跟上，已付出沉重代价，有过沉痛的教训。宁波高教园区建设和管理总体上走在全国前列，但在高教园区迅速发展的进程中，也面临着风险和挑战。因此，对高教园区管理问题的研究，不仅具有紧迫性，而且具有十分重要的现实意义。

二、高教园区管理面临的新情况新问题分析

（一）高校发展快速化。宁波高校在 1998 年只有 5 所学校，在校生人数 1.25 万人，到 2002 年，有 13 所高校，6.3 万学生，2003 年，发展到 14 所学校，在校生人数增加到 8.09 万人。近年来，高校每年增加学生近两万人，等于一年内增加了两所万人大学。高校的快速发展带来了许多不适应，产生的问题是各方面的基础还很脆弱，存在很多薄弱环节，如教学和生活服务设施的跟不上，教师教学质量的跟不上，管理水平的跟不上等，这就势必会引起学生的不满，必须加以高度重视。特别是一些从中专上升为高职院校，在思想观念、教育理念、管理水平等方面离大学的要求还有较大的距离。

（二）园区学校集约化。由于园区发展快速化，学校、学生集聚，学校与学校之间没有围墙，只以水系、绿化、道路相隔，整个园区与社会紧密地融为一体。同楼不同校，同学不同班，客观上校际间学校的摩擦可能性增加，一旦出现事端，扩散的速度和波及的范围都超乎寻常，处理突发事件时间空间收缩，管理难度增加，原来"单门独院"的管理模式、管理机制已无法适应。

（三）办学种类多元化。入住高教园区的大部分高校办学门类日趋多元化，这最大限度地利用了教育资源，增加了办学的活力和服务经济建设的能力，又给高教园区管理带来了新课题。绝大部分高校多种学制、多种管理模式并存。有留学生、研究生、普通本科生、民办本科生、专科生、高职生、成教生，不同类别的学生需求不同，待遇不同，学校培养的规格不同，如何发挥高教园区整体优势，有效地加强管理，是高教园区管理工作不断探索的问题。

（四）教育资源共享化。园区内的教育资源实行共享。各校间师资可以互聘，课程可以互相选修，学分互相承认，实验室、图书馆、体育中心等均实行共享。由于资源的有限性，一些公共资源成为各校学生的"抢手货"，造成一些"节点"（场所、馆室）人员高度密集，容易引发矛盾，增加产生群体性事件的可能性。此外，进入园区内的学校把学校自身的发展放在第一位，资源共

享放在第二位，这就对高教园区的管理提出了更高的要求。

（五）后勤服务社会化。园区内所有学校的学生公寓、教师公寓、食堂等后勤设施与学校剥离，引入社会机制，由社会投资主体负责建设和经营，实施企业化操作，企业要生存发展，自负盈亏是最主要特征，追求利润是正当行为，亏本服务违背企业本性，保本服务是底线，存在着后勤服务与学生需求之间的矛盾，服务价格过高与学生经济承受能力之间的矛盾，服务质量与诚信之间的矛盾，学生与后勤服务方的矛盾日趋激烈，存在不稳定的隐患。由于学生是消费者，又是群体性行为，一旦矛盾激化，处置不当，容易引发群体性事端。

（六）校园信息网络化。互联网正在深深地影响和改变着高校师生的工作、学习、生活和娱乐方式，对师生的思想信仰、价值观念和行为方式带来冲击。互联网已成为思想文化重要阵地，国内外敌对势力正竭力利用它开展舆论攻势，进行思想渗透。高校是信息化程度较高的区域，园区更是大学生集中的区域，大学生天生好奇、好新、好学，容易沉溺于网上世界，是受信息化影响最大的群体。少数学生沉迷网络，荒疏学业，有的因为受网络信息的影响导致价值观念产生偏差，甚至出现一些极端的思想、行为，严重影响校园、乃至整个社会的稳定。

（七）教育时空开放化。高等教育国际化是一个不可阻挡的趋势，高等教育办学理念、发展方式和学生思想认识也快速与国际接轨。世界排名 56 位，英国排名前 6 位的诺丁汉大学与宁波牵手，并落户宁波高教园区，标志着我市高等教育正在迅速融入全球化、国际化，在教育国际化的形势下，如何在不同价值观相互碰撞和各种思想文化相互激荡中，巩固马克思主义在意识形态中的指导地位，有效抵御西方文化思想渗透，帮助教育学生树立坚定的理想信念，成为高校管理中始终关注的重要问题。由于园区环境的开放化，园区内集教育、文化、旅游、生态于一体，人流、物流、信息流随意进出，学校已不再是单纯的学校，它成为一个区域、一个城区、一个城市的重要组成部分，增加了管理难度。随着学分制的实施，原先以班级为基础的管理方式已不适应变化的形势。这就使学校在管理上出现盲点，育人环节上出现了真空。

（八）周边环境复杂化。园区周边娱乐场所多，网吧、歌舞厅、游戏房、按摩店、美容院等林立，其中相当部分不规范、不健康。无证摊点多，这些摊点既无序经营，又缺少管理，卫生问题严重。交通隐患多，有的高校周边机动车辆违章、超速行驶现象突出，师生多次被撞。出租房多，凭着价格低廉、服务"周到"，吸引了少数学生。这些学生在校外失去监督，成为易出事群体。

（九）素质差异扩大化。大众化理论的创始人马丁·特罗提出了著名的三阶段理论：接受高等教育适龄人口15%以下为精英教育，在50%以下为大众教育，超过50%则为普及教育。我市高等教育毛入学率已达到27.5%，比1997年增加近20个百分点。随着大众化阶段到来，学生构成成分从单一趋向复杂，学校与学校之间，以及同一学校内学生层次不一样，个体素质的差异越来越大。这就要求高校管理从精英教育的管理方法转变到大众化教育的管理方法上来。伴随着市场经济的发展，大学生思想活动中独立性、选择性、多变性、差异性明显增强，特别是当前学生面临的学业压力、经济压力、就业压力和情感压力等普遍加大，由此引发的问题明显增多。仅以情感压力为例，今年全市高校连续发生多起学生因情感而自杀的事件。如何针对不同学生的实际情况，进行有效的教育管理是高校面临的一个突出问题。

综上所述，高教园区管理面临着许多新情况、新问题，清醒地认识问题，辩证地分析问题，正确地把握问题，目的是为了更好地加强对高教园区的管理。

三、加强高教园区管理的目的意义

（一）加强高教园区管理是推进学校协调发展的需要。高校是建设学习型城市的必然要求，是创建区域性人才高低的最佳选择，是培育高新技术产业、推动产业升级的一个重要基地，是推进城市化的有效载体，是建设文化大市的有力支撑，也是投资环境优劣的重要标志。高校发展必须重视提高教育质量、注重队伍建设、重视提高服务水平，同时还要重视加强管理。因为教学质量靠管理，办学效益靠管理，优良的校风、学风靠管理。我市高校办学时间都不长，很多高校是近几年建起来的，教育教学管理方面存在明显不适应之处。前几年各校都非常重视外延的发展，对内涵的建设、内部的管理投放的精力不多，高校很多领导主要还是考虑基本建设，搞规模扩张，在管理上的时间、精力，重视程度差一点，可以说这是一个普遍的现象。因此，要更加重视加强管理，坚决克服重发展轻管理的思想，重建设轻管理的思想，重教学轻管理的思想。

（二）加强高教园区管理是育人的需要。高教园区最突出的特点就是资源的共享性，环境的开放性、办学的社会性、运行的市场性。办学环境的新变化，给学生带来了思想观念的大变化，也给学生能尽快地适应市场经济的运行模式，更好地在社会磨炼成长提供了良好的机会。与此同时，也给高校管理工作提出新的要求。管理育人是学校培养人才的一个重要内容，是学校领导、行政人员和广大教师共同肩负的责任。高校领导干部要增强事业心和责任心，要把更多的时间和精力投入到管理上来，要敢于管理、善于管理，同时适应发展的形势，积极转变管理思想，完善管理制度，改进管理方法，运用先进管理手段。管理育人就要发挥管理工作的育人功能。高校领导、行政人员要和教师一样，都要围绕学校育人的总目标，引导学生树立正确的世界观、人生观和价值观，促进学生全面成材。工作中要处处严以律己，模范地遵守校纪、校规，以正确的思想引导学生，以高尚的情操感染学生，以模范的行动带动学生，以出色的工作影响学生，将育人工作贯穿于言传身教之中，渗透在全员育人、全方位育人、全过程育人之中。要努力建设品位高雅、环境优美、特色鲜明的校园，使高教园区真正成为育人的基地。

（三）加强高教园区管理是发挥资源共享的需要。高教园区建设旨在解决高等教育大众化带来的高等教育的有限容量与高校招生持续扩大的矛盾，以满足社会对高等教育的需求。为解决园区建设资金，采取的是"政府投、学校筹、社会助"等多元化投入方式，各所学校体制各异，有的依托地方经济办高校，有的依托行业办高校，有的依托名校办高校，有的依靠改革办高校，各高校虽然在培养目标与培养人才层次上不同，但是在教育资源上各学校都坚持资源共享机制，都追求资源共享的最大化。由于种种原因，高教园区资源共享的广度和深度不够，在教学、师资、设备使用等方面，资源共享等优势没有完全发挥出来。加强高教园区管理，建立健全共享系统，促进优势互补、共同发展，是高教园区发展的核心所在。

（四）加强高教园区管理是维护稳定的需要。高教园区的稳定是全社会的稳定的基础。针对高教园区面临的新情况、新问题，市委、市委教育工委、各高校党委对高校的稳定都十分重视，市委提出了全市高校稳定工作的目标要求，即"在全省首先不出事，不出大事"，并且采取了一系列重要措施，成立了高教园区管委会，成立了园区派出所，建立健全了一系列的规范制度。由于高教园区人员的密集性、流动性，学生素质的差异性，社会周边环境的复杂性，以及学生面临的经济压力、学业压力，就业压力和情感压力等因素，始终存在着不稳定的隐患，必须从讲政治、讲大局的高度，坚决地维护好高教园区的稳定。这就要求我们必须加强高教园区的管理，构建行之有效的园区管理体系，建立健全各项制度，协调园区各个部门、各个高校、各方力量，共同参与园区管理，切实做好园区的稳定工作，确保实现市委提出的我市高教园区稳定工作目标要求，确保师生身心健康和生命安全，确保学校的正常教学秩序，确保学校、园区和社会的稳定。

四、确立高教园区管理的理念

理念是人们行动的信念和指导原则。管理理念是管理思想、管理宗旨、管理意识等一整套观念性因素的综合，历来是支配行动的原则和信条，左右着管理者的行为。在管理过程中，持什么样的管理理念，就会采用什么样的管理模式和管理手段，从而产生什么样的管理结果。加强高教园区管理，必须要树立以下几方面的理念。

（一）人本的理念。以人为本，实现人的自由和全面的发展，是人类社会追求的永恒目标。学校以往的管理，较多强调的是管理职能，而对尊重人、理解人、关心人、帮助人则较少关注。高教园区远离市中心，又处在边建设边办学阶段，相关设施没有完全配套，在这样的情况下，园区的学生管理应更多地从人文关怀出发，要把以人为本的要求贯彻到管理工作的全过程。以人为本，就要以师生为先，从师生最急、最盼、最忧、最怨的问题入手，关心他们的切身利益问题，要始终把师生呼声和意愿作为指导工作的第一信号，始终把关心和服务师生作为第一职责，始终把师生评价作为衡量工作的第一尺度。为师生诚心诚意办实事，尽心竭力解难事，坚持不懈做好事，努力使学校作出的每一项决策，都符合师生的根本利益，都符合人的需要。

（二）服务的理念。为师生服务，这是管理工作的根本要求。服务学生是学校培养学生成长、成材的重要内容。传统的管理模式，就是我管你，你就听我的，学校老师管学生，学生就得听学校老师。这种指令式的管理，往往引起学生的反感。现代管理理念就是服务第一，管理就是服务，在管理中要处处体现服务。方方面面的管理工作就是方方面面的服务工作。市场经济，学校按成本收费，学生缴费上学，学生认为不是老师培养了学生，而是学生在养活老师。学校的客户是学生，要按照学生的需求做好服务工作是理所当然的。高教园区管理工作的重点就是要在提供服务上下功夫。

（三）创新的理念。创新是高教园区管理工作的活力所在，近年来，我市陆续出台了关于高教园区管理工作的一些规章制度、政策措施等，取得了一定的成效，积累了许多经验，但总体上，学生管理的创新的理念和措施仍落后于形势，也落后于实践，而上升到制度层面的有长效性的更少。高校现代化管理必须要有先进科学管理的创新性思维，要坚持解放思想、实事求是，与时俱进，在原有工作的基础上，及时总结高教园区管理实践经验，积极借鉴外地高教园区管理的有益做法，努力推进高教园区的管理的创新。如果管理落后，即便是配置了最先进设备，充实了大量人力物力，也会造成管理效益的低下。管理创新首先是在思想观念上创新，基本要求是适应体现时代性，把握规律性，富有创造性的要求。在创新内容上，主要是围绕高教园区的特点，创新管理模式、党团组织设置形式和活动方式、思想政治教育内容方法、工作队伍激励机制等，使之保持旺盛的生机和活力。在创新的重点上，主要是学生管理的理念、管理体制、管理机制。在创新的方向上，从人治转向法治，由单项转向综合创新，个人创新转向群体创新。要通过管理创新，最大限度地调动高校管理者的积极性、主动性，最大限度地提高优化资源配置和资源共享的效益，最大限度地提高高教园区管理效益。

（四）统筹的理念。高教园区管理是一项系统工程，要统筹兼顾，实行各校、各领域、多层次、多形式的协调与合作，形成强大的工作合力，发挥高教园区管理的整体优势。目前，在高教园区管理中，也在注重统筹，但从整体上，被动统筹多，主动统筹少，园区建设上统筹多，园区管理上统筹少，单项性工作统筹多，综合性事务统筹少，临时统筹多，形成机制统筹少。在高教园区加快建设，入住大学生人数迅速增加的情况下，按照科学发展观的要求进行统筹显得更加重要和突出。

（五）法治的理念。国家管理要靠依法治国，园区管理、学校管理必然也要依法治（区）校。目前园区内许多高校都习惯于以校纪校规取代法律法规管理学生的现象。一些校纪校规，有的已不适应形势，有的没有法律依据，还有的是从如何方便学校管理的角度制定的，很少考虑对学生人格的尊重和权利的维护。在高教园区强调以法律为依据开展管理，更容易衔接各校的规章制度，使管理更具有生命力。

五、建立高教园区管理体系

加强高教园区的管理，目前最关键、最迫切、最需要的是采取相应的具体的对策和措施，建立和完善高教园区管理体系。

（一）建立完善组织体系。健全的管理组织，是做好高教园区管理最重要的基础。要在园区一级组织层面上，建立资源共享的部门，改变原有注重园区硬件的开发、建设、维护，缺乏专门从事资源共享的协调部门的情况，由专门处室和人员来协调做好园区资源共享工作。园区内各校要从管理工作的实际需要出发，调整力量配置，强化管理职能，在与园区管理机构之间、各高校之间以及与后勤服务单位之间建立联系渠道，建立多层次、多形式的协商组织，经常开展沟通协调。此外，在学生的层面上，要建立学生的自治组织，凡有学生生活的地方，都要建立相应的学校自治组织，把管理的触角深入到学生生活的每个环节。

（二）建立健全责任体系。建立健全高教园区稳定工作责任制度和责任追究制，一级抓一级，层层落实责任，从高教园区领导到学校党政领导直到院系领导，都要落实责任，明确职责，责任要到底到边。对没有认真贯彻上级要求，工作出了问题的，要严肃追究领导责任。

（三）建立健全大学生服务体系。建立大学生导师制，在师资力量相对较强的本科院校先行推行，对学生进行思想引导、专业辅导、生活指导、心理疏导。建立大学生帮困服务中心，解决学生困难，方便学生办事，维护学生权益，特别要关心困难家庭学生的学习和生活，采取以奖学金、贷学金、勤工助学、特困补助、学费减免为主，社会资助、绿色通道和学业弹性选择为辅的资助政策，多渠道开展助学帮困工作。建立大学生就业服务中心，对大学生就业进行指导服务，做好毕业生供求信息收集、发布工作，免费为毕业生提供择业指导、创业培训、职业介绍等服务，积极做好对毕业生的个性化指导、"一对一"指导和"一站式"服务。

（四）建立健全预警体系。要制订处置重大突发事件的预案，对政治性事件、学生集体罢课事件、群体性上访事件、群体性中毒事件、意外伤亡事件和不可预测的事件等，都要有应对的预案，并根据情况的不断变化及时修订完善，加强演练，提高快速反应能力，及时妥善地处置突发事件。要制定防止恐怖袭击的预案，尤其是要做好实验室的剧毒品、易燃易爆品的防恐怖袭击的工作，多研究处置化解的有效措施。要制订粮油、副食品直供的应急预案，要从粮食及副食品供需形势出发，作出相应对策，一旦粮食、副食品价格异常波动，短期内连续上涨，高校师生反映强烈时，立即启动应急预案，平抑物价。通过做好应对各种情况的预案，把不稳定隐患消除在萌芽状态，化解在基层，拦截于校内，把不稳定带来的负面影响降低到最低程度。

（五）建立健全心理危机干预体系。心理危机干预体系分为两个部分。一方面，对已经明确诊断抑郁障碍的患者，提供及时有效的心理支持和帮助，严重的及时送医院就诊，帮助他们恢复心理平衡、安全度过危机。另一方面，开展心理咨询，面向师生进行经常性的心理健康指导与服务，开设心理健康教育课程、建立大学生心理健康咨询网站、开展心理健康教育宣传活动等措施，着力帮助大学生了解心理健康的基本知识，树立心理健康意识，优化个性心理品质，增强心理调适和适应社会生活的能力。

（六）建立健全协调整治体系。加强与市级有关部门的沟通联系，并组织有关部门对高教园区的周边环境进行定期或不定期整治，每年进行一次至两次的综合整治，做到协调更加密切，联系更加紧密，工作更加主动，共同做好维护高教园区安全和稳定的工作，为高校的育人工作创造良好的环境。

（七）建立健全值班体系。健全和落实各项值班制度，建立从园区——学校——院系的值班体系，建立健全24小时、全天候的值班制度，越是节假日和非工作时间，越是不能松懈。

（八）建立健全信息报送体系。加强信息员队伍建设，健全信息网络，及时了解师生思想动态，特别是对重大事件的思想动态反映，信息工作要做到信息灵、情况明、报送快，确保信息渠道的畅通。

六、高教园区管理需要强化的着力点

（一）必须抓好学生整体素质的提高。思想政治素质是最重要的素质，必须要坚定不移地对大学生进行邓小平理论和"三个代表"重要思想的教育，帮助学生树立正确的世界观、人生观和价值观。同时，要针对大学生的学习、思想和生活实际情况加强各方面教育。一是责任意识教育。培养学生的责任意识和责任行为，明确对学校、对社会、对国家所承担的责任，增强学生责任感。二是文明意识教育。教育学生讲文明、讲礼仪、讲忍让，正确处理同学之间的矛盾，学会宽容和宽恕他人、关爱和帮助他人，引导学生团结友善、和谐相处。三是修身教育。古人讲究修身、齐家、治国、平天下，而基础是修身，要从大处着眼，细微处入手，注重学生良好习惯的养成。四是情感教育。培养学生的健康情感，注重个人心理锻造，帮助学生正确认识亲情、友情、爱情，避免遇到情感挫折而心理失常，增强心理承受力。五是挫折意识教育。端正对待挫折的态度，培养正确的意志品质，形成和炼就在磨难和挫折中求生存、求发展的能力，防止因陷入困境而不能自拔，甚至走入极端的现象发生。六是自立意识教育。组织多种形式的自我教育、自我管理、自我服务活动，强化大学生的自立意识，提高大学生适应环境、适应社会的能力。七是心理健康教育。普及心理卫生知识和心理保健知识，开展心理咨询服务，加强同学间的心理沟通，消除孤独感、失落感，帮助大学生正确有效的化解由于学业、择业和情感等因素带来的心理压力，提高心理承受能力。

（二）必须切实抓好管理队伍建设。高素质管理人员是做好高教园区管理的根本所在，在知识革命和网络化迅猛发展的时代，教育教学的内容、方式、过程以及组织管理都在发生深刻的变革，从一次性的学校教学向终身性学习转变，从学历本位向能力本位转变，从教师单向知识传授向以学生为中心的师生双向交流转变，学校管理人员和教学人员都面临着新的问题和要求。要求高校管理人员必须具有现代人的精神素质、知识素质和高科技的管理水平，要达到这种要求，使管理人员适应新形势的变化，最好、最便捷的办法就是加强对管理人员的学习培训。要通过送出去和在职学习的办法，特别是要充分利用学校自身中本身开设的管理学、社会学、系统科学、信息科学、控制论等学科，提高管理干部的现代管理理论和知识，使高校管理人员向知识型、科学型和信息型转化。

（三）必须统筹高教园区资源的实质性共享。建设高教园区，一个重要动因是教育资源的共享。高教园区的基本建成，提供了较丰富的教育资源，创造了比较优越的办学条件，也为资源共享创造了有利的物质条件。目前，我市高教园区南区5所院校开展了校际选修课，南区图书馆、体育中心正式建成开放，园区教育资源已经实现了部分共享。但共享的广度和深度还不够，在实现资源共享的过程中，还存在一些实际的困难和障碍，主要是来自地理空间上的阻隔、实际利益上的冲突和心理上的隔阂。推进高教园区资源的实质性共享，必须要积极探索科研的攻关，大中型仪器设备的共享共用，图书信息资源的共享与高效利用。各校教师可跨校兼课、自由任聘，相互观摩教学和科研活动，还可组织共同的课题研究，举办高层次论坛，建立开放的、社会广泛参与的教学科研活动，为园区管理提供建言献策、思想交流的平台。通过多方面的举措，拓展资源共享的空间，实现高教园区资源的实质性共享。

（四）必须努力防范和处置好突发事件。要以高度的政治敏感性，认真防范和处置各种突发事件。针对不同类型的突发事件，学校应旗帜鲜明地按照"及时、果断、妥善、高效"的方针，调动各种有效的力量，妥善处置，以最快速度平息事态，稳定局面，确保师生的身体健康和生命安全，确保学校和园区的正常教学秩序，确保学校、园区和社会的稳定。

七、结语

根据预测，我国高等教育在进入大众化阶段后，将不断发展直至普及化。今后若干年仍是高校发展的机遇期，加强高教园区的管理对宁波高校的发展至关重要。我们要善于抓住机遇，进一步发挥管理在高校发展中的独特作用，将管理的效能发挥到最大程度，进而推动宁波高等教育的发展，为我市人才培养和经济社会的发展作出贡献。

参考文献：

①张铃．大学城德育工作的研究与实践．中国人事出版社，2001．

②叶志坚，华敏．大学城距离共享还有多远．教育发展研究，2004，（4）．

③张建中．试论高校管理创新．盐城工学院学报（社会科学版），2002，（4）．

④金一斌．创新机制做好高教园区稳定工作．中国高等教育，2004，（2）．

⑤章仁彪．集聚与辐射．大学城规划建设及功能．教育发展研究，2004，（4）．

⑥时勘．突发事件的社会心理预警及应对．新华文摘，2004，（6）．

（发表于：《浙江万里学院学报》，2004－5）

附录5　育人为本：最大限度满足学生成长成才需求

有一个关于"汤"的理论，讲的是人体需要盐，可如果直接去吃盐，很苦很咸，久而久之，就不想吃了；如果把适量的盐放进汤里，熬成各种各样的鲜汤，则非常喜欢喝，人体吸收了需要的盐分，也就保证了身体健康。借鉴此理论，建设和谐校园、开展和谐教育，就是要增强教育和管理的针对性，提高实效性，紧贴、服务并最大限度地满足学生成长成才的需求。有需求就有动力，最大限度满足学生需求，就是最大程度激发学生内在动力。以育人为本的现代高等学校，如果看不到和做不好这一点，是很难谈得上教育好管理好学生的。从实践看，最大限度满足学生成长成才需求，大概有十个观察点。

（一）满足学生的学业需求

知识改变命运，学生上大学是为了终生的更好发展，对学业的需求是他们的最大需求。学校要紧紧围绕培养什么人、怎样培养人这一根本任务，努力提高教育教学质量，做好满足学生学业需求的工作。

首先，要帮助学生提高对学习的认识。现在学生的学习总体上说是好的，但也存在不少问题。特别是现代信息的多样化和生活方式的活跃，对大学生的影响和诱惑越来越大，有的学生因此缺乏刻苦精神，荒废学业。由于学生在校学习时间的有限性，需要在学生入学的第一时间，让学生懂得学习知识的重要性，懂得今天所学专业对将来个人的生存发展和对社会贡献的重要性，以激发学生学习的热情和动力，调动他们学习的积极性和主动性，努力形成勤于学习、奋发向上、诚实守信、敢于创新的良好学风。

其次，教师要上好课。教师要以高度负责的精神备课，要把最好的、最新的、最深的知识传授给学生，让学生学会和掌握分析问题、解决问题的方法。要以严谨的治学态度和良好的人格魅力来影响学生，激发学生的学习积极性和进取精神。可以通过开展评选"学生心目中最好的教师"等活动，调动教师爱岗敬业、教书育人的积极性。

再次，要科学设置专业和学科。坚持"两个出发"：一是坚持从市场需求出发来设专业和学科；二是坚持从学生需求出发来设置课程，把学习的选择权交给学生，一切满足学生学业的需要。同时积极主动做好学生考级、考证、考本和考研的服务工作，努力为大学生创造各有所学、学有所得、学有所成的良好局面。此外，要加强教育管理，针对教与学中存在的突出问题，抓好课堂教学管理、专业教师管理和学习环境管理，营造良好的学习风气，力求把每个学生都培养成才。

（二）满足学生的政治需求

当代大学生普遍积极进取，渴求用先进的思想理论武装自己，希望接受鲜活生动丰富的思想政治教育，希望加入中国共产党，实现自我价值。

学校的思想政治教育工作，应遵循大学生成长成才规律，认真分析学生的思想政治状况，紧扣学生最关心、最想解决的问题，创新教育方法和手段，切实抓好世界观人生观教育、爱国主义教育、公民道德教育、社会主义荣辱观教育，树立社会主义核心价值观，引导大学生坚定理想信念之"魂"，立牢民族精神之"根"，不断提高思想政治教育的针对性和吸引力，使马克思主义理论真正内化于心、外化于行。

应从把我们党建设成为优秀人才高度密集的政党、扩大党的执政基础的高度，做好学生党建工作，把大批优秀学生吸引到党的队伍里来。要早启蒙、早选苗、早教育、早培养，从学生入学开始，抓住第一时间，在最为广大的范围内"播种党的知识"，帮助学生逐步提高思想认识，解决好"思想入党"问题；要积极慎重地做好大学生党员发展工作，落实上级提出的"坚持标准、保证质量、改善结构、慎重发展"的要求，做到"五个确保"，切实做好在大学生中发展党员的工作。对学生党员应加强先进性教育，教育他们严格要求自己，提高党性修养，充分发挥他们在思想政治教育中的骨干带头作用和先锋模范作用；要坚持党建带团建，重视发挥共青团、学生会在组织教育、团结和联系大学生方面的优势把广大学生紧密团结在党的周围；加强对学生党建工作的领导，学校党委要建立学生党建工作领导小组，层层落实发展学生党员的责任制，要把发展学生党员工作作为目标考核的重要内容。

形势政策教育是每个学生的必修课程，是思想政治教育的重要内容。地方党政领导和有关部门，以及学校领导和有关专家要经常为大学生作形势报告，针对学生的热点问题和思想特点，从理论和现实的结合上作出有说服力的回答，满足学生对时政热点的关注需求，使学生更直接地了解改革开放和经济发展的新成就、新变化，引导大学生拥护党和国家的重大政策，坚定对党的信念，坚定对中国特色社会主义的信心，激发学生积极投身于改革开放和现代化建设的伟大事业。

（三）满足学生的生活需求

大学生处在思想成长阶段，他们的思想不仅容易受社会环境因素的影响，也容易受到个人遇到的具体困难和问题的影响。应坚持以学生成长成才为中心，把解决思想问题与解决实际问题结合起来，把引导学生与服务学生统一起来，既要教育人引导人，又要关心人帮助人，努力为大学生的健康成长创造有利条件。

一要做好后勤服务工作。由于高校后勤社会化改革处在探索之中，在后勤服务与学生需求、服务价格与学生承受能力、服务质量与诚信等方面，若处置不当，随时可能激化或引发群体性事端。要建立健全后勤服务的长效机制，确保食堂价格始终低于市场价格，切实贯彻高校食堂粮食、副食品定点供应的办法，降低成本。其他涉及学生生活的服务和管理，都要做到科学化和人性化，力求使广大学生满意。

二要做好贫困家庭学生的帮困工作。让贫困家庭的学生考上大学能上学，上学以后不辍学，这是社会公正和教育公平的重要体现，也是各级党委、政府和社会各界的共同责任。各有关部门、各高校要把做好贫困家庭学生资助工作作为一件大事来抓，认真落实资助贫困家庭学生的政策措施，多方面筹措资金，努力完善以政府主导、学校为主、社会参与的助学格局和"奖、贷、助、补、免五位一体"的助学体系，帮助贫困生顺利完成学业。

三要切实维护学生的合法权益。要坚持依法管理，建立健全学生维权工作机制，严禁和杜绝各种损害学生利益的行为，确保大学生的合法权益得到充分尊重和维护。学校凡制定涉及学生利益的政策制度，要充分听取学生意见和建议，凡办理有关学生事务的规定、程序，要实行公开公示。

（四）满足学生的发展需求

当代大学生渴望通过学习和实践来增强自己的实力，在激烈的社会竞争中取胜。由于教学观念、教学体制和教学条件等方面原因，学校较多注重课堂和书本学习，致使学生动手实践能力普遍较弱。

应提高大学生社会实践活动的实效。要把大学生社会实践活动纳入学校教学计划和考核体系，规定相应学分，提供必要经费，保证社会实践活动正常开展。要重视社会实践基地建设，各级党委、政府和有关部门及企事业单位要积极为高校大学生参加社会实践活动创造条件，提供便利，努力形成社会支持大学生参与社会实践的良好氛围。通过参加社会实践活动，使大学生得到自信、找到差距、获得启迪、增强才干、提升素质，增强社会责任感。应注重培养和发展大学生的创新能力。通过专业学习与科技活动相结合、学术攻关与服务经济社会相结合的方法，引导大学生结合自己的学科特点与知识专长，根据科技发展、生产革新与实践应用等方面的需要，选题立项，在专家学者的指导下，开展学术研究和科技攻关，在学会科学研究、取得研究成果的同时，培植科学精神，砥砺科学学风，增强创新意识，提高创新能力。应重视抓好社团活动。学生社团是学生成长成才的重要载体，要积极开展社会调查、志愿服务、公益活动、勤工助学活动和科技创新活动，提高学生自我教育、自我管理、自我服务的能力，增强学生的社会责任感。

（五）满足学生的文化需求

校园文化对大学生思想观念、价值取向和行为方式有着潜移默化的深刻影响，具有重要的育人功能。

加强人文素质教育。以育人为本，坚持社会主义先进文化的发展方向，以树立正确世界观、人生观、价值观为导向，以建设优良的校风、教风、学风为核心，弘扬主旋律，突出高品位，努力建设体现社会主义特点、时代特征和学校特色的校园文化，为培养社会主义合格建设者和可靠接班人提供强大的精神动力，使高等学校成为发展中国特色社会主义先进文化的重要基地、示范区和辐射源。

精心组织校园文化活动。应围绕满足大学生日益增长的精神文化需求，经常开展生动活泼的学术、科技、体育、艺术和娱乐活动，把德育与智育、体育、美育有机地结合起来，寓教育于文化活动之中，不断提升大学生的人格、气质、修养等内在品质，促进学生素质的全面提高。

加强校园网络文化建设和管理。应大力倡导文明办网、文明上网，唱响网上思想文化的主旋律，增强网络教育的思想性、知识性、趣味性和服务性，使之成为宣传科学真理、传播先进文化、倡导科学精神、塑造美好心灵、弘扬社会正气的有效载体，并努力营造文明健康、积极向上的网络文化氛围，营造共建共享的精神家园。

（六）满足学生的心理需求

当代大学生由于身处社会的转型期，长期受父母的溺爱，缺乏艰苦实践的锻炼和磨炼，心理素质、意志品质和自我控制能力较差，在面临越来越大的学业压力、经济压力、心理压力、情感压力和就业压力的情况下，不少同学患上焦虑症、抑郁症、恐惧症，有心理问题的人增多，出走、自残、自杀等非理性行为时有耳闻。据2006年对2000余名大学生的心理健康现状调查，想轻生的同学有75人，占3.05%，这需要引起高校足够的重视。

一是认真开展心理健康教育。遵循思想政治教育和大学生心理发展规律，帮助大学生树立与时代进步潮流相适应的思想观点，树立积极进取的人生态度，正确对待自己、他人和社会，正确对待困难、挫折和荣誉，消除心理困惑，增强克服困难、承受挫折的能力，珍爱生命，关心集体，悦纳自己，善待他人。

二是设立心理健康教育专门机构。配备专职专业人员具体负责实施大学生心理健康教育，按师生比例 1：5000 配备专职专业人员，建设一支以专职教师为骨干，专兼结合、专业互补、相对稳定、素质较高的大学生心理健康教育和心理咨询工作队伍，建立完善学校、院系、班级三级心理教育网络。

三是做好大学生心理辅导和咨询工作。通过为大学生提供及时、有效、高质量的心理健康指导与服务，帮助他们化解心理压力，克服心理障碍，增强心理免疫力，优化心理素质。对患有严重心理障碍和心理疾病的学生做到早发现、早诊断、早治疗，避免大学生自杀等情况的发生。

四是建立危机事件心理援助机制。应倡导开展心理健康普查，建立心理档案，做好心理健康状况排摸工作，积极做好心理问题高危人群的预防和干预，要特别注意防止因严重心理障碍引发的自杀或伤害他人事件发生，建立咨询教师值班制、异常情况及时报告制，建立从学生骨干、辅导员、班主任到院系、部门、学校的快速危机反应机制，建立从心理健康教育机构到校医院、专业精神卫生机构的快速危机干预通道。

（七）满足学生的情感需求

大学生处于青春期，生理发育基本成熟，渴望情感需要和异性接触是一种普遍现象。当前大学生恋爱人数呈增长趋势，但是，由于大学生心理并不成熟，有的还没有形成正确的恋爱观，一些大学生的恋爱动机并不是出于爱情本身，而是为了弥补内心的空虚，同时伴有摆脱孤独或随大流的从众心理。个别学生因失恋导致苦闷、消极，遭到严重的精神创伤，甚至产生绝望和报复杀人的后果。

面对大学生的情感需求，学校既不能不闻不问不管，也不能单纯去"堵"，而是要进行教育引导。应教育和引导学生树立正确的婚恋观，正确处理好男女之间的情感问题。正确的婚恋是应对对方负责任的，面对失恋要自我调节好，千万不能丧失理智，更不要走极端。由于网络的虚拟性、隐匿性，要教育和引导学生不要轻易相信网恋，陷入网恋，更不要轻率地与网友见面，以免被"恋人"骗钱劫色，造成轻则失财失身、重则丧命的严重后果。

（八）满足学生的社交需求

充分认识人际交往能力的重要性。大学生的社会交往能力是他们今后融入社会环境、发展职业生涯的重要条件，也是他们在大学期间创造人际良好环境，培养合作共事思想，保持健康情绪，促进学业完成的重要影响因素。大学生的人际交往能力不仅关系到个人前途，也关系到人才培养的质量，尤其是构建和谐社会的人才队伍建设，必须具有较高的合作意识和处理人际关系的能力。

应用和谐思想指导大学生的人际交往，引导他们用和谐的理念认识事物，用和谐的态度对待问题，用和谐的方式处理矛盾，用和谐的价值规范行为，最大限度地增加和睦因素，最大限度地减少不和睦因素，努力形成文明和谐的人际关系。

应大力培养大学生人际交往的能力。人际交往的核心内容，一是沟通，二是合作。要培养学生以积极的心态参与日常交往活动，要敢于面对与自己不同的人，主动与他人交往。要把握人际交往的艺术和技巧，注意社交礼仪，真诚与人相处，以诚交友，宽容他人。要教育学生学会团队合作共事的思想，学会善解人意，学会赞美，学会换位思考。

要遏制现代通信手段在大学生交往中的负面影响。QQ、MSN、手机短信等即时信息传递手段现已成为大学生人际交往的重要方式和主要选择。但由于相关制度的不配套，黄、赌、毒与虚假信息等容易侵害甚至淹没、吞食大学生。对此，必须进行综合治理，从政府层面，制定和完善维系现代通信手段人际交往秩序的相关法规；从运营商层面，采用技术手段最大限度地对有关信息进行过滤；从大学生层面，要自觉约束传播不良信息的行为。

（九）满足学生的安全需求

学生对学校安全的需求日益凸显，"生命第一"、"平安是金"的观念日益深入人心，家长把子女在校的安全作为对学校的第一要求。另一方面，现实生活中也确实存在交通安全、食品安全等方面的不安全因素。做好安全工作，为学生的成长成才提供安全保障，这是学校一项极为重要的工作。

要抓教育、抓防范。安全教育要进教材、进课堂、进头脑，切实抓好人身安全、消防安全、交通安全和防骗、防盗、防劫等安全教育，增强大学生"安全第一、生命珍贵"的安全意识，提高"科学处置、避险自救"的安全保护能力。要抓管理、抓规范。抓好日常的治安管理、消防管理、卫生管理和交通安全管理，建立健全各种规章制度，严格照章办事，要规范学校管理部门的工作和大学生的思想行为。要抓排查、抓综治。从源头上解决安全问题的发生，防患于未然，防患于初始。抓好校园周边环境的整治，学校要主动与有关部门配合综治、公安、教育、工商、卫生、文化等有关部门要加大对学校支持力度，共同维护校园安全和学校稳定。要抓信息、抓预案。应深入到学生寝室、班级中，及时了解和掌握学生的思想动态，建立信息畅通机制。对群体斗殴、重大火警以及食物中毒等群体突发事件的预案进行演练，保证紧急时刻拉得出，联得上，救得下。要抓"技防"、抓投入。针对当前一校多区、一区多校、同班不同学、同学不同班，以及人员流动性大、校园周边环境复杂等状况，只有建立人防、物防和"技防"三位一体的防范体系，学校的安全才会有可靠的保证。要不断加大对"技防"的经费投入，依靠现代科技力量，加大技术防范，并对校园"技防"设施进行经常性检测，以确保规范、运用正常。

（十）满足学生的就业需求

就业是民生之本。要开展积极有效的思想政治教育，高等教育大众化时代的大学生应怀着一个有知识的普通劳动者的心态和定位去参加就业选择和就业竞争。引导大学生自觉地把自身理想同国家与社会的需要紧密结合起来，树立"行行建功、处处立业"的观念，引导毕业生到西部、到基层、到艰苦边远地区、到祖国最需要的地方去，不断提升就业、创业与职业转换能力，实现和谐就业。尤其要鼓励毕业生自主创业和灵活就业。随着我国将逐步建立和完善以劳动者自主就业为主导、以市场调节就业为基础、以政府促进就业为动力的新机制，弹性就业、短期就业、自主就业将是一种就业常态。积极组织开展创业培训、开业指导、政策咨询、项目论证和跟踪辅导等"一条龙"服务，开辟毕业生自主创业的"绿色通道"。对从事自由职业、短期职业等灵活方式就业的毕业生，有关部门在户籍管理、人事劳动代理、社会保险缴纳和保险关系链接等方面应提供便捷服务和有效保障。

学校就业指导服务机构要与各级人才交流服务机构、公共职业介绍机构合作，共同加强与社会用人单位的沟通，搭建就业平台，拓宽就业渠道，千方百计为毕业生提供充分的需求信息，努力为毕业生寻找就业岗位。同时，加强对学生就业的指导，提高学生的择业能力，教育学生先就业、再择业、后创业，要特别关注贫困大学生的就业问题和大学生志愿者完成志愿服务后的就业问题。

高校要把做好高校毕业生就业工作摆上重要位里，落实毕业生就业工作"一把手责任制"，把就业工作作为工作目标和实绩考核的重要内容。要确保就业工作必需的机构、人员、经费和场地等条件的到位，为做好毕业生就业工作提供有力保障。加强毕业生就业指导队伍建设，提高就业指导的针对性，加强毕业生就业网络建设，提高网络招聘求职服务的便捷性，加强学生就业实习示范基地建设，提高学生的择业能力。总之，通过一切有效工作，努力实现高校毕业生的最充分就业。

（发表于：《中国高等教育》，2007 - 10）

附录6 从"六强六弱"看提高"八力"

——关于某市大学生思想政治教育调查与思考

在新的形势下，大学生的思想政治状况究竟如何？大学生思想教育究竟面临什么样的挑战？如何切实加强大学生思想政治教育工作？为此，我们对宁波市13所高校进行了问卷调查。希冀通过调查分析，为切实加强大学生思想政治教育提供决策依据。

本次调查根据《中共中央国务院关于进一步加强和改进大学生思想政治教育的意见》的要求，以问卷调查为主，拟订了48个调研题目，主要内容包括思想政治、理想信念、思想道德、党团建设、心理健康、校园环境等方面。调研共发放问卷9507份，回收问卷8669份，有效回收率91.19%。

一、现状分析："六强"凸显主流，"六弱"体现偏差

"六强"凸现主流积极向上。

1. **主体意识强。**大学生对习俗和传统表现出一定程度的反叛，个人自主性、独立性和支配性增强。

2. **进取欲望强。**大学生普遍认为，现在社会竞争日趋激烈，因此对自身的成长发展和成长环境十分关注。对自我价值的实现十分强烈，能否促进自身发展，实现自我价值成为大学生价值取向的主导内容。调查数据表明，大多数学生的学习目的是为了成就自己的事业（见表1）。

表1 大学生学习目的价值取向

选择内容	为将来自己成就一番事业	为提高素质完善自我	为更好就业创造条件	其他
比例	54.71	58.63	46.8	8.04

3. **接受知识能力强。**随着知识经济的到来，新知识、新问题层出不穷，大学生在运用信息技术接受新知识。掌握新技能上，表现出较强的能力。

4. **个体竞争意识强。**随着社会竞争的日趋激烈，大学生渴望通过学习和实践来增强自身的实力，在激烈的竞争中取胜。

5. **参与社会意识强。**随着大学生对知识的掌握越来越多，认知能力越来越强，他们的独立性、批判性也日趋增强，因而对国际国内发生的重大事件和

社会热点越来越想表达自己的思想和观点。

6. 诚信意识强。绝大多数大学生对"不思进取,上课睡觉,论文买卖,作业抄袭"现象持鄙视的态度,认为作为21世纪大学生应在考试、交费、还贷等方面体现出应有的诚信。

"六弱"体现思想偏差。

1. 社会责任感较弱。大学生过于关注自身的发展和利益,对社会的责任感、使命感相应有所减弱。调查数据表明,在大学生参加学校社团的目的性上表现出较强的个人功利性,献身公益事业的目的远低于自身的兴趣爱好和增长见识所需。(见表2)

表2 大学生对参加社团活动目的选择

选择内容	兴趣爱好	献身公益	寻找爱情	扩大社交	增长见识	有利仕途
比例	30.9	11.7	8.4	19.9	31.9	5.4

2. 实践能力较弱。由于教育观念、教育体制、教学条件和教学传统等方面原因,学校较多注重课堂和书本学习,致使大学生动手实践能力普遍较差。

3. 集体观念较弱。伴随市场经济发展和竞争意识的加强,部分大学生重个人利益,轻集体利益,自我意识膨胀,集体意识淡漠,在处事方式上讲求实际、实用和实惠。行为庸俗化、物欲化。

4. 政治辨别能力弱。由于大学生社会经验不足和理性思考能力不强,使他们在看待复杂的社会问题时容易片面化、极端化,就事论事,缺乏政治敏感性,不能从政治的高度辩证的分析问题。

5. 心理承受能力弱。当代大学生由于处于社会转型期,长期受父母的溺爱,缺乏实践的锻炼和磨炼,心理素质、意志品质和自我控制能力较差,不能适应社会快速发展的节奏和日益加剧的竞争,在面临越来越大的学习压力、经济压力、就业压力、心理压力和情感压力等情况下,出走、自残、自杀等非理性行为时有发生。

6. 学习意志力较弱。由于网上世界、明星歌星、卡拉OK等现代娱乐生活方式和手机等现代通讯工具的普及,外部世界的丰富多彩,对大学生的影响力、诱惑力越来越大,在挡不住的诱惑面前,有的学生缺乏勤奋刻苦精神,意志薄弱,自我控制力差,荒疏学业。

调查数据表明,少数学生沉溺于网络游戏、网络聊天,甚至发展成为网络犯罪的现象,就是学习意志力不强的体现。(见表3)

表3　大学生上网经常做的事

内容	聊天	看电影、听音乐	搜索	浏览新闻	玩游戏	收发邮件	购物
比例	55.4	54.9	43.9	36.3	25.1	22.8	8.6

六个最为关注的问题。

1. 关注涉日问题。大学生对日本"入常"问题、参拜靖国神社问题、钓鱼岛问题、修改历史教科书问题、东海油气田开发问题等极为关注。

2. 关注台湾问题。台湾问题是事关中国主权和领土完整的核心问题，大学生对李登辉、陈水扁等台独言行很愤怒，对胡锦涛总书记就新形势下发展两岸关系提出的"四点意见"很拥护，对国家通过的《反分裂国家法》很支持，对台湾国民党主席连战和亲民党主席宋楚瑜率团来大陆访问很欢迎。

3. 关注社会腐败问题。腐败现象是社会稳定、发展与进步的阻碍因素，是人民群众最为关注的社会焦点问题之一。大学生对腐败现象在一些地方越演越烈，特别是对党的领导层的腐败深恶痛绝。党要长期执政，必须拒腐防变，否则就会影响广大学生对党的信任。

4. 关注贫富差距问题。相当多的大学生认为，贫富差距在社会现阶段是一种客观存在的现象，但是对日益扩大的贫富差距感到不满和担心。特别是对一些不正当暴富极为不满，认为，政府必须采取有力措施遏制两极分化，否则，有可能出现严重的社会问题。

5. 关注"三农"问题。大学生认为，中国是一个农业大国，"三农"问题关系到经济发展、社会稳定、国家富强、人民富裕，政府必须高度重视"三农"问题，尤其当前要特别解决农民增收、减负、农村义务教育等问题。

6. 关注就业问题。大学生认为，现在大学生在校读书不仅面临学业压力、经济压力，而且还面临就业压力，希望政府多渠道多措施解决大学生就业问题。(见表4)

表4　大学生最关注的6个问题

内容	涉日问题	台湾问题	贪污腐败问题	贫富差距问题	三农问题	就业问题
比例	63.3	53.3	47.4	42.5	38.8	49.4

调查显示，当代大学生在关注国内外时政热点问题的同时，对自身即将面临的就业形势同样关注。(见表5)

表5 大学毕业前，最令学生苦恼的事情

内容	没有理想的职业供选择	自身知识能力不适应社会需求	权势干扰分配	社会对大学生评价太低
比例	48.2	27.6	21.7	7.1

二、聚焦难题：破解大学生思想政治教育面临的十大困境

在新的历史条件下，大学生思想政治教育面临多方面困境，需引起各方面高度重视。

困境之一：指导思想一元化与社会思想意识多样性之间的矛盾。西强东弱的态势短时期难以改变，西方敌对势力通过文化对我们进行思想渗透。社会思想意识的多样性使青年学生在思想观念上也呈现出多样性，引发了一些大学生在世界观、人生观和价值观选择上的偏差，使其历史使命感和社会责任感渐趋淡化。

困境之二：思想政治教育与社会现实问题反差的矛盾。当前，我国处于社会转型、体制转轨时期。与之伴随产生了各种错综复杂的矛盾。我们习惯于正面宣传教育，注重宣传社会的进步发展和人民生活水平的提高，但学生强烈感受到的是农民失地、工人下岗、社会腐败、贫富差距扩大、生态恶化、就业难等多方面问题，这种反差给思想政治教育带来了新挑战。

困境之三：高教事业快速发展与教育条件相对不足的矛盾。由于近年来，宁波市高教事业快速发展，但一段时间内在教学和生活服务设施、教学质量和管理水平等方面不能满足学生的要求，如不尽快解决势必会引起学生的不满，产生不安定问题。

困境之四：学习环境日趋开放与管理手段比较单一的矛盾。因学分制、跨校选修课程的实施。原来以班级为基础的管理方式逐渐弱化；因公寓投资主体与学校的分离导致学校对公寓管理不同程度的缺位，急需制定有效的管理措施。

困境之五：学校布局调整，资源整合与师生利益的矛盾。因高教体制的调整，需要对部分学校进行布局调整、资源整合，在合并搬迁中由于各方面原因。难免会在不同方面不同程度影响到师生的利益。如果处置不当，易引发事端。

困境之六：信息技术发展与学生处理判断信息能力相对较弱的矛盾。大学生是受信息化影响最大的群体，信息技术带来的负面影响已经显露，有的学生

沉迷网络。荒疏学业，有的学生受不良信息的影响，价值观念产生偏差，甚至出现一些极端的思想行为，少数学生甚至会在网上发布不负责任的信息，产生较大负面影响。

困境之七：学生人数众多，成分复杂与师资力量相对不足之间的矛盾。由于扩招，学生个体素质的差异越来越大，结构成分日趋复杂，但对学生的评价标准却比较简单。学生面临的学业压力、经济压力、就业压力和情感压力越来越大，由此引发的问题明显增多。

困境之八：高校后勤社会化与学校后勤管理滞后性的矛盾。由于高校后勤社会化改革还处在探索之中。政策不完善，管理不到位，企业又急功近利，因此在后勤服务与学生需求、服务价格与学生承受能力、服务质量与诚信之间存在矛盾，处置不当，随时可能激化。及易引发群体性事端。

困境之九：社会育人环境对学生的影响与学校对社会环境的无力改善之间的矛盾。近年来，社会上一些不法分子用招工等形式，诱骗学生进行传销、色情活动等。导致少数学生出走失踪，被人控制利用，但学校对周边众多娱乐场所，却无法予以控制，导致事端频发。

困境之十：热点问题多发性与学校解决问题能力的有限性之间的矛盾。过去的热点问题多表现在政治方面，而现在，既有政治方面的，又有来自经济、体育等方面的，如"保钓"、台湾"3·20"公选、"3·15"消费日、中日足球赛等，都曾引发学生高度关注，有的酿成了不安定事端。

三、对策求解：落实科学发展观，注重提高"八力"

科学发展观是推进我国经济社会全面发展的指导思想，科学发展观进一步明确了我国要发展，为什么要发展和怎样发展的重大问题。科学发展观也是加强和改进大学生思想政治教育的指导方针。根据科学发展观要求，大学生思想政治教育要坚持以人为本，为实现大学生全面发展的目标服务。要遵循大学生成长成才规律和思想政治教育规律，牢固树立学校教育"育人为本，德育为先"的思想，把思想政治教育摆在各项工作的首位。联系宁波市大学生思想政治教育工作实际，落实科学发展观，必须牢牢把握"八力"。

一要提高认识力。认识水平的高低决定工作水平的高低。首先要提高对加强和改进大学生思想政治教育重大意义的认识。加强和改进大学生思想政治教育工作。是提高党的执政能力、巩固党的执政地位的需要，是培养造就合格建设者和可靠接班人的需要，是全面建设小康社会、提前基本实现现代化的需要。其次要提高对工作理念的认识。坚持以科学发展观的理念抓工作，统领高校党建思想政治教育工作。第三要提高对目标任务的认识，深刻认识大学生思想政治教育的核心、重点、基础和目标，明确正确的工作思路和对策。

二要提高引导力。做好大学生思想政治教育工作。关键在引导。要按照"学校教育，育人为本；德智体美，育人为先"的要求，以理想信念教育为核心，深入进行正确的世界观、人生观、价值观教育，以爱国主义教育为重点，深入进行民族精神教育，以基本道德规范为基础，深入进行公民道德教育，以大学生全面发展为目标，深入进行素质教育，引导大学生坚定理想信念之"魂"，立牢民族精神之"根"，夯实道德规范之"基"，增强全面发展之"能"，始终与时代同步伐、与祖国共命运、与人民齐奋斗，成为对祖国、对人民、对社会的有用之才。

三要提高创新力。创新是新世纪、新阶段思想政治教育工作的动力和源泉。要在继承中创新，在开放中创新，在发展中创新，不断提高创新力，使思想政治教育工作真正体现时代性、把握规律性、增强实效性。要观念创新，在工作中突出三个更加注重，即思想政治教育工作要更加注重为学校改革发展稳定服务，更加注重为大学生全面发展服务，更加注重为经济发展社会进步服务。要方法手段创新，要运用各种传媒，使思想政治教育从统一教育向层次教育转变，特别是要充分利用网络开展思想政治教育，以适应社会高速发展、媒体渠道畅通的新形势。要体制机制创新，建立健全党委统一领导、党政齐抓共管、有关部门各负其责、全社会大力支持的领导体制和工作机制，使思想政治教育贯穿于教书育人、管理育人、服务育人的全过程，真正体现以创新求突破，以创新求发展，以创新求提高。

四要提高服务力。服务学生是培养学生成长成才的一个重要内容和要求，服务工作的好坏是衡量学校坚持以人为本的一个重要工作尺度。在思想政治教育工作中。必须把解决思想问题与解决实际问题结合起来，把教育学生与服务学生结合起来，既要教育人引导人，又要关心人帮助人，为大学生健康成长创造条件。要深入做好贫困学生帮扶工作，完善帮困助学体系。解决贫困学生成才的经济困难。做好毕业生就业指导服务工作，帮助大学生成才立业。

五要提高素质力。干部教师队伍的素质高低，直接影响和制约着大学生思想政治教育工作的成效。建设高素质的干部教师队伍，是做好大学生思想政治教育的重要保证。对此，一要抓好"三支队伍建设"，即抓好党政团干部队伍、思想政治理论课、哲学社会科学课教师队伍和辅导员、班主任队伍建设。二要加强学习培训。制订干部教师培养培训规划，分期分批组织学习培训，努力提高他们的综合素质。三要进行激励表彰，对政治强、作风正、工作有实绩的干部教师进行表彰，充分调动他们教书育人的积极性。

六要提高统筹力。大学生思想政治教育是一项系统工程。要统筹事业发展与思想政治教育工作的关系，既要重视事业发展，又要重视思想政治教育工作；要统筹硬件建设与软件建设的关系，既要重视硬件建设，又要重视软件建设；要统筹改革发展与稳定的关系，既要重视改革发展，又要重视稳定；要统筹招生与就业的关系，既要抓招生，又要抓就业。此外，在学生党建工作中，也要既重数量，又重质量。

七要提高和谐力。构建和谐社会，高校肩负重大的责任和使命。高校既要为构建社会主义和谐社会培养人才，又要成为引领构建社会主义和谐社会潮流的排头兵。对此，高校一是要以稳定促和谐。坚持"预防为主、整建结合、重在建设"的原则，重在提高预防、发现、控制和处置能力。确保师生的生命财产安全，确保学校的正常教学秩序，确保学校的稳定。二是要以管理促和谐。坚持人性化管理，依法办学，建立健全规章制度，切实加强校园网络建设和管理。三是要以文化促和谐。重视校园文化建设，大力开展体现时代特征、学校特色、学生特点的校园文化活动。精心组织红色旅游等主题教育活动，把握舆论导向，弘扬主旋律。

八要提高保障力。良好的保障是推进大学生思想政治教育工作的重要条件。从宁波市开展大学生思想政治教育的实际看，必须提供三个方面的有力保障。一是制度保障，要健全和完善学生思想政治教育领导机构和工作制度，定期对大学生思想政治教育作出部署和安排，做到与教学、科研、管理、服务工作同部署、同检查、同评估。二是经费保障，要设立大学生思想政治教育专项经费，用于思想政治教育工作者的培训、考察和奖励。三是环境保障，市级各有关部门和学校所在的党委政府要进一步加强与高校的联系，帮助协调解决学校的各种困难和问题，为大学生的学习生活和健康成长创造良好环境。

（发表于：《中国高等教育》，2006 – 3/4）

参考文献

（一）专著

1. 黄士力主编，陈光执行主编：《大学生安全教育案例评析》，宁波，宁波出版社，2007。

2. 马抗美：《新时期维护高校稳定工作体系及机制研究》，北京，中国政法大学出版社，2007。

3. 张振学：《领导者应对和处理突发事件的9种能力》，北京，中国致公出版社，2009。

4. 唐承沛：《中小城市突发公共事件预警及应对处置体系与方法》，上海，同济大学出版社，2007。

5. 中国行政管理学会课题组：《中国群体性突发事件成因及对策》，北京，国家行政学院出版社，2009。

6. 秦启文等：《突发事件的预防与应对》，北京，新华出版社，2008。

7. 李余华，李黎青，丁阳喜：《高校突发事件应急处置机制研究》，成都，西南交通大学出版社，2007。

8. 姚继斋：《高校学生安全知识教程》，北京，中国商业出版社，2002。

9. 全国干部培训教材编审指导委员会：《公共危机管理》，北京，人民出版社，2006。

10. 刘涛，李爱国：《高校思想政治工作纵横》，北京，中央文献出版社，2007。

11. 丁水木等：《社会稳定的理论与实践——当代中国社会稳定机制研究》，杭州，浙江人民出版社，1997。

12. 陈国华，张新梅，金强：《区域预警及应对处置实务——预案、演练及绩效》，北京，化学工业出版社，2008。

13. 宋士昌：《马克思主义社会稳定理论与实践——新世纪新阶段中国社会稳定问题研究》，济南，山东人民出版社，2002。

14. ［美］Daniel, Duke：《创建安全的学校——学校安全工作指南》，唐颖，杨志华译，北京，中国轻工业出版社，2006。

15. 任彦申：《从清华园到未名湖》，南京，江苏人民出版社，2007。

（二）论文

1. 罗新阳：《城市社会稳定预警机制》，《乌鲁木齐职业大学学报》，2005 年第 3 期。

2. 昌业云：《加强领导干部应对突发事件能力建设的路径选择》，《河北青年管理干部学院学报》，2006 年第 4 期。

3. 牛文元，叶文虎：《全面构建中国社会稳定预警系统》，《中国发展》，2003 年第 4 期。

4. 刘建琼：《灾害经济学的产生、特点与价值》，《湖南商学院学报》，2008 年第 6 期。

5. 崔箭，唐丽，陈浩林，朱叶娜，金露，金雪梅：《构建高校突发公共卫生事件预警机制的思考——以中央民族大学传染性疾病监测系统为例》，《疾病控制杂志》，2006 年第 6 期。

6. 吴丹：《论社会转型期群体性事件的解决机制——以瓮安事件为例》，《社会发展》。

7. 张忠任：《灾害经济学理论与实践的几个基本问题》，《首都经济贸易大学学报》，2008 年第 4 期。

8. 刘彬：《群体性突发事件的机理研究》，《吉林公安高等专科学校学报》，2009 年第 3 期。

9. 牛文元：《社会物理学与中国社会稳定预警系统》，《中国科学院院刊》，2001 年第 1 期。

10. 刘建琼：《灾害经济学的产生、特点与作用》，《文史博览》，2008 年第 12 期。

11. 刘文光：《民族高等院校突发事件预警机制》，《黑龙江民族丛刊》，2007 年第 5 期。

12. 冯润民：《高校突发事件管理中预警机制的构建》，《思想理论教育》，2007 年第 7/8 期。

13. 毛欣娟，杨亮：《论高校稳定预警机制的构建》，《中国人民公安大学学报》，2007 年第 6 期。

14. 刘畅，张玉堂：《学校安全预警机制的构成与运行》，《教学与管理》，2007 年第 4 期。

15. 金进喜：《论群体性突发事件预警机制的构建》，《理论与改革》，2008 年第 2 期。

16. 仲维光：《预警机制保平安》，《当代矿工》，2002 年第 2 期。

17. 邹长城：《高校维护稳定工作的内涵、价值及实现机制探讨》，《学校党建与思想教育》，2005 年第 3 期。

18. 叶贵仁：《城市突发事件预警机制：内涵及体系》，《当代经济管理》，2007 年第 2 期。

19. 人民银行南宁中心支行金融稳定处课题组：《建立风险预警机制　确保辖区金融平安》，《广西金融研究》，2005 年第 1 期。

20. 陈锐，牛文元：《建立社会稳定预警机制　完善政府预警及应对处置体系》，《科学对社会的影响》，2006年第2期。

21. 王平：《论武陵地区民族关系与社会稳定机制的构建》，《中南民族大学学报》，2006年第6期。

22. 许彩霞，杨娜：《我国高校危机预警机制的建立与实施》，《北方经贸》，2008年第2期。

23. 李爱亚：《高校学生管理的预警机制探析》，《甘肃科技纵横》，2006年第5期。

24. 于剑：《国内外危机管理研究现状》，中国公共网。

25. 吴粲，张利先：《论思想政治教育在应对高校突发事件中的作用》，《法制与经济》，2009年第12期。

26. 张再垒，刘健，刘胜，黄维友：《思想政治工作应对高校突发事件的策略及方法研究》，《思想工作探索》，2005年第4期。

27. 方勇：《思想政治教育在应对突发事件中的作用研究》，《安徽工业大学学报》，2009年第2期。

28. 向征：《思想政治教育在应对突发事件中的作用及实现路径》，《工会论坛》，2008年第5期。

29. 刘亚军，孔园园：《思想政治工作与高校突发事件的预防和处理》，《燕山大学学报》，2007年第4期。

30. 王成平，周德贵，魏巍：《论高校公共突发事件防控及处置工作中的思想政治工作接受机制的构建》，《教育探索》，2007年第10期。

31. 刘建银：《突发事件中教育应急与重建的全球最低标准述评》，《外国中小学教育》，2009年第2期。

32. 薛澜，钟开斌：《突发公共事件分类、分级与分期：应急体制的管理基础》，《中国行政管理》，2005年第2期。

33. 中国行政管理学会课题组：《高校预警及应对处置机制建设研究报告》，《中国行政管理》，2006年第10期。

34. 张思佳，李晶：《高等学校突发事件预警及应对处置现状及改进措施》，《陕西教育》，2009年第5期。

35. 于钦华：《突发事件对高校思想政治教育的启示》，《华南热带农业大学学报》，2004年第3期。

36. 黄飞，周采凤：《从应对突发事件谈大学生思想教育的改进》，《黑龙江省社会主义学院学报》，2005年第1期。

37. 王凡：《试述高校思想政治工作在处理突发事件中的作用》，《思想教育研究》，2007年第2期。

38. 刘建军，朱喜坤：《思想政治教育在应对突发事件中的作用》，《学校党建与思想教育》，2003 年第 6 期。

39. 梁姗姗：《大学生安全教育缺失及高校安全管理体系的构筑》，《内蒙古师范大学学报》，2009 年第 9 期。

40. 韦庆辛：《新时期加强和改进大学生安全教育的实践与探索》，《中国公共安全》，2009 年第 1 期。

41. 王征，唐晓英，范强锐，孙立权，姚璐：《从自我教育的角度谈高校实验室安全教育模式创新》，《实验技术与管理》，2008 年第 3 期。

42. 宁洪燕：《高校学生公寓安全管理模式初探》，《天津职业大学学报》，2008 年第 6 期。

43. 欧阳剑波：《略论高校安全教育模式的重构》，《思想政治教育研究》，2007 年第 6 期。

44. 张团结，李纪常：《高校学生宿舍长教育培训模式的研究》，《陕西教育》，2009 年第 10 期。

后　记

　　本书记录的是作者对当前高校突发事件应对问题的关注和思考。从写作的目的和愿景来讲，希望能够对高校突发事件应对工作作一系统的探讨，把多年来从事安全稳定工作的体会和思考加以总结，并编写出一本富有特色和实用价值的专著。

　　本书最大特点是应用性。作者把保障师生的生命财产安全作为研究的出发点，力求通过对高校突发事件应对的处置方式、应对的能力建设、应对的日常任务等的研究，从方法论的角度提出颇具针对性和可操作性的对策建议。

　　鉴于高校突发事件应对研究尚处在探索之中，加之作者水平有限，时间紧迫，本书中还存在许多不足，敬请广大同仁赐教。

　　最后，对所有帮助和支持过本书编辑出版的专家和朋友表示诚挚的谢意，特别要感谢原浙江省委宣传部副部长、省社科联主席、杰出的理论工作者雷云同志在百忙中为本书作序。

作者

二〇一〇年十二月二十八日